D1720200

Das agile Mindset

EBOOK INSIDE

Die Zugangsinformationen zum eBook Inside finden Sie am Ende des Buchs.

Svenja Hofert

Das agile Mindset

Mitarbeiter entwickeln,
Zukunft der Arbeit gestalten

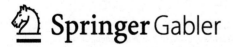

Svenja Hofert
Hamburg, Deutschland

ISBN 978-3-658-19446-8   ISBN 978-3-658-19447-5   (eBook)
https://doi.org/10.1007/978-3-658-19447-5

Die Deutsche Nationalbibliothek verzeichnet diese Publikation in der Deutschen Nationalbibliografie; detaillierte bibliografische Daten sind im Internet über http://dnb.d-nb.de abrufbar.

Springer Gabler
© Springer Fachmedien Wiesbaden GmbH 2018
Das Werk einschließlich aller seiner Teile ist urheberrechtlich geschützt. Jede Verwertung, die nicht ausdrücklich vom Urheberrechtsgesetz zugelassen ist, bedarf der vorherigen Zustimmung des Verlags. Das gilt insbesondere für Vervielfältigungen, Bearbeitungen, Übersetzungen, Mikroverfilmungen und die Einspeicherung und Verarbeitung in elektronischen Systemen.
Die Wiedergabe von Gebrauchsnamen, Handelsnamen, Warenbezeichnungen usw. in diesem Werk berechtigt auch ohne besondere Kennzeichnung nicht zu der Annahme, dass solche Namen im Sinne der Warenzeichen- und Markenschutz-Gesetzgebung als frei zu betrachten wären und daher von jedermann benutzt werden dürften.
Der Verlag, die Autoren und die Herausgeber gehen davon aus, dass die Angaben und Informationen in diesem Werk zum Zeitpunkt der Veröffentlichung vollständig und korrekt sind. Weder der Verlag noch die Autoren oder die Herausgeber übernehmen, ausdrücklich oder implizit, Gewähr für den Inhalt des Werkes, etwaige Fehler oder Äußerungen. Der Verlag bleibt im Hinblick auf geografische Zuordnungen und Gebietsbezeichnungen in veröffentlichten Karten und Institutionsadressen neutral.

Verantwortlich für den Verlag: Juliane Wagner

Gedruckt auf säurefreiem und chlorfrei gebleichtem Papier

Springer Gabler ist Teil von Springer Nature
Die eingetragene Gesellschaft ist Springer Fachmedien Wiesbaden GmbH
Die Anschrift der Gesellschaft ist: Abraham-Lincoln-Str. 46, 65189 Wiesbaden, Germany

Vorwort

Liebe Leserin, lieber Leser,

alle reden vom Mindset. Dieses müsse zu Agilität passen, zu New Work – zu der Art von Arbeit und Führung, die in diesen bewegten Zeiten so im Trend liegt. Aber was ist Mindset eigentlich genau? Und was verlangt ein Mindset, also eine Denk- und Handlungslogik, die zu einem agilen Umfeld und Unternehmen passt? Zu den Herausforderungen durch die Digitalisierung und den damit zwangsläufig einhergehenden Kulturwandel, deren sich immer noch nicht alle bewusst sind?

Bevor ich weiter ausführe, möchte ich hier einbringen, was ich mit „agil" und „Agilität" meine, denn das lässt sich durchaus verschieden und auf verschiedenen Ebenen verstehen:

1. Agilität als Philosophie
2. Agilität als Haltung
3. Agilität als Ansatz zur Unternehmenssteuerung
4. Agilität als Ansatz der Personalführung mit dem Fokus auf Förderung von selbst organisierten Teams
5. Agilität als Prozessframework

Bestimmt gibt es noch mehr. In diesem Buch interessieren uns die Ebenen 1 bis 3. Die Ebene 1 ist dabei die Ausgangsbasis für Ebene 2, die Ebenen 3 und 4 gibt es meiner Meinung nach nicht wirklich. Und Ebene 5 funktioniert erheblich besser (oder überhaupt nur richtig), wenn die Ebenen 1 bis 3 einbezogen werden.

Mit dieser schnellen Klarstellung führe ich auch in gewisser Weise meine Haltung ein.

Mit dem Buch „Agiler führen" habe ich tausende Leser und viele Entscheider erreicht. Ein wesentlicher Grund war, dass ich die Thematik differenziert dargestellt habe und mit angemessen kritischer Distanz. Ich habe mich nicht zum

Verbündeten von Agilitätspropheten gemacht, weil ich nicht an Heilsversprechen glaube. Ich habe die Erfahrung gemacht, dass auch nicht jedes Unternehmen gleich morgen radikale Veränderungen braucht. Ich habe also etwas gemacht, was eine Zeit lang auf dem Buchmarkt nicht sehr populär war. Ich habe ein Thema aus verschiedenen Richtungen beleuchtet und in seinen unterschiedlichen Facetten dargestellt. Ohne die Absicht, einen eigenen Ansatz als neu zu bewerben und eine bestimmte Methode zu verkaufen.

Diese Herangehensweise können Sie auch von diesem Buch erwarten. Ich werde Ihnen keine einfachen Lösungen schenken, das entspricht nicht meinem Mindset. Dennoch erhalten Sie einen Leitfaden, mit dem Sie viel und lange etwas anfangen können. Auch über die Zeit des Hypes hinaus. Denn ganz sicher wird Agilität auch wieder zurückgefahren werden. Es werden Gegentrends ausgerufen werden, das passiert schon jetzt. Und es wird etwas Neues kommen, höchstwahrscheinlich etwas, dass es so schon einmal gab. Im Management ist es wie in der Mode.

Ich bin vielleicht auch raffiniert. Ich führe über Agilität ein Thema ein, für das es bisher nur einen Nischenmarkt gab: die Ich-Entwicklung. Dieses empirische Modell weist nach, dass Menschen ihr Mindset auf eine bestimmte Art und Weise auch noch im Erwachsenenalter entwickeln. Erst eine bestimmte Phase in dieser Entwicklung der Denk- und Handlungslogik ermöglicht überhaupt, wirksam in einer Selbstorganisation zu arbeiten oder Veränderungsprozesse voranzutreiben. Unternehmen, die es ernst meinen mit der Agilität, sollten Menschen zu Selbstverantwortung entwickeln. Überhaupt halte ich Entwicklung für zentral in der Zukunft der Arbeit. Menschen müssen sich an Denken anpassen, das sich sehr grundlegend vom Denken des Industriezeitalters unterscheiden sollte, wollen wir keinen Taylorismus 2.0. Und zwar nicht nur inhaltlich, sondern auch strukturell. Das heißt, es reicht nicht mehr, Wissen hochzufahren. Wir brauchen einen ganz anderen Umgang damit, eine neue Art, es zu ordnen, vielleicht sollten wir sogar mehr und mehr darauf verzichten, gibt es doch immer mehr Künstliche Intelligenz.

Manche nennen mich Trend-Spürnase. Seit mehr als 20 Jahren ahne ich immer mal wieder, was als Nächstes kommt. Irgendwie war mir früh klar, dass nach der Agilitätswelle die Mindsetwelle kommen müsste. Ganz einfach weil ich sah, dass Agilität an ganz vielen Stellen scheiterte – aufgrund des Mindsets der Leute. Vielen ist einfach nicht klar, wie Menschen lernen und was sie brauchen, um ihr Mindset aufnahmefähiger zu machen. Und, Gott, ich meine das nicht im Sinne von Speicherkapazität erhöhen. Ich meine das im Sinne von: das Speichergerät selbst verändern.

Das müssen wir etwas aufräumen. Ich stelle zwei Übertreibungen fest und wenig dazwischen: In der einen Übertreibung herrscht das Denken vor, es reiche aus, Menschen konsequent und bedingungslos Möglichkeiten zur Verantwortungsübernahme zu geben in der Annahme, sie würden diese nutzen. Diese Überzeugung kommt meist angeblich systemisch untermauert daher. Die andere Übertreibung sieht Menschen nicht in der Lage, sich wesentlich aus der Komfortzone zu bewegen, hat ein festgefahrenes Bild und nimmt Menschen als weitgehend unveränderbar an. Es stimmt beides, es stimmt beides nicht, und am Ende gilt etwas Drittes oder gar nichts davon. Suchen wir also das Neue.

Viele denken, agile Kompetenzen ließen sich schulen, ebenso wie die agilen Frameworks. Einige Experten definieren sogar Kompetenzen, die man mit einem bestimmten Mindset lernen müsse. Sie denken da etwas kurz. Ein Mindset lässt sich entwickeln, aber nicht in einem Seminar schulen. Es braucht sowohl ein passendes Umfeld und Rahmenbedingungen als auch psychologische Reife. Beides hängt miteinander zusammen. Auch die, die meinen, wenn jemand nach agilen Grundsätzen handelt, würde er automatisch sein Denken an die Handlung anpassen können, irrt in einem wichtigen Punkt. Man kann Werte propagieren, ohne diese internalisiert zu haben. Und man kann Regeln befolgen, ohne deren tieferen Sinn zu inhalieren. Man kann etwas tun, etwas wiederholen und trotzdem nicht leben.

Dass niemand sich des Themas Mindset angenommen hat und ich somit eine Marktlücke füllen könnte, hat mich motiviert, das Buch zu schreiben. Zumal ich aufgrund meiner unterschiedlichen Erfahrungen auch verschiedene Perspektiven einnehmen kann. Ich bin Unternehmerin, ich denke betriebswirtschaftlich, ich komme aus Wirtschaftsunternehmen, arbeite mit diesen zusammen und habe einen Blick für organisationale Anforderungen. Und ich denke auf eine bestimmte Art und Weise, die neue Erkenntnisse, den Menschen, aber auch den Nutzwert von etwas im Blick hat. Ich glaube deshalb, dass es nicht viele gibt, die ein Buch auf diese Art schreiben könnten.

Ich schreibe aber am Ende nicht für Marklücken, sondern weil mir etwas am Herzen liegt und ich etwas bewegen will. Einen „Shift" im Denken zu erreichen, das wäre mein Wunsch. Es ist mir wichtig, die Logik des Denkens und Handelns begreifbar zu machen. Das Mindset von Organisationen und Menschen prägt auch unsere Gesellschaft. Ein Mindset, das gelassen verschiedene Perspektiven integrieren kann, schafft uns eine gute Zukunft. Es bewirkt ethisches Handeln. Sie sehen schon: Mindset bezieht sich auf das Individuum, aber auch auf die Gemeinschaft. Es ist meine Denk- und Handlungslogik, aber auch die einer Organisation, ja sogar die einer Gesellschaft.

Ich verstehe Mindset als das logische Raster, mit dem Menschen und Gemeinschaften Informationen aufnehmen und einsortieren, aber auch mit dem sie Handlungen produzieren. Ein agiles Mindset ist beweglich und jederzeit in der Lage, sich ein Update aufzuspielen, wenn bessere Informationen, neue Erfahrungen, anderes Erleben das nötig machen. Je agiler das Mindset eines Menschen, desto wirksamer kann es in unterschiedlichen Situationen agieren.

Das ist wichtig für Unternehmen in Transformationsprozessen. Führung in Veränderungssituationen braucht Menschen mit flexiblem Mindset. Leider sind diese Positionen jedoch oft mit Personen besetzt, die das nicht haben. Das zeigt unter anderem eine Studie unter rund 230 Führungskräften über „Führungswerte in agilen Zeiten", die wir in diesem Buch erstmals veröffentlichen.

Warum brauchen wir in der Digitalisierung ein anderes Mindset als im Industriezeitalter? Früher delegierten Führungskräfte Aufgaben an Einzelpersonen, heute Verantwortung an selbst organisierte Teams. Lernende Organisationen brauchen nicht nur Führungskräfte, die reflektiert sind, sondern auch möglichst viele Menschen, die reflektieren arbeiten können.

In diesem Buch stelle ich fünf verschiedene Mindsets vor, die sich aus Ansätzen der Entwicklungspsychologie ergeben. Rein statistisch haben derzeit kaum 44 % aller Mitarbeiter die Voraussetzungen, selbst organisiert zu arbeiten. Die meisten müssten also entwickelt werden. In diesem Buch bekommen Sie Hilfestellungen für diese Entwicklung.

Sie erhalten Fragebögen, Checklisten und Denkanstöße sowie Fallbeispiele. In meinen Interviews begegnen Ihnen Menschen mit einem bestimmten Mindset – durchaus auch solche, die gar nichts von agilen Methoden halten. Für ihre Beiträge danke ich der Buchautorin Anne Schüller, der Rechtsanwältin Britta Redmann, dem Blogger und Otto-Mitarbeiter Conny Dethloff und dem Unternehmer Martin Hoffmann.

Herzliche Grüße und viel Spaß beim Entdecken!

Svenja Hofert
www.teamworks-gmbh.de
www.svenja-hofert.de

Inhaltsverzeichnis

Warum die Digitalisierung eine Transformation des Denkens fordert

Vor nicht allzu langer Zeit mussten Mitarbeiter nicht immer und in jedem Job mitdenken. Man übernahm Aufgaben und erledigte sie. Chefs delegierten und Menschen arbeiteten vor allem, um Geld zu verdienen. Das gibt es immer noch, doch parallel dazu entsteht eine neue Welt, die die alte beeinflusst und auf eine gewisse Art und Weise „beschämt", weil sie die bessere zu sein scheint. In dieser Welt denken Angestellte mit, agieren auf Augenhöhe mit Führungskräften, arbeiten in Teams – nicht mehr nur für Geld, sondern auch für ein sinnvolles Berufsleben. Sie übernehmen Verantwortung, lösen ihre Konflikte selbst und entwickeln sich immer weiter. Mit diesen Veränderungen muss sich auch die Denk- und Handlungslogik, das Mindset also, wandeln. Schließlich denkt ein Mensch, der Verantwortung übernimmt, eigene Vorstellungen hat und für Sinn arbeitet, ganz anders als jemand, der Aufgaben erledigt und seine Pflicht erfüllt. Nicht wenige überfordert dieser Transformationsprozess. Dieses Kapitel thematisiert die Veränderungen in der Arbeitswelt. Was bedeuten sie für einen notwendigen Wandel des Denkens?

„Du sollst das Denken den Pferden überlassen, denn die haben die größeren Köpfe." An diesen Spruch unbekannten Ursprungs erinnere ich mich noch gut aus meiner Kindheit. Er soll zum Ausdruck bringen, dass man seine Aufgaben einfach erledigt und sie nicht weiter hinterfragt. Es ist noch gar nicht so lange her, dass das die Haltung des Durchschnittsarbeitnehmers und auch mancher Führungskraft auf mittlerer Ebene war. Was soll ich mich bemühen, wenn es eh nichts bringt? Wenn meine Innovationsfreude, meine geistige Beweglichkeit, meine kreative Unangepasstheit, die kindliche Spielfreude von den Bildungsinstitutionen und der Arbeitswelt einfach nur bestraft und sicher nicht gefördert werden?

© Springer Fachmedien Wiesbaden GmbH 2018
S. Hofert, *Das agile Mindset*,
https://doi.org/10.1007/978-3-658-19447-5_1

Und nun soll sich das alles ändern, aber da stehen wir noch ganz am Anfang. Fast überall ist die Rede vom Kulturwandel. Das ist mehr oder weniger ernst gemeint. Unsere Erfahrung aus der Beratung ist, dass oft zunächst versucht wird, ein wenig „Werte-Washing" zu betreiben, bevor es zu grundsätzlicheren Überlegungen kommt. Man „führt" agile Werte ein oder probiert ein wenig Scrum oder Kanban. Nicht selten, um zu merken, dass das alles noch nicht so richtig andocken kann. Was macht man etwa mit Abteilungsleitern, die jetzt nach Scrum arbeiten sollen? Sie als Scrum Master ausbilden? Einige machen das. Und lassen den neuen Scrum Master auch gleich Product Owner sein. Damit beginnt die Agilität mit der Quadratur des Kreises. Die Produktlinie vorgeben und dem Team coachend Hindernisse aus dem Weg räumen? Mit disziplinarischer Befugnis? (Un-)möglich?

In Konzernen denkt man, neues Denken ließe sich über die Führungskräfte ausgießen, nur weil der Vorstand „Wir wollen agiler werden" ausgerufen hat. Auch diese Variante produziert massenhaft Überforderung.

Überall versucht man Veränderungen mit dem vorhandenen Personal, der bestehenden Struktur und vor allem auch mit dem vorhandenen Denken zu erreichen. Darauf liegt der Fokus dieses Buches: dem Denken. Das Denken ist der Quell des Handelns und Nicht-Handelns, der Quell der Handlungsproduktion ohne Anleitung und Vormachen – deshalb gehören Denken und Handeln für mich zusammen wie Hand und Fuß. Aber man kann auch handeln ohne zu denken. Und denken ohne zu handeln.

Dass beim Wandel hin zu mehr Agilität in Management und Teamarbeit teilweise naiv vorgegangen wird, ist nicht ungewöhnlich für die Frühphase des Neuen. Die Erfahrung zeigt, dass bei allen Themen, bei denen es um die Einführung von etwas geht, der erste Angang oft unprofessionell ist – ob es um soziale Verantwortlichkeit oder Social-Media-Strategien geht. Im agilen Kontext sieht das oft so aus, dass Trainer etwas „beibringen", anstatt es nahezubringen. Und zwar mit einer Denklogik, die viel zu weit entfernt ist von dem, was vor Ort relevant ist. Man holt sich nämlich gern Menschen aus dem Umfeld der agilen Softwareentwicklung heran und will von denen lernen – ohne zu sehen, dass es erhebliche Unterschiede zwischen einer Buchhaltung, einer Fahrradproduktion und einer Softwareentwicklung gibt.

Dabei wird auch selten oben angesetzt, sondern die Initiativen kommen aus Personalabteilungen. Übersehen dabei wird, dass agile Methoden nicht einfach so ausgerollt werden können, wenn das damit geforderte Denken nicht da ist. Wir haben in den vergangenen Jahren nicht wenige Firmen erlebt, die aufgrund von Überforderung der Mitarbeiter entschieden zurückgerudert sind. Durch agile Methoden werden mitunter vorhandene Paradoxien verschärft oder neue eingebracht. Das ist unumgänglich, verlangt aber Metakommunikation. Das heißt, Paradoxien sollten kommuniziert werden, auf der Ebene des gesamten Unternehmens und der Teams. Jedenfalls entspräche das einem organisationalen Mindset, das Entwicklung ins Zentrum stellt.

Im besten Fall wird nach dem ersten Versuch ganz neu gedacht. Im besten Fall haben die Verantwortlichen und alle Beteiligten dann begriffen, dass Agilität sich nicht einführen lässt, sondern work in progress und beständiges Thema ist. Im besten Fall haben sie dann verstanden, dass Menschen nicht nur lernen müssen, wie sie sich nach Regeln wie Scrum verhalten, sondern Verhalten selbst „produzieren" müssen, um wirklich innovativ zu sein. Ich möchte hier ein Bild des Nobelpreisträgers Daniel Kahneman [1] nutzen. Sein System 1 und sein System 2 sind zum Verständnis dieser Situation sehr hilfreich.

Das System 1 ist demnach das schnelle Denken. Dazu gehören Bauchgefühl und eine bestimmte Form (trügerischer) Intuition, durch soziale Prägungen entstandene Glaubenssätze und andere irrationale Überzeugungen sowie andere Abkürzungen des Denkens, die Gehirnkapazität sparen. Auch die Selbstbestätigungstendenz, ein verbreitetes „Bias", fällt hier hinein. Diese führt dazu, dass automatisierte Skripte in uns nach einem „Return" für unsere Annahmen suchen. Wer Agilität mit System 1 einführt, der drückt Return ohne neue Eingabe. System 2 ist nach Kahneman das langsame Denken. Das ist gesunde (durch Erfahrung entstandene) Intuition, das tiefe Durchdenken auf der Suche nach einer echten Lösung, die die eigene Annahme widerlegt. Ein für agile Unternehmen passendes Mindset sucht nach dem langsamen Denken, wohl wissend, dass es gut trainiert, in Fleisch und Blut übergegangen sein muss, damit es an System 1 übergeben kann.

1.1   Mindset von Personen und Organisationen

In Mindset stecken zwei englische Begriffe: *mind* und *set.* Also zu Deutsch: Verstand und Zusammenstellung oder auch Aufstellung und Einstellung des Verstandes. Ich nähere mich dem Begriff aus psychologischer und philosophischer Perspektive und präge anschließend meine eigene Idee vom Mindset und den Mindsets. Mindset beschreibt die Art und Weise, wie Menschen denken und handeln. Ich möchte den Begriff aber erweitern: Es ist nicht nur individuelles Denken, sondern auch die Denk- und Handlungslogik von Unternehmen, mit der sie das Denken ihrer Mitarbeiter und deren Interaktionen prägen.

Es gibt kein richtiges oder falsches Mindset, nur ein zum Kontext und zur Situation passendes oder weniger passendes. Wichtigste Voraussetzung für ein agiles Mindset ist auf persönlicher Ebene Haltung, auf der organisationalen Ebene eine Vision. Beides gibt dem Denken etwas wie Rückgrat – es richtet auf. Das Mindset von Unternehmen wie Menschen muss auf Grundannahmen beruhen, also auf einem Verständnis des „Guten". Im agilen Kontext sind diese Grundannahmen den Anforderungen der Digitalisierung geschuldet. In diesem Kapitel möchte ich mich dem Begriff Mindset nähern, Sie mit dem Ergebnis vertraut machen, den Bogen zur Haltung schlagen und eine Definition des agilen Mindsets formulieren.

Haben Sie das richtige Mindset? Ist Ihre Organisation passend zu Ihrem Mindset? Für die konkretisierende Antwort bitte ich Sie um etwas Geduld. Der Begriff „Mindset" ist nicht ganz einfach erklärt. Es ist schließlich ein abstrakter Begriff, anders als das sehr konkrete „Gehirn" oder „Rückgrat". Irgendwie hat er aber mit beidem zu tun. Und deshalb kann durch die konkreten Begriffe auch der abstrakte fassbarer werden.

Mindset wird gern in Zusammenhang mit einer erwünschten oder unerwünschten Denkweise verwendet. Dann sagt man etwa „Herr Müller hat das richtige Mindset" oder „Herr Meyer hat nicht das richtige Mindset". Das bedeutet dann, dass Herr Müllers Art und Weise zu denken für eine bestimmte Herausforderung passt oder auch nicht passt, wenn er das richtige Mindset (angeblich) nicht hat. Beispielsweise für die Herausforderung „agiles Arbeiten". Aber was ist eigentlich genau mit diesem Begriff gemeint? Wie alle abstrakten Begriffe muss man Mindset definieren, und jede Definition muss Spielraum lassen.

Das Lexikon übersetzt Mindset einfach mit Denkart oder Mentalität – das verkürzt die zuvor genannte englische Übersetzung. Mein Blick fällt in Wikpedia, woraus ich hier zitiere:

In decision theory and general systems theory, a mindset is a set of assumptions, methods, or notations held by one or more people or groups of people that is so established that it creates a powerful incentive within these people or groups to continue to adopt or accept prior behaviors, choices, or tools [2].

Also demnach ein Sortiment von Annahmen, Vorgehensweisen und Zeichen, die eine Person oder eine Gruppe von Personen hat. Im weiteren Verlauf bezieht sich der Eintrag auf die Entscheidungs- und Systemtheorie. Das bedeutet, dass Mindset begründet, welche Entscheidungsprämissen ein Mensch oder eine Gruppe hat. Diese sind durch die Regeln bestimmt, die innerhalb eines Systems gelten. Bei der Entscheidungstheorie wird der Autor sicher die deskriptive Entscheidungstheorie im Blick gehabt haben. Ihr Anliegen ist es, empirisch zu untersuchen, wie Entscheidungen wirklich getroffen werden. Auf welcher Grundlage ein Mensch Entscheidungen trifft, das sagt natürlich sehr viel über sein Mindset aus.

Mir ist das aber immer noch zu wenig, vor allem auch zu wenig fassbar. Deshalb ein kurzer Ausflug in die Philosophie, die einem wie keine andere Disziplin helfen kann, Begriffe logisch zu schärfen.

Zunächst einmal könnte man abstrakte und konkrete Begriffe trennen. Konkret ist alles, was greifbar und ansehbar ist und von allen Betrachtern dabei mehr oder weniger ähnlich interpretiert werden kann. Der Begriff Brot ist in diesem Sinn konkret, Mindset abstrakt. Es ließen sich auch absolute und relative Begriffe unterscheiden. Absolut ist eine Richtungsbestimmung wie Norden, Süden, Westen, Osten. Relativ sind links und rechts. Mindset ist relativ. Diese Unterscheidung hilft uns aber nicht, das zu fokussieren, was wir meinen.

Platon bringt die „Idee" ins Spiel. Die Idee von etwas ist das, was es zu ergründen gilt. Jeder Mensch hat eine eigene Idee von etwas Seiendem. Dabei ist es gleich, um was es sich handelt, ob um einen konkreten oder abstrakten Begriff, absolut oder relativ. Es geht darum herauszufinden, worin sich die Idee unterscheidet, was sie ausmacht, was ihre Natur ist. Also, was ist die Idee von Mindset?

Hiermit kommen wir dem Mindset doch schon näher. Ich definiere es vor dem Hintergrund meines Wissens mit meiner mir eigenen Denkart. Das Mindset in diesem Buch ist also meine Idee von etwas, das ich auf den Ideen anderer gründe, aber auch von ihnen abgrenze.

Immanuel Kant versuchte zwischen Vorstellungen und Begriffen zu unterscheiden. Es gibt Erfahrungs-, Verstandes- und Vernunftbegriffe. Für ihn entsprangen Vorstellungen allein der Sinnlichkeit und Begriffe allein dem Verstand. Für John Locke sind Wörter sinnliche Zeichen der Vorstellungen eines Menschen, Begriffe sind Ideen des Geistes oder auch Verstandes (mind).

Damit kommen wir der Sache langsam näher. Ich muss der Idee von unserem Mindset auf den Grund gehen, die Vorstellung davon fassbar machen. Sodass auch Sie eine Vorstellung haben – und Sie und ich wissen, dass wir nie vom Gleichen, aber von Verwandtem sprechen. Damit wir ein ähnliches Verständnis erlangen.

▶ Mindset hat durch die zwei Begriffsbestandteile „mind" und „set" etwas mit „Verstand" und mit „Einstellung" zu tun. Es ist also so etwas wie die Einstellung des Verstandes. Worin zeigt sich eine Einstellung?

Im Fühlen, Denken und Handeln – und im Entscheiden, etwas aufzunehmen oder nicht aufzunehmen, zu tun, nicht zu tun, zu sagen, nicht zu sagen. Neurobiologisch ist kein Gedanke ohne Emotion denkbar, deshalb fasse ich im Folgenden Fühlen und Denken zusammen. Die Einstellung des Denkens ist so etwas wie die Logik des Verstandes, versteht man Logik als etwas, auf deren Basis Entscheidungen getroffen werden.

Wir können also davon ableiten, dass Logik, die Handlungen auslöst, wesentlicher Bestandteil des Mindsets ist. Dass also Denken und Handeln miteinander verknüpft sind, selbst wenn sie nicht synchron sind, also wenn ein Mensch nur einen Teil dessen tut, was er denkt, oder auch gar nicht handelt. Auch dieses Nicht-Handeln entspringt ja der inneren Logik.

Wie Denken Handeln bestimmt

Ein Beispiel: Herr Müller hat einen Konflikt mit seinem Chef. Seine Logik sagt ihm, dass es ihm nicht zusteht „aufzumucken", deshalb unterdrückt er Wut und Ärger und schluckt runter. Was er denkt und fühlt, bestimmt sein Handeln oder Nicht-Handeln.

Die Systemtheorie beinhaltet unter anderem den Gedanken, dass ein System alles für seinen Selbsterhalt tut und das Umfeld deshalb Denken und Handeln bestimmt. Für uns ist hier aus diesem Grund auch folgender Gedanke relevant: Das Mindset wird geprägt durch sein Umfeld. Es ist nicht losgelöst zu sehen. Deshalb sagen wir, dass Herr Meyer mit seinem Mindset passt – und Herr Müller nicht. In einem anderen Umfeld könnte es nämlich genau umgekehrt sein.

Herr Müller könnte nach einem Unternehmenswechsel seine Logik modifizieren und doch aufbegehren. Vielleicht reicht es dazu aus, wenn er das Gefühl entwickelt, dass Aufbegehren gewünscht ist und positiv bewertet wird. Das Mindset eines Menschen ist also nichts Festes und Statisches. Das Umfeld, die Kultur eines Unternehmens, beeinflusst sein Mindset ganz erheblich.

Deshalb hat auch ein Unternehmen selbst ein Mindset im Sinne von „Einstellung des Denkens und Fühlens" als Voraussetzung für Handeln oder Nicht-Handeln. Darin spiegelt sich die Unternehmenskultur und die Art und Weise der kollektiven Denk- und Handlungslogik.

Falsches Mindset für den Kontext

In einem konservativen Unternehmen der Logistikbranche, nennen wir es Logos, werden Führungskräfte befördert, die Dominanzverhalten zeigen. Je besser sich jemand durchsetzen kann, desto wahrscheinlicher sein Weiterkommen.

Dabei herrscht eine Kultur des Nicht-Einbindens von Mitarbeitern, was als Strategie interpretiert wird. Zusammenarbeit wird nicht gefördert, vielmehr herrscht Einzelkult. Michaela fällt in diesem Umfeld mit einem einbindenden Stil auf. Sie möchte sich abstimmen und andere mitnehmen. In diesem Unternehmen hat Michaela keine Chance weiterzukommen, man attestiert ihr das falsche Mindset. Als sie in einen anderen Kontext wechselt, merkt sie jedoch, dass sie genau mit dieser Art und Weise gut ankommt. Sie hat nun das passende „Mindset".

Das Unternehmens-Mindset prägt wie die Familie. Ich bin davon überzeugt und habe es immer wieder selbst erlebt: Je länger jemand in einem bestimmten Umfeld ist und dessen „Unternehmens-Mindset" ausgesetzt wird, desto mehr färbt es ab. Dabei besteht eine Person-Umwelt-Interaktion. Sehr wahrscheinlich, dass vom Mindset her passende Personen eher bleiben, während andere sich wegbewerben – die, die sich hier nicht sozialisieren können.

Wie denken Sie? Was leiten Sie aus der Art, wie Sie denken, wie Sie handeln, ab? Ich meine mit „Handlung ableiten": Zu welchen Aktionen und Nicht-Handlungen führt Sie dieses Denken? Was tun Sie, basierend auf Ihrem Denken? Stellen Sie sich vor, Sie sind Geschäftsführer in einem neuen Unternehmen. Was denken Sie über diese Aufgabe und was leiten Sie davon ab?

Möchten Sie alles richtig machen? Wollen Sie erfolgreich sein? Möchten Sie in erster Linie einen Mehrwert für das Unternehmen bieten, etwas umkrempeln? Wenn Letzteres zutrifft, so werden Sie sich vermutlich anders verhalten, als wenn Ersteres stimmt. Wer alles richtig machen will, wird wahrscheinlich erst einmal seinen fachlichen Input geben wollen. Wer erfolgreich sein will, wird voraussichtlich erst einmal Ziele suchen. Wer einen Mehrwert bieten will, wird vor allem eins tun: viel fragen. Sie sehen: Denken und Handeln gehören zusammen. Die Art des Denkens und Handelns bildet Cluster wahrscheinlichen Verhaltens. Wer erst einmal viel fragt und erforscht, wird auch eher Beziehungen aufbauen können und Unsicherheit bei Ambiguität aushalten. Er wird eher zuhören und offener mit Kritik umgehen. Die Art des Denkens und Handelns ist also nicht nur individuell, sondern lässt sich auch typologisieren.

Jetzt die nächste Frage: Ist die Art, wie Sie denken und daraus Handlung ableiten, passend für Ihre Aufgabe, im agilen Kontext, im Kulturwandel oder wo auch immer? Gilt das auch für Ihre Mitarbeiter? Jetzt sagen Sie bitte nicht „Aber natürlich". Die meisten von uns werden die Tendenz verspüren, sich selbst für passend oder nicht passend (wenn sie unsicher sind) zu halten. Die meisten von uns zweifeln oder zweifeln nicht. Aber die wenigsten fragen sich, welche Art und Weise es eigentlich braucht. Die wenigsten sind sich bewusst, wie unterschiedlich diese Arten und Weisen sein können. Und dass man sie verändern kann. Dafür braucht es eine grundsätzliche Voraussetzung: die Bereitschaft zur Selbstreflexion.

Öfter habe ich mit Klienten zu tun – häufig Führungskräften –, die sich nicht sicher sind, ob sie für eine Aufgabe gewappnet sind. Nicht selten sind gerade diese besonders reflektiert und von daher gut entwickelbar. Offen geäußerter und gesunder Selbstzweifel kennzeichnet Menschen, die sich entwickeln. Das ist etwas ganz anderes als verdeckter und versteckter Selbstzweifel. Dieser macht entweder handlungsunfähig und starr. Oder er führt zu Handlungen, die gelernt sind, aber nicht hinterfragt werden. Man will ja nicht als Zweifler entlarvt werden.

▶ Fügen wir alle Betrachtungsweisen zusammen, so ist das Mindset die veränderliche Denklogik eines Menschen, die sein Handeln oder Nicht-Handeln auslöst und durch sein Umfeld mitbestimmt wird. Es ist die Einstellung des Verstandes, die dazu führt, dass etwas in einer bestimmten Weise (nicht) aufgenommen, gesehen, gehört, verstanden, gefühlt, analysiert, interpretiert, kommuniziert – und daraus (Nicht-)Handlung abgeleitet wird.

1.2 Mindset und der Wandel erster und zweiter Ordnung

Alle Unternehmen stehen aktuell vor einem Wandel, der viele Fragen aufwirft. Alle wissen, dass die Digitalisierung einen Einfluss auf die Unternehmensführung hat. Wenn es zwei Pole gibt, der eine heißt „Bewahren" und der andere „Verändern", so müssen immer mehr Firmen an den Pol der Veränderung rücken. Das nicht zum Spaß: Die Märkte verlangen es so. Traditionelle Unternehmen sind von Internetfirmen und Start-ups bedroht. Unter den weltweit wertvollsten zehn Firmen sind 80 % erst in den letzten 20 Jahren gegründet worden. Das Rad dreht sich immer schneller, und wer nicht mithält und Veränderungen verschläft, verschwindet. Der Wandel erster oder zweiter Ordnung bedroht alle. Erste Ordnung bedeutet dabei, dass ein Produkt droht, ganz vom Markt zu verschwinden, zweiter Ordnung heißt, dass sich Produkte digitalisieren lassen und deshalb verändert werden sollten. Nicht immer können Unternehmen klar sagen, ob sie von einem Wandel erster oder zweiter Ordnung betroffen sind. Oder hätten Sie gedacht, dass eine Grillbürste völlig überflüssig werden könnte, weil die Reinigung des Grills automatisch erfolgt? Hätten sich die Bäcker vor 15 Jahren träumen lassen, dass sie nicht mehr selbst backen? Oder hätten die Kfz-Mechaniker vor 20 Jahren geglaubt, dass sie sich als Softwarespezialisten wiederfinden?

Nein, es ist nicht ganz einfach, sich dem Wandel erster oder zweiter Ordnung zuzuordnen – und selbst wer es versucht, wird dabei nicht auf der sicheren Seite sein. Deshalb müssen alle Unternehmen auf der Hut sein, beweglich, agil. In diesem Abschnitt möchte ich Ihnen eine Reflexionshilfe mit auf den Weg geben, mit der Sie leichter einschätzen können, wo Sie in der Veränderung stehen. Die Fragen sind auch gute Reflexionsfragen fürs Mindset. Das bedeutet, wenn Sie sie wirklich ernst nehmen und durchdenken, könnten Sie auf neue Ideen kommen … Die Reflexionstiefe steigt, wenn Sie zusammen mit unterschiedlichen Menschen offen nachdenken! Vielleicht mit dem ganzen Unternehmen? Und mit externen Gästen dazu?

Mit unserem „Agilen Zukunftscheck" nehmen Sie den Wandel erster und zweiter Ordnung in Augenschein:

1. Lässt sich Ihr Produkt oder Ihre Dienstleistung digitalisieren? Vergeben Sie Punkte von 0 bis 10. Geben Sie sich 0 Punkte, so heißt das gar nicht – und 10 heißt vollständig.

    (1) Wenn Sie diese Frage mit „Nein" beantwortet haben, finden Sie jetzt fünf Argumente, dass Sie falschliegen. Wenn Ihnen nichts einfällt, fragen Sie fünf Brancheninsider und fünf Branchenfremde, wie sie das sehen. Sollte Sie das zum Nachdenken gebracht haben und Sie revidieren Ihre Einschätzung, verändern Sie Ihre Punktzahl entsprechend.

2. Kann es sein, dass Menschen Ihr Produkt oder Ihre Dienstleistung in den nächsten zehn Jahren nicht mehr brauchen? Geben Sie sich 10 Punkte, wenn Sie aus vollem Herzen „Ja" sagen, sagen Sie „Nein", so geben Sie sich 0 Punkte. Variieren Sie die Punktzahl, je nachdem, wie sehr oder wie wenig Sie zustimmen.

    (2) Wenn Sie diese Frage mit „Nein" beantwortet haben, suchen Sie jetzt bitte aktiv nach mindestens drei Gegenbeweisen, dass Sie falschliegen. Wenn Sie diese nicht sofort benennen können, befragen Sie fünf Branchenkenner und fünf Branchenfremde. Sollte Sie das zum Nachdenken gebracht haben und Sie revidieren Ihre Einschätzung, verändern Sie Ihre Punktzahl entsprechend nach oben.

    (3) Wenn Sie diese Frage mit „Ja" beantwortet haben: Mit welchem Zeithorizont rechnen Sie? Wann brauchen Kunden Ihr Produkt nicht mehr? Geben Sie sich 2 Punkte für mehr als 20 Jahre, 3 Punkte für mehr als zehn Jahre, 4 Punkte für mehr als fünf Jahre und 5 Punkte für weniger als fünf Jahre.

    (4) Könnte es sich auch um einen kürzeren Zeithorizont handeln? Worauf stützen Sie gerade Ihre Zeiteinschätzung? Sind Sie wirklich informiert? Wissen Sie, was technisch möglich ist und sein wird? Wenn Sie das nicht wissen, informieren Sie sich. Korrigieren Sie Ihre Punktzahl eventuell.

3. Wie wahrscheinlich ist, dass eine Erfindung Ihr Produkt in den nächsten zehn Jahren überflüssig macht? Geben Sie sich 5 Punkte für sehr wahrscheinlich, 4 Punkte für wahrscheinlich, 3 Punkte für geht so, 2 Punkte für unwahrscheinlich und einen für sehr unwahrscheinlich.

(1) Wenn Sie sich weniger als 3 Punkte gegeben haben, erinnere ich hier an Kaiser Wilhelm, der überzeugt war, dass das Auto niemals dem Pferd den Rang ablaufen könnte. Auch glaubten viele nicht an das Internet für alle oder dass künstliche Intelligenz einmal selbst lernen könnte. Korrigieren Sie Ihren Wert und denken Sie daran: Sie unterliegen der Selbstbestätigungstendenz, siehe System 1. Wir glauben, was wir glauben möchten. Und suchen uns entsprechende Beweise.

4. Wie wahrscheinlich ist es, dass Sie das Unternehmen in den nächsten zehn Jahren nicht mehr in derzeitigen Form betreiben können, weil Ihnen die Fachkräfte ausgehen? Geben Sie sich einen Punkt für völlig unwahrscheinlich und 5 Punkte für sehr wahrscheinlich, für wahrscheinlich 4 Punkte, für teils, teils 3 Punkte und unwahrscheinlich 2 Punkte.

(1) Denken Sie noch einmal über die demografische Entwicklung nach. Beziehen Sie in Ihre Gedanken ein, dass junge Menschen Sinn in der Arbeit suchen und möglicherweise ein allgemeines Grundeinkommen schon bald dafür sorgen könnte, dass bestimmte schlecht bezahlte und sinnentfremdete Funktionen nur noch schwer besetzt werden können. Passen Sie die Punktzahl entsprechend an.

Und nun übertragen Sie alles in Tab. 1.1.

Bitte beachten Sie, dass dieses kein empirischer Test ist und das, was ich im Folgenden nenne, nur Erfahrungswerte sind. Es sind weiterhin auch nur von Ihnen vergebene Punkte, die keine Wahrheit spiegeln. Absolut möglich, dass Sie völlig falschliegen – und wahrscheinlich gilt das vor allem dann, wenn Sie eher wenige Punkte vergeben haben.

Tab. 1.1 Auswertung Agiler Zukunftscheck

	Frage 1: Digitalisierung	Frage 2: Überflüssig	Frage 3: Erfindung	Frage 4: Personalmangel
Punkte Denkrunde 1 (max. 30)				
Punkte Denkrunde 2 (max. 30)				
Letztendliche Punktzahl (Runde 2)				

- 20–30 Punkte: Sie sind extrem bedroht, es könnte ein Wandel erster Ordnung drohen. Das bedeutet, Sie müssen Ihr Unternehmen radikal agil aufstellen. Innovation ist das Fokusthema Nummer eins und wahrscheinlich ist ein kompletter Umbau nötig.
- 10–19 Punkte: Sie sind von einem Wandel bedroht, der zum Wandel erster Ordnung werden könnte, ehe Sie sich versehen. Auch Sie sollten Innovation in den Fokus setzen, können aber eher noch schrittweise vorgehen.
- Unter 9 Punkte: Höchste Zeit, sich langsam auf den Wandel vorzubereiten, wahrscheinlich haben Sie schon einiges getan. Aber bedenken Sie: Vieles hat sich schneller verändert, als wir alle gedacht haben. Niemand ist wirklich sicher. Und auf zehn Jahre planen kann auch der versierteste Stanford-Absolvent nicht.

Veränderungen in der Arbeitswelt betreffen uns alle. Sie erfordern eine neue Beweglichkeit, denn starre Strukturen ver- und behindern Innovationen. Ich habe oft gesehen, wie überaus kreativ selbst organisierte Teams sein können, die mit der Entwicklung von etwas Neuem betraut sind. Diese Kreativität und Geschwindigkeit würden niemals freigesetzt werden können, wenn Abstimmungs- und Genehmigungsprozesse solche Vorhaben schon im Keim ersticken. Sie brauchen ein entsprechendes Umfeld. Kreativität entsteht nicht auf Befehl.

▶ Wenn Sie vom Wandel bedroht sind, brauchen Sie eine Denk- und Handlungslogik, die Innovation und Selbstorganisation ermöglicht und fördert. Dazu sollten Sie sich Ihre Strukturen und Ihr Führungspersonal anschauen. Also diejenigen, die mit ihrem Denken das Unternehmen besonders prägen. Bei inhabergeführten Firmen ist es vor allem der Inhaber, dessen Mindset die Richtung vorgibt. Das kann auch begrenzend sein. Eine Möglichkeit ist es, mehr Freiraum zu bieten oder Teams und Unternehmensteile auszugründen. Erwarten Sie keine spätere Eingliederung, das gelingt selten. Sorgen Sie lieber für Schnittstellen, um die so entstehenden Innovationen nutzen zu können.

Bei Konzernen ist das auch eine Lösung, zumal die Reintegration hier noch schwieriger ist. Das Mindset des Unternehmens ist hier ebenso prägend, jedoch weniger von einer (oft mit extremen Eigenschaften ausgestatteten) Persönlichkeit bestimmt. Aber auch dadurch entsteht so etwas wie eine organisationale Grundlogik, der alle mehr oder weniger konsequent folgen. Diese ist fast immer auf eine Weise innovationshemmend, denn sie basiert auf den Erfahrungen der Vergangenheit. Innovationen entstehen aber eben nicht aus den Erfahrungen von gestern. Dem können Sie nur durch die Schaffung von

etwas ganz Neuem begegnen, während Sie die Organisation schrittweise und langsam ändern, damit sie die Schnittstellen zum Neuen
entwickeln kann und dieses unterstützt, anstatt es zu behindern. Das
allein ist schon herausfordernd genug.

1.2.1 New Work und Mindset

Zur „New Work" will ich nur einen kurzen Ausflug unternehmen. Der Begriff geht
zurück auf Frithjof Bergmann [3]. Für ihn heißt Arbeit, die eigene Kreativität und
Persönlichkeit zu entfalten – und sich damit auch aus der Lohnarbeit zu befreien.
Werte sind Selbstständigkeit, Freiheit und Gemeinschaft. Letztendlich skizziert
Bergmann auch ein Gegenmodell zum Kapitalismus. Keins seiner Werke erlangte
jedoch Aufmerksamkeit über eine sehr kleine Kerngruppe hinaus. Erst die derzeitige
Bewegung in der Arbeitswelt machte ihn bekannt.

New Work bedeutet, dass die oben genannten Werte in der Arbeit und für
jeden Menschen und Mitarbeiter freigesetzt werden. Das passt gut zum agilen
Verständnis einer offenen und transparenten Kommunikationskultur.

Am Ende bleibt New Work aber eine eher philosophische Betrachtung des
Menschen und des sinnvollen Lebens. Die grundsätzliche Kapitalismuskritik ist
berechtigt vor dem Hintergrund, dass die Digitalisierung eine ganze Reihe prekä-
rer Existenzen erzeugt und eher für mehr als für weniger Ungerechtigkeit sorgt,
etwa bezogen auf Gehälter. Sie bevorzugt ganz klar Menschen mit sehr hohem
Bildungsstand und zeigt damit ganz deutlich auf die verbreitete Bildungsunge-
rechtigkeit, wenn wir nicht schnell neue Modelle entwickeln, um dem entgegen-
zusteuern [4].

Mit dem Mindset hat New Work insofern zu tun, als es neue Ideen von der
Arbeit, und wie sie sein sollte, ins Bewusstsein bringt. Meiner Meinung nach
ändert sie damit aber nicht grundsätzlich die Art und Weise, wie wir denken und
handeln. Sie schafft vielmehr eine Idee, die wir in unsere Gedanken einbeziehen
sollten.

1.2.1.1 Interview mit Britta Redmann

Britta Redmann ist Rechtsanwältin, Unternehmensentwicklerin und Autorin. Seit
1996 ist sie als Führungsexpertin in den unterschiedlichsten Branchen (Metallin-
dustrie, Banken- und Dienstleistungen, IT) tätig. Ihr Fokus liegt auf umfassenden,
individuell zugeschnittenen arbeitsrechtlichen Lösungen für Unternehmen, die Agilität und New Work bereits praktizieren- auch in Abgrenzung zum Taylorismus 2.0,
in dem der Mensch unter dem „agilen Deckmantel" zum Effizienzarbeiter wird.

Was ist Ihr Verständnis von Agilität?
Redmann: Nach meinem Verständnis ist Agilität die Fähigkeit eines Unternehmens bzw. einer Organisation, Veränderungen in der Umwelt wahrzunehmen, sich schnell und flexibel auf diese Veränderungen einzustellen, Chancen, Potenziale und auch Risiken zu erkennen und eigene Handlungen immer wieder daran auszurichten. Dabei ist ein wesentlicher Aspekt, ständig aus den eigenen Erfahrungen zu lernen und zukunftsorientiert zu handeln.

Davon ausgehend, braucht es Menschen, die in einem agilen Umfeld entsprechend denken und handeln, um dies ebenso zu gestalten und zu stützen. Das heißt für mich, Unternehmen wie Mitarbeiter müssen über eine Agilitätskompetenz verfügen. Die Agilitätskompetenz zeichnet sich dadurch aus, dass ich in der Lage bin, Veränderungen wahrzunehmen, sie abzuschätzen, daraus Ideen zu generieren und Handlungen abzuleiten. Kurz gesprochen geht es also um Sensitivität im Sinne von wahrnehmen, erkennen, spüren, aufmerksam sein, also die „Antennen haben für das", was in meinem äußeren und inneren Umfeld passiert und sich abzeichnet. Es geht um Veränderungsbereitschaft, sich auf das Neue neugierig einzulassen, neue Wege und alternative Lösungen überhaupt zu entdecken. Es geht um Mut, diese Ideen einzubringen und andere dafür begeistern zu können, also Bereitschaft zum Mitmachen zu wecken. Und letztendlich geht es um Reflexion, nämlich darum, mein Handeln immer wieder von einer Metaperspektive aus zu betrachten und mir folgende Fragen zu stellen: Was habe ich daraus gelernt? Was würde ich jetzt mit dem Wissen von heute anders machen? Was ist gut gelaufen? Was ist zu verbessern? Was hat mich gehindert? Was hat uns unterstützt?

Welches Mindset braucht Agilität?
Redmann: In einem Unternehmen erkenne ich ein agiles Mindset daran, dass alle – wirklich alle – Strukturen und Prozesse ausgelegt sind, dazu zu befähigen, sensitiv, veränderungsbereit und reflektiert zu handeln. Dies fordert ein Commitment, das immer wieder eingeholt wird, sowie eine Feedback –, Lern- und Vertrauenskultur. Innovationen müssen gefordert und gefördert werden, Verantwortlichkeiten klar, Entscheidungswege kurzgehalten, der Kunde mit einbezogen und Erfolg – aber auch Misserfolg – für alle direkt spürbar sein. Wichtig ist, dass sich das Unternehmen immer wieder fragt, ob die Strukturen und Prozesse, die Kultur und das Handeln des Einzelnen die gewünschte Agilität fördern oder sie behindern. Es geht daher immer um Sensitivität, Veränderung und Reflexion.

Woran krankt es aus Ihrer Erfahrung?
Redmann: Nicht nur, aber auch gerade im Arbeitskontext haben wir es verlernt oder wurde es nicht unbedingt überall gefördert, „mutig" zu denken und zu handeln. Vor allem große Organisationen und Unternehmen, wie z. B. Konzerne, sind

durch ihre Rechtsform und damit auch verbundene Auflagen und vorbeugende Maßnahmen, etwa im Bereich Compliance, gehalten, bestimmten gesetzlichen Anforderungen zu genügen. Entsprechend dieser Strukturen haben viele Mitarbeiter in eher sicherheitsorientierten Umfeldern gearbeitet, in denen es vor allem darauf ankam, alles „richtig" zu machen. Hier wurde sich dann eher an Vorgaben und festen Regeln orientiert, um möglichst auch für den Einzelnen unter Umständen schmerzhafte Fehler zu vermeiden. An eigene, autonome Entscheidungen sind Mitarbeiter daher nicht gewöhnt. Und Unternehmen haben bei der Auswahl und Einstellung natürlich auch bisher nicht danach gesucht. Insofern haben wir jetzt vielerorts in den Unternehmen eine Landschaft, in der Agilität auch viele Ängste hervorruft.

Welche Chancen und Risiken bietet New Work?
Redmann: Grundsätzlich ist es bei New Work nicht anders als bei jeder anderen Veränderung auch: Menschen müssen dafür gewonnen werden und davon überzeugt sein. Wenn New Work so verstanden wird, dass mehr Partizipation von Mitarbeitern, mehr Entscheidungskompetenz und mehr selbstbestimmtes Handeln gelebt wird, wird dies eher agile, vernetzte Organisationen benötigen, die genau diesen Raum dafür geben. New Work braucht einen Handlungsrahmen, in dem situatives Handeln möglich ist. Das heißt, ich brauche als Mitarbeiter Spielräume, in denen ich mich bewegen kann, ohne ständig fragen zu müssen, darf ich das jetzt oder nicht. Starre überkommene Unternehmensstrukturen können New Work nicht wirklich ermöglichen.

Ich bin davon überzeugt, dass es viele Mitarbeiter gibt, die mit dieser neuen Art zu arbeiten gut zurechtkommen. Das sind in der Regel die Mitarbeiter, die sich gut organisieren können, die selbstbestimmt arbeiten wollen, ihr Ziel kennen und loslaufen, und vor allem sind es Mitarbeiter, denen es leichtfällt, zu kommunizieren, und zwar erfolgreich zu kommunizieren.

Genauso wird es Mitarbeiter geben, die sagen: Ich will genau wissen, was ich machen soll. Ich möchte gar nicht mitgestalten und viel Verantwortung übernehmen. Für mich ist das daher kein Spezialthema von New Work, sondern das habe ich bei jeder Art von Veränderung im Unternehmen. Es gibt immer Mitarbeiter, denen das Tempo der Veränderung entspricht, und wieder andere, bei denen das nicht so ist. Und das hat auch nichts mit dem Alter oder der Zugehörigkeit zu einer bestimmten Generation zu tun.

Die Kunst besteht immer darin, mit der Mannschaft, die da ist, Erfolge zu schaffen. Das heißt, Unternehmen sind gefragt, diejenigen, die nicht so New-Work-affin sind, so einsetzen, dass auch sie erfolgreich handeln können.

1.3   Mindset und Haltung

Ich möchte nun von der Organisation wieder auf die Ebene des Individuums zurückkehren. Das Unternehmen prägt das Individuum, aber es kann auch andersherum sein. Die Frage ist dann, was genau für diese Prägung sorgt. Ich meine, es ist die Haltung – gerade in inhabergeführten Unternehmen wirkt diese auf die gesamte Kultur. Manchmal wird Mindset auch als Haltung übersetzt, doch es ist nicht das Gleiche.

So wie manche Mindset mit Haltung gleichsetzen, projizieren sie auch Haltung in die Nähe von Mindset. Wäre Mindset nun Haltung und Haltung gleich Meinung (was ebenfalls öfter gedacht wird), müsste auch Mindset gleich Meinung sein. Das ist nicht der Fall. Natürlich handelt es sich um eigenständige Begriffe. Aber sie müssen erst einmal definiert werden, damit sie sich abgrenzen lassen.

Stellen Sie sich einen Menschen mit Haltung vor. Wer fällt Ihnen ein? Was macht diesen aus? Wenn ich diese Frage stelle, so höre ich gewöhnlich Beispiele von Personen, die …

- eine hohe Urteilsfähigkeit haben,
- Werte vertreten,
- ethisch handeln.

Ein Gandhi war jemand mit Haltung. Martin Luther. Sheryl Sandberg. Vielleicht Steve Jobs.

Bei Politikern fallen den meisten nicht viele ein. Barack Obama würde man sicher eher eine Haltung zuschreiben als Donald Trump, Bill Clinton eher als George W. Bush.

Warum? In dem Fall ist es der dritte Punkt, die Ethik, die jemand vertritt oder zu vertreten scheint. Wir sehen Werteorientierung durch einen abendländischen, immer noch von der Aufklärung geprägten Schleier. Es gibt durch diesen Schleier blitzend erstrebenswerte Werte, und diese basieren auf gesellschaftlich-sozialen Interpretationen.

Durch eine solche Brille betrachtet, unterliegen wir immer der Gefahr, Haltung mit der Werteorientierung einer bestimmten gesellschaftlichen Schicht zu verwechseln. Das erzeugt blinde Flecken für alles, was jenseits deren Vorstellungen von Gutsein liegt: Leistung, Fleiß, Anpassung sind nach wie vor solche gesellschaftsverankerten Werte. Aber sie spiegeln keine Haltung. Wer sich an ihnen ausrichtet, folgt lediglich der Konvention.

Haltung ist mehr als eine Werteorientierung dieser Art. Was uns körperlich Haltung gibt, ist das Rückgrat. Wir richten uns auf, wir gehen aufrecht. Haltung braucht Rückgrat, etwas, an dem sie sich ausrichten und mit dem sie sich und andere aufrichten kann. Das, was verankert, sind nicht Werte, sondern gelebte Prinzipien. Werte sind für mich hohle Luft, solange sie durch kein Prinzip unter- füttert sind. Ich habe so viele wertebewusste Unternehmen kennengelernt, die keine Prinzipien hatten, ebenso wie wertebewusste Menschen, die sich an nichts ausrichteten außer an den anderen. Und das ist ein weiterer Punkt: Es muss der eigene Maßstab sein, der Haltung gibt, nicht der antrainierte.

Ein Prinzip ist auch Entscheidungsprämisse: Daran werde ich mich orientie- ren, ausrichten, aufrichten. Es ist die Basis für Handeln. Es verleiht ein so starkes Rückgrat, dass der Mensch dafür bereit ist, alles zu geben und auch sich selbst hintanzustellen. Es ist deshalb immens wichtig für die Meinungsbildung, aber es ist keine Meinung. Mit den Meinungen ist es auch so eine Sache. Es gibt Meinun- gen, die keine eigenen sind, sondern sich an Gruppenmeinungen orientieren. Die Basis ist dann keine eigene Haltung. Auf Haltung beruhende Meinung entsteht durch Reflexion eigener und fremder Perspektiven und das Vergleichen mit Prin- zipien. Man könnte das eine eine populistische Meinung und das andere eine mit Haltung untermauerte Meinung nennen.

Ein Prinzip, dem ein Wert als Handlungsimpuls zugrunde liegt, ist nicht nur Entscheidungsprämisse, es muss sich auch auf etwas beziehen, das losgelöst von einem selbst bestehen kann. Immanuel Kants „kategorischer Imperativ" ist auch heute noch ein gutes Beispiel für Prinzipienbildung: „Handle nur nach derjenigen Maxime, durch die du zugleich wollen kannst, dass sie ein allgemeines Gesetz werde." Daran kann man natürlich Kritik üben, denn es gibt durchaus Prinzipien, die sich nicht in dieser Art und Weise verallgemeinern lassen. Spätestens wenn man sich mit Dilemmata beschäftigt, wird das offensichtlich. Aktuell herrscht eine Ethik-Diskussion über selbstfahrende Autos. Worauf soll ein solches Auto in einer Unfallsituation programmiert werden: auf die Rettung des Insassen oder eines Kindes, das das Auto zu überfahren droht? Auf die Rettung von zwei jün- geren Personen auf der rechten Straßenseite oder drei älteren auf der linken? Da kommt man mit Immanuel Kant nicht weiter. Und manches Prinzip kann nicht absolut formuliert sein, sondern muss immer wieder aktualisiert werden. Dazu braucht man dieses Ding, genannt Mindset.

Der Fokus eines Prinzips liegt auf dem Handeln, während der Wert eine Hand- lungsrichtung vorgibt. Erst im Zusammenspiel von Wert und Prinzip liegt Kraft, erst darauf baut sich Haltung auf. Dabei sind es aber bestimmte Werte und Prinzi- pien, die Haltung ausmachen. Unmenschlichkeit beispielsweise ist keine Haltung, sondern Unmenschlichkeit – ein impulsives, unkontrolliertes Verhalten. Es kann keinen Wert und kein Prinzip für Unmenschlichkeit geben.

Werte müssen auf das unmittelbare Umfeld, die Gemeinschaft und auf die Menschheit insgesamt ausgerichtet sein, damit sie Haltung ausmachen können. Je weiter der Kreis, den das Prinzip abdeckt, desto mehr können wir von Haltung sprechen:

- Ich orientiere mich an einer Gruppe.
- Ich orientiere mich an der Gruppe und dem Kontext.
- Ich orientiere mich an der Gruppe, dem Kontext und der Gesellschaft.

Haltung braucht Überprüfung durch den Druck und Gegenwind anderer Haltungen, Meinungen oder Prägungen. Sie zeigt sich nämlich erst dann, wenn sie nicht gestützt ist von anderen. Wer in einer Gruppe von Menschen ohne oder mit anderer Haltung seine eigene Haltung bewahren kann, erst der hat eine. Das unterscheidet echte Haltung von Lippenbekenntnissen und populistischen Meinungen. Das heißt nicht, dass jeder mit Haltung diese in jeder Situation – auch bei Lebensgefahr und unter Haftandrohung – rausposaunen muss, sondern, dass er Situationen auf Eignung prüft, seine Haltung für die Wendung zum Guten zu nutzen.

Deshalb bekommt Haltung hier noch einen Eckpfeiler: das Gute. Wer diesen Eckpfeiler ernst nimmt, erkennt, dass das Gute nicht ohne das Böse existieren und nur in einer Abgrenzung voneinander existieren kann. Das Gute kann auch nur durch individuelle Haltung definiert sein. Das Gute hat keine feste Erscheinungsform, es passt sich der Situation an, die uns den Unterschied zwischen Gut und Böse zeigt. Das Gute ordnet sich dem unter, was als höchstes Gut erkannt ist. Ist es die Ästhetik? Die Gelassenheit? Das gute Leben? Das moralisch Gute? Bei Aristoteles ist es das glückselige Leben. Und bei Ihnen? Das höchste Gut moderiert unsere Grundannahmen und bestimmt die Prinzipien unserer Haltung. Mit dem höchsten Gut ändern sie sich und bekommen neue Form. Fangen wir also damit an.

1.3.1 Grundannahmen als Basis für alles

Grundannahmen sind Interpretationen der Welt. Sie sagen, wie etwas ist und an was man glaubt oder nicht. Es können Grundannahmen über die Welt, das Leben und die Menschen bestehen, über Unternehmen und Wirtschaft. Auch das „höchste Gut" beruht auf Grundannahmen. Angenommen, das höchste Gut ist das glückliche Leben aller, dann könnte es folgende Grundannahmen geben:

- Jeder kann sich zu jeder Zeit entscheiden, das Beste aus seinen Möglichkeiten zu machen.
- Die Welt besteht aus Gegensätzen, die sich auflösen, wenn man sie als solche erkannt hat.
- Wir können die Welt täglich durch Mikrotaten zu einem besseren Ort für alle Menschen auf dem ganzen Globus machen.
- Ein möglichst weites und reifes Denken ist erstrebenswert für alle.

Grundannahmen sind keine Wahrheiten, sondern Interpretationen. Aber wie jede gute Analyse basieren sie auf etwas, das den Wissensstand spiegelt oder aber Unwissen als Vorausannahme hat. Es mag Kulturen, Menschen und Gruppen geben, die Grundannahmen wie „Ein möglichst weites und reifes Denken ist erstrebenswert für alle" nicht teilen und das auch begründen können.

Grundannahmen helfen bei der Prinzipienbildung. Woran richte ich diese aus? Eine Grundannahme kann nicht aus dem hohlen Bauch entstehen. Sie braucht ein höchstes Gut, darf gerne auch unterfüttert sein vom Wissensstand der Zeit, in der jemand diese Haltung entwickelt hat. Nehmen wir das glückliche Leben für alle als höchstes Gut. Dafür müssen wir wissen, was ein glückliches Leben ausmacht – und die Forschung liefert da zahlreiche Erkenntnisse.

Wer seine Grundannahmen so trifft, kann Vereinfachungen nicht mehr zulassen. „Jeder Mensch ist gut" ist genauso eine Vereinfachung wie „Jeder Mensch ist schlecht" und basiert nicht auf einer Grundannahme in meinem Sinn. Vom höchsten Gut moderierte Grundannahmen, die die Basis von Prinzipien bilden und sich an Werten ausrichten, können nicht pauschal und verallgemeinernd sein.

Eine stabile Grundannahme hat deshalb eine ganz wesentliche Beschaffenheit: Sie ist aktualisierbar. Sie kann ein Update vertragen, wenn man so will. Sie lässt sich konkretisieren, gegebenenfalls unter Zunahme eines anderen oder erweiterten oder veränderten Prinzips einschränken oder relativieren. Als Quell von Haltung kann eine Grundannahme niemals starr sein.

Das „höchste Gut" leitet Menschen. Aber kann es auch Unternehmen leiten? Ich meine: Ja, aber es ist eine Entscheidung, eine sehr grundlegende sogar. Wirtschaftliches Wachstum muss der Grundannahme vom glückseligen Menschen nicht widersprechen, kann es aber, wenn man konsequent denkt. Wir können dann nichts produzieren, was Menschen in Afrika oder Asien oder sonst wo auf der Welt ausbeutet. Deshalb sollten Unternehmen immer zuerst am höchsten Gut und ihren Grundannahmen arbeiten. Man kann das höchste Gut ausblenden, weil es die Dinge grundsätzlich macht, das vorher Komplexe vereinfacht. Aber konsequent gedacht und ganzheitlich gehört es dazu. Es schafft auch Sinn und Identifikation.

Man könnte Werte, Grundannahmen und Prinzipien auch die Grundelemente der Haltung nennen. Den agilen Frameworks fehlt es an den Grundannahmen. Sie setzen etwas voraus, ohne das zu reflektieren und immer wieder neu zu bewerten. Die Urheber des agilen Manifest wollten eben nur einen Rahmen bieten, für Inhalt ist jeder selbst verantwortlich.

Eine Reflexion kann man auf der individuellen genauso wie auf der organisationalen Ebene bei jedem einzelnen meiner Elemente – Grundannahmen, Bedürfnisse und Werte, Prinzipien, Haltung, Positionen (siehe Abb. 1.1) – beginnen und wird bei entsprechender Tiefe automatisch zu den anderen Themen kommen. Empfehlenswert ist es aber, bei Grundannahmen zu beginnen und diese in Bezug zu den „Lebenselementen" Sinn, Erkenntnis und das Gute zu setzen. Was ist für uns Sinn, wie gewinnen wir Erkenntnis, was ist das Gute? Diese Gedanken regen an, über Grundannahmen – was glauben wir von uns – weiter zu reflektieren.

Je nach Reifegrad eines Unternehmens ist diese Tiefe aber überfordernd. In dem Fall sollte man mit den Werten und Prinzipien beginnen. Den Grundannahmen auf die Spur zu kommen oder diese mitzudenken, ist nachhaltiger. Grundannahmen prägen die gelebte Unternehmenskultur, sie prägen die Werte – es gibt eine Wechselwirkung. Deshalb lassen sie sich mit strukturierten Interviews erfassen.

Was für die organisationale Ebene gilt, gilt auch für die individuelle: Wenn ein Mensch sich entwickeln möchte, etwa hin zu einer für den agilen Kontext geeigneten Führungskraft, sollte er seine eigenen Grundannahmen reflektieren. Und ich meine seine eigenen, denn allzu oft haben Menschen keine eigenen Grundannahmen, sondern übernehmen unreflektiert die Grundannahmen anderer. Unmöglich, so Haltung zu entwickeln.

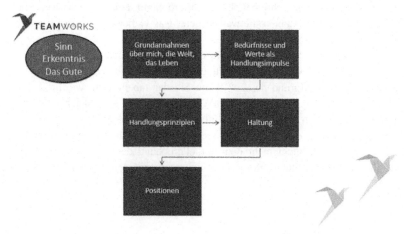

Abb. 1.1 Elemente, die zu Haltung führen. (Svenja Hofert)

Wir brauchen ein eigenes Rückgrat! Dieses ermöglicht es uns, dazu beizutragen, mit den eigenen Grundannahmen die Grundannahmen des Unternehmens zu fassen und gegebenenfalls zu aktualisieren. Oder auch Widersprüche und Paradoxien zu sehen und zu kommunizieren. Vielleicht sehen wir dann: Ja, wir verfolgen auf der intellektuellen Ebene die Grundannahme, die Welt bestehe aus Gegensätzen – aber wir leben sie nicht.

1.3.2   Grundannahmen für Agilität

Was hat nun Haltung, die sich aus Grundannahmen ableitet, mit dem agilen Mindset zu tun? Wenn ich Mindset als Denk- und Handlungslogik definiere, dann ist das zunächst nicht mit einem bestimmten Inhalt gefüllt. Es ist eine Art zu denken und handeln, aber keine bestimmte. Das agile Mindset ist jedoch eine bestimmte Denk- und Handlungslogik. Dieser liegen bestimmte Grundannahmen zugrunde, genauer folgende:

- Die Digitalisierung fordert von uns Beweglichkeit.
- Beweglichkeit bedeutet, dass jeder Verantwortung übernehmen muss.
- Kleine Einheiten sind beweglicher als große.
- Ohne rangordnende Hierarchien können Menschen und Teams innovativer sein.

Die Liste können Sie erweitern, das gleicht dann einem Check der Grundannahmen. Diese einmal aufzuschreiben, kann sehr erhellend sein. Möglicherweise fällt dadurch erst auf, dass man von etwas ausgeht, was vielleicht gar nicht bewiesen ist oder auch anders sein könnte.

Grundannahmen eignen sich sehr für eine Bestandsaufnahme. An was glaube ich? An was glauben wir? Welche Werte ergeben sich daraus? Und welchen Prinzipien folgen wir aufgrund dessen? Wenn Sie das tabellarisch, wie in Tab. 1.2 geschehen, aufstellen, werden oft auch Widersprüche sichtbar. Gleichzeitig ergeben sich sehr konkrete Prinzipien und Entscheidungsgrundlagen.

Weiterhin besteht die Möglichkeit, die Grundannahmen zu überarbeiten, beispielsweise weil sie nicht mehr dem aktuellen Stand des Wissens entsprechen oder nicht mit den Agilitätsanforderungen zusammenpassen. Dann gilt es, sie zu überarbeiten.

Tab. 1.2 Beispiele für Werte, Grundannahmen und Prinzipien

Thema	Grundannahme	Wert	Prinzip
Menschen	Menschen folgen unterschiedlichen Denk- und Handlungslogiken	Entwicklung	Wir fördern Entwicklung gezielt
Teams	Ein heterogenes Team kann viel mehr leisten als der Einzelne	Unterschiedlichkeit	Wir fördern Unterschiedlichkeit
Unternehmen	Organisationen müssen wirtschaftlich überleben	Wirtschaftlichkeit	Wir sind gewinnorientiert
Verantwortung	Organisationen tragen gesellschaftliche Verantwortung	Soziale Nachhaltigkeit	Wir kümmern uns um bildungsferne Mitbürger in der Region
Personalentwicklung	Die Denk- und Handlungslogik von Einzelpersonen lässt sich ändern	Bewegliches Denken	Wir fördern ein agiles Mindset
Teamentwicklung	Ein Team kann mehr leisten als jeder einzelne, wenn Vertrauen da ist.	Respekt	Wir entwickeln Teams hin zu gegenseitigem Respekt

1.4 Dynamisches und statisches Mindset

Ein Mindset sollte in der Lage sein, seine Grundannahmen upzudaten. Das heißt, die Denk- und Handlungslogik muss dergestalt sein, dass sie Veränderung bei sich und anderen überhaupt für möglich hält. Das ist nicht selbstverständlich. Und deshalb möchte ich hier eine Theorie einführen, die hilft, sich vor Augen zu halten, wie ein Mindset eingestellt sein muss, damit es sich selbst aktualisieren kann.

Mit dieser Grundeinstellung des Mindsets hat sich die Stanford-Professorin Carol Dweck intensiv beschäftigt. Sie unterscheidet das „fixed mindset" und das „growth mindset", das statische und das dynamische Mindset, Letzteres wird auch inkrementelles Mindset genannt. Inkrementelles Vorgehen kennt man aus der Softwareentwicklung. Dort ist es eine schrittweise Entwicklung. Das ist ein wichtiger Aspekt für das growth mindset: Es entwickelt sich schrittweise – in einer bestimmten Schrittfolge, wie wir später noch sehen werden. Das Mindset der Carol Dweck [5–7] ist somit die Basis für ein agiles Mindset in meinem Sinne – eine sich selbst immer wieder erneuernde Grundhaltung, die den Anforderungen der Digitalisierung gerecht werden kann. Und damit meine ich viel mehr als den Anforderungen der Arbeitswelt. Denken wir weiter, sind es z. B. auch die Anforderungen, die eine veränderte Arbeitswelt an uns stellt, etwa durch künstliche Intelligenz oder andere Lebensformen. Welches Mindset auf individueller und gesellschaftlicher Ebene braucht ein flächendeckendes Grundeinkommen? Damit Menschen für sich selbst Verantwortung übernehmen können, benötigen sie eine hohe persönliche Reife. Das ist ganz ähnlich dem Mindset für Agilität.

Carol Dwecks [5] Unterscheidung ist ganz einfach: Das fixed mindset ist eine innere Einstellung, die davon ausgeht, dass jeder ist, wie er ist – im positiven wie im negativen Sinn. Das growth mindset ist ganz anders: Es geht von ständiger Entwicklung, von Dynamik aus. Auch hier ist es wieder wichtig, Denken und Handeln zusammenzunehmen und nicht zu trennen. Es gibt durchaus viele, die sagen, dass sie an die Entwickelbarkeit von sich und anderen glauben, dieses Denken aber nicht internalisiert haben. Das heißt, sie können Wissen wiedergeben, aber nicht danach handeln.

Carol Dweck hat in unterschiedlichen Zielgruppen viel bewirkt. Etwa in der Pädagogik: Sie untersuchte, wie Kinder sich entwickeln, wenn sie „fixiert" und wenn sie „dynamisch" erzogen werden. Kinder, denen man Intelligenz als angeboren zuspricht, schneiden dabei schlechter ab – sie entwickeln sich weniger. „Gut gemacht, du bist eben schlau", das ist kein guter Erziehungsratgeber. Dagegen wirkt „Sehr gut, du hast seit dem letzten Mal richtig Fortschritte gemacht" ebenso entwicklungsfördernd wie konstruktives Feedback.

> In a fixed mindset students believe their basic abilities, their intelligence, their talents, are just fixed traits. They have a certain amount and that's that, and then their goal becomes to look smart all the time and never look dumb. In a growth mindset students understand that their talents and abilities can be developed through effort, good teaching and persistence. They don't necessarily think everyone's the same or anyone can be Einstein, but they believe everyone can get smarter if they work at it [5].

Die Ergebnisse von Carol Dwecks Untersuchungen lassen sich so auch auf Erwachsene übertragen, etwa auf Führungskräfte. Nur wenn diese an die Entwicklung von sich und anderen glauben, werden sie diese fördern können. Das ist ein wesentlicher Punkt, wenn wir uns entscheiden, Entwicklung in den Fokus zu nehmen und den Menschen nicht mehr als Fertigprodukt zu sehen, das von

Firmen eingekauft wird. Oft ist dabei das Mindset besser zu beobachten als zu erfragen. Wenn ich Führungskräfte oder Coaches frage, ob sie an die Entwicklung glauben, sagen viele „Ja". Wenn ich sie aber beobachte, sehe ich, dass sie sich nicht danach verhalten. Das bedeutet, der Glaube an das growth mindset ist sozial erwünscht, aber oft nicht internalisiert.

Wenn das neue Mindset nicht wirklich verankert ist …

Eine Führungskraft führt ein Feedbackgespräch nach Lehrbuch. Sie attestiert dem Mitarbeiter gute Arbeit. Doch dann sagt sie: „Dieser Fehler hätte aber nicht sein müssen", und verweist auf etwas, das im Gesamtkontext und für die Zukunft keine Bedeutung hat. Offenbar leitet sie der Grundsatz, immer noch etwas mitgeben zu wollen, was Verbesserungspotenzial beinhaltet – eigentlich nicht falsch. Nur das, was die Führungskraft auswählt, hat keine Bedeutung, wenn es um die Entwicklung des Mitarbeiters geht. Es ist nicht eingebettet in einen Kontext und hat auch keine positive Entwicklungsbotschaft. Es zeigt, dass die Führungskraft trotz anderer Bekundungen einen Mangelblick hat und dass sie nicht kontextbezogen denkt.

So wäre es besser: Die Entwicklungsrichtung muss beiden Gesprächspartnern klar sein, etwa strategische Entscheidungen zu treffen. Verbesserungspotenzial muss sich innerhalb dieses Rahmens bewegen. Feedback darauf bezogen sein, was gemeinsam ausgearbeitet wurde und welche Bewertungskriterien festgelegt wurden. Verbesserungspotenzial sollte da thematisiert werden, wo bereits ein Schritt nach vorne erfolgt ist, aber ein weiterer Schritt hilfreich wäre. Die Führungskraft sollte den bereits gegangenen Schritt loben und Lust auf einen weiteren machen. „Das X schaffst du auch noch, wenn du mehr darauf achtest, die vorhandenen Daten zu nutzen."

Ein agiles Mindset ist also auf jeden Fall ein dynamisches Mindset. Diesen Satz sollten Sie sich auf der Zunge zergehen lassen. Er ist nicht profan. Ich habe in vielen agilen Teams ein fixed mindset gesehen. Die agilen Methoden wurden statisch angewendet und es wurde nicht nach links und rechts geschaut. Vor allem aber glaubten diese Agilen ohne bewegliches Mindset nicht an dynamische Entwicklung. Sie verwechselten vielmehr Lernen und Entwicklung, dazu später mehr. Sie zogen sich jede Menge Bücher rein, aber das führte im Grunde nur zu einem: zur Frontenbildung. In einem Unternehmen glaubte die eine Hälfte der Mitarbeiter an Teamarbeit, die andere nicht. Dies spiegelt ein Mindset, dass sich an Richtig und Falsch ausrichtet. Das ist nicht dynamisch. Also nicht agil.

▶ Ein agiles Mindset ist ein dynamisches Mindset. Das beinhaltet die Überzeugung, dass jeder Mensch sich zu jeder Zeit entwickeln kann, wenn er sich dazu entscheidet. Es bedeutet auch, dass nichts in Stein gemeißelt ist, sondern alles ein work in progress – nicht nur das Projekt, auch das eigene Mindset.

1.5   Die Struktur des Denkens

Bis jetzt wollte ich Ihnen Folgendes vermitteln: Ein passendes Mindset für die agile Arbeitswelt besitzt Grundannahmen, folgt Werten, zeigt Haltung und kann darauf basierend auch Position beziehen. Es kann seine Grundannahmen überdenken und erneuern, wenn neue Informationen dazukommen. Das setzt den Glauben an die menschliche Entwickelbarkeit unbedingt voraus. So ist dieses Mindset immer growthorientiert, also dynamisch. Die Haltung ist z. B. dadurch gekennzeichnet, dass das lebenslange Lernen und die persönliche Entwicklung Handlungsprinzipien sind, die Grundannahme dazu lautet „Wer sich entwickelt, kann wirksam mitgestalten und verändern".

Das passt zu den Aufgaben einer agilen Organisation. Diese Aufgaben werde ich später noch einmal erläutern. Aber auch ohne dass ich ins Detail gehe, werden Sie verstehen, dass diese mit Veränderung zu tun haben. Klar ist oder sollte sein: Ein Unternehmen, das sich wandelt, braucht Menschen, die Wandel begrüßen.

Ich muss nun noch einmal einen Schritt zurückgehen, um zu erklären, wie Menschen Dinge strukturell aufnehmen und wahrnehmen, denn das ist die Voraussetzung für ihr Handeln. Es gibt Experten, die meinen, man lerne durch Handeln. Handlung kann unterstützen – und Lernen durch Üben ist wirksam, aber die Denk- und Handlungslogik betrifft das nicht. Stellen Sie sich diese Denk- und Handlungslogik wie ein Gefäß vor, dass eine bestimmte Form hat und nur das aufnehmen kann, was diese Form vorgibt. Es passt auch alle neuen Inhalte dieser Form an. Wenn es sich aber selbst verändert, also seine Form, dann ändert sich auch die Art und Weise Inhalte – z. B. neue Gedanken – aufzunehmen. Schauen wir ins Gehirn. Eine solche Veränderung bewirken feuernde Neuronen, die neue Verbindungen im Gehirn initiieren und damit auch die Struktur der neuronalen Netze verändern. Das ist etwas anderes, als die alten Bahnen immer fester zu machen.

Wir gehen oft davon aus, dass jeder von uns alles verstehen kann. Und jeder das Gleiche hört und sieht, wenn er etwas hört oder sieht. Doch dem ist nicht so. Jeder sieht und hört etwas anderes. Wenn drei Leute auf eine Veranstaltung gehen, so wird der eine das schöne Kleid der Rednerin, der nächste das leckere Buffet und der dritte den Fleck auf der Wand bemerken. Bei Inhalten ist das ebenso. Es gibt zwar Dinge, die alle Menschen ähnlich wahrnehmen, doch die Details sind höchst verschieden. Erst recht gilt das, wenn es heißt, eigene Schlüsse aus etwas zu ziehen, also ohne Vorgaben Gedanken zu produzieren und daraus Handeln abzuleiten.

1.5.1 Verstehen ist eine Illusion

Wir sehen alle etwas anderes, das ist normal. Wer behauptet, „wir verstehen uns blind", ist ein Meister der Selbstbestätigung. Niemand versteht sich blind, wenn dem nicht eine sehr lange Phase des gemeinsamen Lebens und Erfahrens vorausgegangen ist. Je komplexer Mensch und Situation, desto weniger gilt das. Auf einer sehr einfachen Ebene können wir uns wirklich blind verstehen, ohne Sprache. Auf einer komplexen viel weniger. Und Komplexität spiegelt sich sehr deutlich in Sprache.

Wir sehen auch alle etwas anderes, wir verstehen Unterschiedliches. Auch wie wir Inhalte sortieren, ist höchst verschieden.

Nehmen wir die Retweets meiner Blog-Beiträge bei Twitter. Jeder Retweeter zieht einen anderen Aspekt heraus, es sei denn, er ist maschinell erzeugt. Auch Kommentare beziehen sich immer auf andere Aspekte, manchmal auf solche, die ich selbst für völlig unwichtig halte. Nicht selten wird der Inhalt auch gar nicht so verstanden, wie ich ihn gemeint habe. Das hat mit verschiedenen Dingen zu tun: mit den kognitiven Fähigkeiten, mit Wissen, aber auch mit den verschiedenen Ebenen der Wahrnehmung.

Einfache Kommunikationsmodelle wie das „Vier-Ohren-Modell" von Friedemann Schulz von Thun zeigen in leichter Sprache, dass es solche verschiedenen Ebenen gibt: die Sachebene des Inhalts, die Beziehungsebene, die Appellebene, mit der wir durch die Art, wie wir sprechen, nonverbale Aussagen treffen. Die Selbstkundgabe ist auch nicht zu unterschätzen. Jemand, der mir positiv gesinnt ist, wird meine Texte von vorneherein anders aufnehmen als jemand, der das Salz in der Suppe sucht.

Menschen reduzieren Informationen nicht auf den Kern, sondern auf das, was zur Beziehung, zur Situation, zum Kontext, in das eigene Mindset passt. Sie wählen passende Informationen mindset-spezifisch aus, blenden andere aus. Dabei spielen berufliche Prägungen eine Rolle: Journalisten wählen eher etwas aus, was einen plakativen Kontrapunkt bilden kann. Wissenschaftler wählen aus, was dem

Fortschritt dient oder der eigenen Hypothese. Man will gut dastehen, überzeugen, anerkannt sein. Führungskräfte wählen Informationen persönlichkeitsbezogen, aber auch abhängig von ihrer Stellung im Unternehmen, ihrem Status und ihrer Position aus. Inhaber haben meist noch einmal einen anderen Blick, teils bestimmt durch typischerweise von Angestellten unterscheidbare Eigenschaften. So sind Inhaber tendenziell eigenwilliger, man könnte auch sagen unabhängiger, bisweilen – mit Verlaub – auch störrischer, was gut sein kann, aber auch hinderlich. Es gibt also vielfältigste Prägungen und Einflüsse. Aber das, was als Information ausgewählt und bewertet wird oder eben nicht, sagt zusätzlich dazu einiges über das Mindset aus, und zwar auch von diesen Bestrebungen unabhängig.

Was sehen wir? Wie ordnen wir Informationen in die Schubladen unseres Gehirns? Was nehmen wir auf? Was speichern wir? Und wie legen wir es ab? Mit welchen Bewertungen verknüpfen wir es?

Gefällt mir oder gefällt mir nicht – Bewertungen haben immer mit Emotionen zu tun, die vom eigentlichen Inhalt losgelöst sind. Sie gehen auf Erfahrungen aus dem Kindesalter zurück. Da habe ich beispielsweise gemerkt, dass ich ungestört sein konnte (Freude!), wenn ich kluge Gedanken äußerte. Oder ich habe gespürt, dass es gut ankam, wenn ich einen eigenen Standpunkt vertrat. Diese Bewertungen sind individuell verschieden. Im Laufe des Lebens verändern sie sich. Ich bewerte neu. Viele dieser Neubewertungen haben mit einem persönlichen Reifeprozess zu tun.

Löste Kritik früher Scham aus, so verschwindet diese normalerweise, je mehr man zu sich selbst findet. Strebt ein junger Mensch anfangs nach Anerkennung durch andere, so verliert sich das oft mit zunehmender Ich-Stärke. Das alles geschieht durch Erleben, durch Reflexion – Erkenntnis. Nicht durch Training. Im Training lassen sich Dinge einstudieren. Man kann Menschen dazu bringen, sich angemessen zu verhalten oder bestimmten Kommunikationsmustern zu folgen. Auf ihr Mindset hat das keinen Einfluss. Ich unterscheide deshalb Lernen und Entwicklung (siehe Abb. 1.2). Lernen bedeutet, dass Menschen sich mehr Wissen draufschaffen. Entwicklung heißt, dass sie ihre Art der Wahrnehmung – ihr Mindset – verändern. Auf verschiedenen Ebenen. Wenn wir uns im Folgenden damit beschäftigen, möchte ich mit dem Urvater der kognitiven Entwicklung beginnen, mit Jean Piaget. Sein großes Verdienst ist die Entdeckung des regelmäßigen Ablaufs in der Entwicklung im Kinder- und Jugendalter. Die regelmäßige Entwicklung hört im Jugendalter aber nicht auf. Hier knüpften später andere Forscher an. Diesem Thema möchte ich nun ein ganzes Kapitel widmen, denn ich halte es für sehr zentral.

UNTERSCHIED LERNEN UND ENTWICKLUNG

Lernen = Neues zum alten Denken

Entwicklung = neue Denk- und Handlungslogik

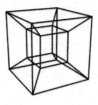

Abb. 1.2   Lernen und Entwicklung. (Svenja Hofert)

Mindset im agilen Kontext
In diesem Kapitel stand die Definition des Mindsets im Mittelpunkt. Diese beschrieb ich als Denk- und Handlungslogik eines Menschen, aber auch einer Organisation. Das agile Mindset ist demzufolge ein Mindset für eine bewegliche, sich verändernde Umwelt. Das agile Umfeld definierte ich dabei als sich schnell wandelnd und unter Komplexität nicht berechenbar. In einem agilen Umfeld gibt es wenig feste Zustände, Entwicklung ist unplanbar. Ob dabei agile Methoden angewendet werden oder nicht, ist in diesem Zusammenhang nicht relevant. Man braucht nicht zwingend bestimmte Methoden um „agil" zu sein.

1.6   Interview mit Conny Dethloff

Conny Dethloff ist bei der Otto GmbH & Co. KG im Bereich Business Intelligence für Produkt- und Datenmanagement verantwortlich. Er treibt auch aktiv den Kulturwandel bei Otto voran.

Was prägt aus deiner Sicht das Denken von Menschen?
Denken und Handeln von Menschen werden primär durch Strukturen geprägt. Damit meine ich auf der einen Seite interne Strukturen. Das sind die internen Modelle, die jeder Mensch besitzt und über die jeder Mensch seine Wahrnehmung von und sein Denken über die Umwelt interpretiert. Also sein Mindset.

Zu den Strukturen zählen aber auch die externen. Das sind bewusst explizit ausformulierte – also formale – Gesetzmäßigkeiten, nach denen ein System, wie jedes Unternehmen auch eines ist, in dem die Menschen agieren, funktioniert. Im Kontext der Unternehmen beantworten diese Strukturen in erster Linie die Fragestellung, wie Menschen miteinander denken und handeln sollen. Es handelt sich hier also um dokumentierte Prozesse, Organigramme, Regeln etc.

Es gibt aber auch informale Regeln, die zwar nicht explizit definiert und beschrieben sind, nach denen Menschen in Unternehmen aber trotzdem handeln. Zum Beispiel, wenn in einem Meetingraum ein bestimmter Platz am Tisch immer dem Vorgesetzten vorbehalten ist.

Welche Rolle spielen dabei Methoden?

Methoden, wie beispielsweise Kanban oder Scrum, werden stets durch externe und interne Strukturen von Menschen interpretiert. Möchte man also die Methoden verstehen, sollte man sich Gedanken darüber machen, auf Basis welcher Strukturen, externe und interne, die Erfinder dieser Methoden zum Zeitpunkt des Entwickelns dieser Methoden unterwegs waren. Lean kommt aus dem asiatischen Raum. Die Menschen dort haben andere interne Strukturen als die Menschen im westlichen Raum.

Methoden beeinflussen unser Denken und unser Handeln also nur sekundär. Dementsprechend wäre es auch fatal, einen Wandel auf Basis von Methoden gestalten zu wollen. Trotzdem tun wir es im Unternehmenskontext immer wieder, selbst wenn wir die Misserfolge wahrnehmen.

Warum ist das so?

Hierfür thematisieren wir die den Menschen innewohnenden internen Strukturen, unser Mindset, das sich unter anderem durch unseren Denkrahmen bildet. Es geht nicht darum, was wir denken, also nicht um Denkinhalte. Es geht im Denkrahmen eher darum, wie wir denken, also darum, welche Muster und Paradigmen unseren Denkprozessen zugrunde liegen, um Inhalte überhaupt denken zu können.

Welche Paradigmen, die aus dem Denksystem der zweiwertigen Logik nach Aristoteles entstanden sind und denen wir vertrauen, liegen unserem Denkrahmen zugrunde?

1. Wir denken, um die endgültige Wahrheit zu erlangen.
2. Wir denken analytisch, indem wir Probleme in Teile zerlegen.
3. Wir denken, um Objektivität herzustellen.

4. Wir denken in Entweder-oder-Relationen.
5. Wir denken im Rahmen unserer Zweiwertigen Logik.
6. Wir denken in Beziehungen, die auf Ursache und Wirkung beruhen.

Ich möchte auf den Punkt 4 näher eingehen, da bereits an diesem Punkt klar wird, wie unser Denkrahmen einem notwendigen Wandel im Wege steht. Im „Entweder-oder"-Denken hat der Widerspruch keine Chance. Er wird ausgegrenzt. Widersprüchlichkeit ist formal-logisch nicht abbildbar, also wird er verneint. Wir Menschen in den westlichen Gesellschaften haben hier genau diese Prämisse. Wir können nicht wählen. Und genau das ist der Unterschied zu dem Denkrahmen der Menschen in den asiatischen Gesellschaften, die wählen können und wo deshalb auch ein „Sowohl-als-auch" existiert.

Ist das nicht sehr schwierig auszuhalten für Menschen?
Lebendigkeit und damit Menschlichkeit ist aber eben nun einmal paradox. Bedeutet es denn nun, dass wir in unserem Denkrahmen die Lebendigkeit ausschließen? Ja, genau das bedeutet es. Das steht natürlich in einem konträren Verhältnis zu den Ideen hinter agil, wo es unter anderem sinngemäß heißt „Menschen vor Prozesse".

Viele Initiativen zum Wandel in Unternehmen laufen ins Leere, weil sie Widersprüche nicht berücksichtigen. Wandel bedeutet ein gleichzeitiges Brechen und Befolgen von Systemregeln. Brechen deshalb, weil man sonst nicht von einem Wandel reden würde, und Befolgen, weil man sonst als Störfaktor aus dem System gespült würde.

Was ist wirklich wesentlich?
Es sollen im Rahmen eines Wandels andere Handlungen entstehen, denn nur die machen den Unterschied aus. Handlungen entstehen zu einem Großteil aus zugrunde liegenden Strukturen, in denen sich Menschen bewegen. Diese Strukturen wird man aber nicht ändern, solange sich die Erfahrungen der Menschen nicht ändern, die aber wiederum nur aus veränderten Handlungen resultieren. Erkennen Sie das Henne-Ei-Problem des Wandels und damit den Widerspruch? Was war zuerst da, die veränderten Strukturen oder das veränderte Handeln? Wandel geht nur über Handlungen, die man wider seine Erfahrungen macht. Paradox, oder?

Und genau deshalb ist Wandel so wahnsinnig komplex und nicht über Methoden handhabbar. Und es reicht eben auch nicht der Spruch „Es geht um Mindset, wir müssen unseren Mindset ändern". Warum nicht? Er ist nicht handlungsleitend.

Literatur

1. Kahneman, Daniel. 2016. *Schnelles Denken, langsames Denken*. London: Penguin.
2. Eintrag Mindset, englische Wikipedia. www.wikipedia.com. Zugegriffen: 30. Juli 2017.
3. Bergmann, Frithjof. 2004. *Neue Arbeit, neue Kultur*. Freiburg: Arbor.
4. Väth, Markus. 2016. *Arbeit – Die schönste Nebensache der Welt*. Offenbach: GABAL.
5. Dweck, Carol S. 2006. *Mindset: The new psychology of success*. New York: Random House.
6. Dweck, Carol S. 1999. *Self-theories: Their role in motivation, personality and development*. Philadelphia: Psychology.
7. Dweck, Carol S. 2012. *Mindset: How you can fulfill your potential*. London: Constable & Robinson Limited.

Grundlagen der Entwicklungspsychologie und ihre Bedeutung für das Mindset

Menschen entwickeln sich nach empirisch nachgewiesenen Mustern, auch noch im Erwachsenenalter. Der entwicklungspsychologische Reifegrad bestimmt, welche Denk- und Handlungslogik ein Mensch ausbilden kann. Manche bleiben dabei in einem bestimmten Stadium stecken, andere entwickeln sich immer weiter, vor allem wenn sie das selbst wollen und mehr noch das Umfeld diese Entwicklung fördert. In dieser Betrachtung ergeben sich unterschiedliche Reifegrade, die für verschiedene Denk- und Handlungslogiken stehen. Mindset in meinem Verständnis ist damit auch eine Frage der entwicklungspsychologischen Reife. Ein höherer Reifegrad korrespondiert mit größerem Erfolg in Veränderungssituationen. Das agile Mindset braucht ergo einen höheren Reifegrad in diesem entwicklungspsychologischen Sinne. Menschen mit höherer Reife sind besser in der Lage, andere in ihrer Entwicklung zu fördern. Firmen könnten das Wissen nutzen, um Positionen gezielter zu besetzen und das eigene Personal für die Aufgaben der Zukunft aufzustellen. In diesem Kapitel stelle ich die Modelle von Jean Piaget, Jane Loevinger und Robert Kegan vor und präsentiere ein pragmatisches, eigenes, darauf basierendes Modell. Damit will ich diesen Ansatz fassbarer und einfacher machen, um mehr Menschen zu erreichen.

Wenn Sie zu Hause einen pubertierenden Teenager haben, der meint, dass jeder sich selbst der Nächste ist, lehnen Sie sich entspannt zurück. Das ist normal, wenn wir Normalität als statistische Größe begreifen – die Mehrzahl der Teenies ist so. Es ist allerdings nicht ganz normal, wenn das auch auf einen 60-Jährigen zutrifft, denn dann ist der auf einer Stufe der Entwicklung stehen geblieben, die er sich nur noch mit wenigen teilt. In dem Fall hat es nach der Pubertät keine Entwicklung des Denkens mehr gegeben. Ganz egal, wie erfolgreich derjenige

© Springer Fachmedien Wiesbaden GmbH 2018
S. Hofert, *Das agile Mindset*,
https://doi.org/10.1007/978-3-658-19447-5_2

mit diesem Mindset ist oder war. Und Erfolg ist alles andere als ausgeschlossen: Während einige auf pubertärem Entwicklungsstand in Gefängnissen landen, bauen andere mit diesem Denken politische und wirtschaftliche Imperien. Wenn sie jedoch einen Kulturwandel durchführen und Agilität verstärken wollen, werden sie genau an diesem Denken scheitern, sofern es in ihrem Unternehmen eine starke Machtbasis hat oder diese nicht konsequent genug eingebunden bzw. verpflichtet wird. Hier ist immer mit Hinterzimmer-Aktionen zu rechnen: Die damit verbundenen Aspekte werden diese Personen nicht denken, also auch keine entsprechenden Handlungen ableiten können.

Jean Piaget hat durchaus schwer verständliche Texte geschrieben, aber sehr einfache Experimente gemacht, unter anderem den berühmten „Drei-Berge-Versuch". Dabei setzte er kleine Kinder vor das Modell eines Gebirges. Sie nahmen dabei drei verschiedene Positionen ein und blickten so immer aus anderer Perspektive auf den Berg. Dann stellte er eine menschliche Figur aus Plastik vor die eine Seite des Berges, in eine Position, in der die Kinder vorher selbst gewesen waren. Die Kinder sahen aus einer anderen Position auf den Berg. Nun wollte Jean Piaget von den Kindern wissen, was die menschliche Figur auf der anderen Seite sieht. Kinder im Alter von etwa vier bis fünf Jahren konnten sich nicht in die Sichtweise der Figur hineinversetzen, obwohl sie zuvor selbst aus dieser auf den Berg geschaut hatten. Oder anders formuliert: Sie konnten nicht wahrnehmen, dass jemand etwas anderes sieht als sie selbst.

Jean Piaget fand auch heraus, dass kleine Kinder keine Verhältnisse erkennen können. Sie sind nicht in der Lage, zwei Dimensionen im Geist gleichzeitig zu bewältigen, ihnen fehlt das Verständnis für die Konstanz der Menge, daher heißt das Experiment auch „Konstanz-Experiment". So nahm er ein breites und ein längliches Gefäß mit Wasser. Die Kinder konnten nicht glauben, dass in beiden Gefäßen die gleiche Menge an Wasser ist, auch wenn Jean Piaget es durch Umschütten des Wassers beweisen konnte.

Auf ihn geht auch der Begriff des Schemas zurück, an dem entlang sich Entwicklung zeigt. Dieses Schema wird immer differenzierter und passt sich neuen Erkenntnissen an. Ist für ein kleines Kind alles mit vier Beinen ein Hund, so lernt es bald, dass auch eine Kuh ein Vierbeiner ist und kein Hund.

Diese Entwicklung entlang von Schemata hört im Erwachsenenalter nicht auf. Je mehr Menschen sich ausdifferenzieren und in den diese Differenzierung des Denkens und Handelns fördernden Umfeldern aktiv sind, desto kleinteiliger und vielfältiger nehmen sie wahr. Das macht sich vor allem bei komplexen Themen bemerkbar. Es kommen immer neue Aspekte dazu, die man wahrnimmt. Auch die Bewertung verändert sich. Sehe ich anfangs vor allem mich selbst und richte mich an anderen aus, so ziehe ich mit zunehmender Reife einen immer größeren

Radius um mich, die anderen, die Situation, den Kontext, die gesellschaftlichen Rahmenbedingungen. Ich erkenne damit Schattierungen, die andere nicht mehr wahrnehmen, meine Maßstäbe verändern sich. Das Ich wird stärker, aber zugleich unbedeutender. In dem Maße, in dem das geschieht, vermag ich auch anderen mehr Raum zu geben – und zwar echten Raum im Sinne von respektierendem Freiraum.

Das alles passiert aus neurobiologischer Sicht im Kopf, durch neue Verbindungen, mehr Straßen und Seitenstraßen, mehr Vernetzung, weniger selbst gemachte Stoppschilder. Damit solche Verbindungen entstehen und sich verstärken können, braucht es Emotionen, denn nur Neuronen, die feuern, verbinden sich. Durch intensives Erleben werden elektrische in chemische Signale umgewandelt und der synaptische Spalt zwischen zwei Neuronen kann überbrückt werden. Intensives Erleben kann dazu beitragen.

▶ Die Grundannahme, dass Verhalten Denken prägt, ist falsch. Solange das Verhalten eintrainiert und nicht selbstproduzierend ist, stimmt das nicht. Verhalten mag von Worten und Begriffen begleitet sein, die den Anschein erwecken, etwas sei erlernt. Spätestens in kritischen Situationen jedoch wird man den Unterschied zwischen einem antrainierten und einem authentischen, aus dem Innern kommenden Verhalten merken.

Wir müssen etwas denken können, bevor wir uns danach verhalten können. Es kann aber durchaus sein, dass wir etwas denken können, ohne Handlung daraus abzuleiten. Handlung ohne Denken jedoch ist Nachahmen oder das Abarbeiten von Checklisten.

Oft konzentrieren sich Unternehmen darauf, das Verhalten von Menschen zu schulen. Sie üben etwas. Diesem Ansatz liegt eine Grundannahme zugrunde, die so einfach nicht haltbar ist: dass Verhalten Denken prägt. Das ist nur zum Teil so. Jemand kann etwas lernen, etwa Scrum-Methoden, aber bestimmte Dinge trotzdem nicht denken. Trainings und Coachings können viel Spaß machen, aber dennoch nur der Selbstbestätigung dienen. Man verfestigt die vorhandenen Verbindungen im Gehirn, schafft aber keine neuen. Die grundlegende Logik bleibt gleich. Dabei könnte sie sich verändern – wenn man Menschen mehr herausfordern würde. Wenn man Entwicklung in den Vordergrund stellte und nicht Lernen. Um zu verstehen, warum das so wichtig ist, möchte ich in den folgenden Kapiteln die entwicklungspsychologischen Modelle von Jane Loevinger und Robert Kegan sowie die Ansätze von David Rooke und William Torbert vorstellen. Sie liefern ganz konkrete Ansätze, wie das geschehen kann. Gehen wir davon aus, dass das, was ein agiles Unternehmen ausmacht, seine Bereitschaft für stetige Veränderung und permanentes Lernen ist, dann braucht es dafür Menschen, die reifer sind als die Mehrzahl der Menschen. Diese Reife wächst jedoch nicht auf Bäumen. Wir können sie fördern, wenn wir erkennen, was sie ausmacht und in welchen Mustern sie verläuft. Dadurch eröffnet sich ein spannendes Gebiet, das leider bisher viel zu wenig bekannt ist.

Über Jean Piaget haben Sie ja bereits etwas erfahren. Ich hatte Ihnen vom „Bergexperiment" erzählt. Er begründete eine Theorie der kognitiven Entwicklung von Kindern und Jugendlichen. Andere bauten auf seinen Forschungen auf und übertrugen die Erkenntnis, dass Entwicklung einem logischen, immer gleichen Verlauf folgt, auf Erwachsene. Die Botschaft ist einfach: Nicht jeder kann alles denken, und das hat mit seiner Entwicklung zu tun.

2.1   Stufen der Moralentwicklung

Lawrence Kohlberg [1] baute auf Jean Piagets Theorie seine Stufen der Moralentwicklung. Er hob sie ins Erwachsenenalter, denn er fand heraus, dass die Entwicklung nicht mit dem Ausklang der Pubertät endet. Er unterschied vorkonventionelle, konventionelle und postkonventionelle Stufen. In postkonventionellen Stufen stellen Menschen Regeln erstmals infrage. Sie sind in der Lage, sich an eigenen Prinzipien auszurichten (also in unserem Sinn: Haltung zu entwickeln). Sie können Dinge über das vorhandene System hinausdenken und somit auch neues Denken produzieren. Lawrence Kohlberg legte seinen Fokus auf den politischen Bereich, jedoch ist sein Entwicklungsmodell auch auf den wirtschaftlichen Bereich übertragbar. Wenn wir als Personalverantwortliche Menschen suchen, die die Dinge infrage stellen können, so suchen wir Menschen mit postkonventionellem Denken. Das ist bei Lawrence Kohlberg die Stufe 5. Diese Menschen haben eine umfangreiche Bildung, die nicht unbedingt formal sein muss. Sie sind in der Lage, verschiedene Standpunkte zu erkennen und abzuwägen – und eigene Standpunkte zu entwickeln, von denen sie andere überzeugen können. In der Stufe davor, der konventionellen Stufe 4, ist das noch anders: Man orientiert sich an Regeln, an Autorität, an Vorgaben. Wenn Menschen sich also allzu sklavisch an „New Work" oder Agilität ausrichten, wenn sie überhaupt das eine für richtig halten und das andere nicht, sind es vermutlich konventionelle Denker. Auch wenn sie sich an etwas ausrichten, das unkonventionell zu sein scheint. Den Begriff postkonventionelles Denken werde ich im Laufe des Buches öfter verwenden, und ich meine damit Menschen, die Sowohl-als-auch-Denken verinnerlicht haben und aus diesem heraus auch in der Lage sind, Regeln zu brechen. Das ist ein ganz entscheidender Punkt: Nur wer Regeln einhalten und zugleich begründet brechen kann, vereinbart zwei Pole und zeigt damit Ambiguitätstoleranz, sofern das Halten und Brechen von Regeln nicht aus Eigennutz geschieht oder selbst zum Dogma wird. Alle anderen suchen nach der Lösung oder Wahrheit. Sie befolgen etwas oder sie befolgen etwas nicht. Das ist strukturell das Gleiche. Sie produzieren aber nichts Neues. Lawrence Kohlberg starb 1987. Er war als Professor an der Harvard University tätig. Wie auch sein Schüler Robert Kegan, 1948 geboren, der seine Arbeit weiterentwickelt und die Ich-Entwicklungstheorie auch heute noch vorantreibt.

▶ Postkonventionelle Denker halten sich nicht mehr unbedingt an vorgegebene Regeln oder richten sich an Theorien oder Denkmodellen einer Schule oder gesellschaftlichen Strömungen aus. Sie lassen verschiedene Ansätze nebeneinander bestehen, so wie sie auch Standpunkte belassen können. Sie erforschen den Standpunkt anderer, ohne diesen gleichschalten zu wollen. Sie suchen nach verbindenden Lösungen im Sinne aller. Sie sind gebildet, aber nie einseitig, denn es treibt sie das Interesse an vielem. Es sind starke Persönlichkeiten, die Feedback suchen und sich entwickeln wollen. Das versetzt sie in die Lage, eigene und übergeordnete Prinzipien zu entwickeln. Sie haben keine Angst vor Experimenten, da sie gar nicht den Anspruch haben, alles richtig zu machen. Ihr Wissen aktualisieren sie mit neuer Erfahrung. Sie können deshalb auch Situationen immer wieder neu bewerten.

2.2 Die Subjekt-Objekt-Theorie von Robert Kegan

Robert Kegan [2] löste die Stufen von Lawrence Kohlberg nach einer ersten Übernahme später auf und übertrug sie in Phasen, die spiralförmig ineinander übergehen. Er vergrößerte den Radius der Betrachtung, indem er die Entwicklung des Denkens generalisierte und seine „Subjekt-Objekt-Theorie" entwickelte.

Die zentrale Idee davon ist, dass Menschen immer nach einem Subjekt-Objekt-Gleichgewicht streben. Die Entwicklung beginnt beim kleinen Kind, das ganz Subjekt ist. Es ist mit der Mutter verschmolzen, es gibt kein Objekt. Im Laufe der Jahre wird das Objekt immer größer. Ich bin nicht mehr ich, sondern Svenja Hofert. Eine Autorin, jemand, die etwas erlebt hat, jemand die von vielem geprägt ist. Ich bin viel mehr als meine Impulse und meine Bedürfnisse. Ich bin ein Objekt. Das ermöglicht mir, meine Impulse (aus dem Subjekt kommend) zu kontrollieren.

Das bedeutet auch, dass das Ich mit den eigenen Bedürfnissen und seiner Beschränktheit immer kleiner wird, während das Objekt mit den Vorstellungen von anderen und der Welt, von Zusammenhängen und Beziehungen immer größer wird. Irgendwann erkennt ein Mensch zugleich Bedeutung und Bedeutungslosigkeit im großen Kontext. Je mehr er sich vom Subjekt löst, desto freier wird er in seinen Entscheidungen. Er handelt irgendwann nicht mehr aus Eigennutz und aufgrund von Impulsen, sondern als Teil von etwas immer Größerem.

Das ist ein großer Gedanke. Natürlich hat ein in diesem Sinn weiterentwickelter Mensch ganz andere Gedanken und Bedürfnisse als ein in diesem Sinn weniger weiterentwickelter Mensch. Das heißt, je größer das Objekt, desto größer auch die Distanz zu sich selbst. Mit dieser Distanz steigt die Fähigkeit zur Selbstregulierung. Man sieht immer mehr Möglichkeiten, Ansätze, Denkweisen.

Ein Mensch mit „großem Objekt" sieht mehr und bezieht viel mehr Aspekte ein. Er ist glücklicher, meist auch weniger neurotisch und seltener psychisch schwer krank. Er kann sich besser selbst steuern, braucht weniger Führung. Er ist auch eher zu Kollaboration und Kooperation fähig. Das Leben wird einfacher: Auf jeder Stufe des Subjekt-Objekt-Gleichgewichts werden Konflikte produktiver bewältigt als zuvor. Er kann viele Menschen abholen, da er alle vorherigen Zustände in sich hat und auf diese einzugehen vermag. Er kann sein Denken verkleinern und zugleich erkennen, womit er andere gewinnen kann.

Der in diesem Sinne weniger entwickelte Mensch ist noch mehr Subjekt und erkennt seine Grenzen nicht. Für ihn ist seine Welt logisch. Er kann deshalb seinesgleichen abholen, aber darüber hinausgehen. Er kann sein Denken nicht vergrößern.

▶   Warum brauchen Sie postkonventionelle Denker in Ihrem Unternehmen? Führungskräfte in einem agilen Kontext müssen viel sehen. Erst recht gilt das, wenn ein Kulturwandel erforderlich ist. Je komplexer das Umfeld und die Herausforderung, desto mehr erfordern Aufgaben ein differenziertes Denken. Beschäftigen Sie sich noch einmal mit der Definition von postkonventionellen Denkern (s. o.) und gehen Sie einzelne Positionen in Ihrem Unternehmen durch. Sie werden merken, dass dieser differenzierte Blick nicht überall hilfreich ist, aber dass er nur dann wirklich stört, wenn Sie jemanden brauchen, der sich anpasst, ohne zu hinterfragen.

Wer Positionen besetzt, braucht dieses Denken in jedem Fall, denn nur dann kann er oder sie andere erkennen, die so oder anders denken. Ein moderner, verantwortungsvoller, das Unternehmen mitgestaltender HR-Bereich muss von Personen geleitet sein, die postkonventionelles Denken haben – oder im Kegan-Sinn ein „Objekt", das sich von sich selbst lösen kann.

> Coaches und Berater brauchen dieses Denken ebenso. Nur damit ist systemisches Denken überhaupt möglich. Ich meine damit systemisches Denken, das akzeptiert, dass es unterschiedliche Systeme gibt, diese als gleichwertig anerkennt und über die Anwendung von Methoden und Tools hinausgeht, sich von ihnen auch befreien kann. Coachingausbildungen fördern dieses Denken kaum, sie können es auch nicht in der Kürze der Zeit. Meiner Meinung nach müssten Coachingausbildungen zudem integrativer sein. Systemische Ansätze sind wichtig und hilfreich, jedoch brauchen „Menschenarbeiter" auch philosophische, psychologische und neurobiologische Hintergründe, überhaupt Praxis UND Theorie. Die hohe Schule ist die Philosophie. Jeder Coach und Berater hat immer auch mit existenziellen Fragen zu tun. Die Frage nach Sinn ist in jedem Fall existenziell. Und sie wird in der modernen Arbeitswelt immer öfter gestellt. Sie ist eng verknüpft mit den Grundannahmen, die wir haben, und dem „höchsten Gut", an dem wir uns ausrichten. Jemand mit beweglichem Denken wird sich kein X für ein U vormachen lassen. Einfache Antworten werden gerade junge, sinnorientierte Fachkräfte so nicht mehr akzeptieren.

Robert Kegan unterscheidet seine Phasen danach, welche Wahrnehmungen und Erlebnisse wir jeweils als zu uns gehörig – SUBJEKTIV – erleben und was uns als OBJEKTIV – und nicht zu uns gehörig – erscheint. Was also sind wir – und was sind wir nicht?

Auf alles, was einem Subjekt als ein Objekt vorkommt, kann es Bezug nehmen. Ich sehe und erkenne beispielsweise unterschiedliche Standpunkte, ich kann sie beschreiben. Allerdings bin ich nicht diese Standpunkte; ich bin nicht mit ihnen verschmolzen. Das versetzt mich in die Lage, sie zu regulieren, Feedback anzunehmen und Kritik nicht persönlich zu nehmen. Lawrence Kohlberg sieht die Stufen nicht voneinander abgetrennt, sondern spiralförmig ineinander übergehend. Ziel von Entwicklung sei es, ein Gleichgewicht herzustellen. Das bedeutet, das Subjekt will das Objekt nicht nur verstehen, es will mit dem Objekt verschmelzen.

Robert Kegan unterscheidet In-Formation und Transformation. Das ist so etwas wie das bereits von mir eingeführte Lernen im Unterschied zur Entwicklung. Bei der „In-Formation" wird neuer Inhalt in ein Gefäß gefüllt, bei der „Transformation" entsteht ein neues, zusätzliches Gefäß. Das ist noch mehr als die Veränderung eines Schemas, da es grundsätzliche Sichtweisen einbezieht. Die meisten Persönlichkeitsentwicklungen und Transformationsprozesse in Unternehmen sind deshalb keine. Es ist kein neues Denken entstanden, das alte wurde nur weiterentwickelt.

Tab. 2.1 Die Gedanken Robert Kegans

	Subjekt	2. Spalte: Subjekt (zu uns gehörig) 3. Spalte: Objekt (alles außerhalb, – noch – nicht zu uns gehörig)	
0.	Einverleibendes Selbst	Alles ist Ich	
1.	Impulsiv	Impulse, soziale Wahrnehmungen	Reflexe (sensorisch)
2.	Souverän	Meinungen, Bedürfnisse, Präferenzen	Impulse, soziale Wahrnehmungen
3.	Zwischenmenschlich	Abstraktionen, Gegenseitigkeit, innere Zustände, Selbstwahrnehmungen	Meinungen, Bedürfnisse, Präferenzen
4.	Institutionell (self-authoring mind)	Abstrakte Systeme, multiples Rollenbewusstsein, Selbstregulierung	Abstraktionen, Gegenseitigkeit, innere Zustände, Selbstwahrnehmungen
5.	Überindividuell (self-transforming mind)	Dialektische gegenseitige Durchdringung von mir und anderen	Abstrakte Systeme, multiples Rollen-bewusstsein, Selbstregulierung

In Tab. 2.1 werden die Gedanken Robert Kegans noch weiter in Form gebracht.

2.2.1 Selbstaktualisierung: Exkurs zu Abraham Maslow

Der einzige entwicklungspsychologische Ansatz, der weithin bekannt geworden ist, ist der von Abraham Maslow [3], einem Vertreter der humanistischen Psychologie wie Robert Kegan und Lawrence Kohlberg. Abraham Maslows Ziel ist es, den Menschen glücklicher zu machen und die Welt voranzubringen. Glückliche Menschen sind aus Sicht der humanistischen und auch positiven Psychologie erstrebenswert, weil sie die Welt zu einem besseren Ort machen.

Abraham Maslow sah dabei weniger unterschiedliche Schemata des Denkens als vielmehr Bedürfnisse. Er war auch kein Empiriker, sondern ging philosophisch an das Thema heran. Deshalb sind seine Theorien philosophische Gedankenmodelle, die durch Erfahrung untermauert sind. Konsequenterweise aktualisierte Maslow seine Ansätze wieder. Er verkündete nie den Anspruch, die Wahrheit gefunden zu haben. Dies kommt oft zu kurz, wenn man beispielsweise etwas über die „Maslowsche Bedürfnispyramide" in einem Training lernt.

Nach Maslow strebt der Mensch danach, zunächst Defizitbedürfnisse zu befriedigen, dazu gehören physiologische Bedürfnisse, Sicherheitsbedürfnisse, soziale Bedürfnisse und Selbstachtung. Erst wenn diese erreicht sind, erwachen die Wachstumsbedürfnisse. Es geraten Themen wie Kreativität, Spiritualität und Authentizität in den Aufmerksamkeitsfokus.

Abraham Maslow lebte von 1908 bis 1970. Er hat seine Pyramide, die in so viele Trainingsunterlagen eingeflossen ist, nie selbst veröffentlicht. Vermutlich war es ein Schüler, der diese in Umlauf gebracht hat. Maslow selbst hat sein Modell später erheblich modifiziert. Ihm war auch klar: Nicht alle haben die gleichen „Defizitbedürfnisse" und auch die Abfolge ist nicht bei jedem gleich.

So gibt es Menschen, die verhalten sich auch dann moralisch, wenn sie verhungern, und andere verwirklichen sich selbst dann nicht, wenn sie alle Defizite befriedigt haben. Die Ich-Entwicklung von Jane Loevinger könnte eine Erklärung dafür liefern, vielleicht gibt es aber auch so etwas wie eine internalisierte moralische Haltung. Auch starker Glaube könnte für moralisches Verhalten trotz existenzieller Bedrohung sorgen. Möglicherweise ist auch Bildung ein Schutz. Umgekehrt könnte eine frühe Ich-Entwicklung der Selbstverwirklichung im Weg stehen, aber auch Glaube.

In späteren Arbeiten unterscheidet Abraham Maslow drei Wachstumsmotive: kognitive Bedürfnisse (Wissen, Verstehen, Neues erfahren …), ästhetische Bedürfnisse (Symmetrie, Ordnung, Schönheit …) und Selbstverwirklichung (eigenes Potenzial ausschöpfen, Sinn finden). Die höchste Form der Selbstverwirklichung wurde für ihn die Kunst des Abstandnehmens von sich selbst, die „Selbst-transzendenz". Damit beschreibt Abraham Maslow im Grunde Menschen auf einer Stufe 6 nach Robert Kegan oder postkonventionelles Denken nach Lawrence Kohlberg und Jane Loevinger. Bei genauer Betrachtung mixt Abraham Maslow Motive und Ich-Entwicklung – was auch kein Wunder ist, denn die Ich-Entwicklungsmodelle entstanden nach den 1960er-Jahren und wurden erst sehr viel später populär. Im Grunde spiegeln seine Gedanken den Versuch, eine aufeinanderfolgende Entwicklung zu erfassen, mit der sich auch sein Studienkollege Clare W. Graves [4] beschäftigte, der damit die Basis für das heute sehr populäre „Spiral Dynamics" legte.

Sein Begriff der Selbsttranszendenz ist in unserem Zusammenhang wichtig, denn gerade höhere Führungskräfte müssen dazu in der Lage sein, von sich selbst Abstand zu nehmen. Das mindert Egoismen oder dämmt sie sogar ganz ein. Das hat mit Selbstaufgabe nichts zu tun, sondern mit der Fähigkeit, sich selbst als unwichtig zu begreifen, wenn es um das große Ganze geht. Das macht den Einzelnen unwichtig, er wird zum Windhauch im Universum und zum Punkt im Unternehmen. Mit diesen Gedanken entsteht Demut – Demut vor dem Leben und vor anderen.

Der griechische Philosoph und Heerführer Xenophon [5] – damals schlossen sich derart widersprüchlich scheinende Tätigkeiten noch nicht aus – beschreibt in „Anabasis", wie er Führung versteht. Der Führer versetzt sein Heer in die Lage, sich selbst zu führen. Führung kann also von jedem übernommen werden; es besteht keine Abhängigkeit zu einem Führer. Xenophon hat seine Krieger so ausgewählt, dass jeder sich selbst führen konnte. Niemand strebte danach, sich über andere zu stellen. Das ist für mich eine Haltung, die Demut vor der Aufgabe ausdrückt – die Perser zu besiegen. Auch das hat viel mit dem Mindset zu tun – ein Denken und Handeln im Dienst einer größeren Idee, der Freiheit.

2.3   Stufen der Ich-Entwicklung

Die Ich-Entwicklungstheorie von Jane Loevinger ist empirisch belegt. Jane Loevinger wies in jahrzehntelangen Forschungen acht Entwicklungsstufen nach, eine neunte und zehnte konnte später Susanne Cook-Greuter nachweisen. Der Nachweis erfolgt anhand von mehr als 14.000 Einzelmerkmalen. Je später eine Stufe, desto komplexer deren Mindset. Das heißt auch, dass Menschen in späteren Stufen schwerer als solche erkennbar sind – es gibt einfach sehr viele unterschiedliche Merkmale. Die Regelmäßigkeit der Entwicklung ist dennoch recht einfach nachzuvollziehen, auch wenn Menschen in den verschiedenen Entwicklungsphasen sehr unterschiedlich sein können. Andere Persönlichkeitsmerkmale setzt die Ich-Entwicklung natürlich nicht außer Kraft, aber sie verändert die Art ihres Erscheinens. Mit späterer Ich-Entwicklung äußert sich ein Machtmotiv beispielsweise nicht mehr als Dominanz- und Kontrollverhalten, sondern z. B. als Fähigkeit, eigene Positionen zu revidieren und dabei die Entscheidungsfähigkeit nicht zu verlieren.

Alle Entwicklungstheorien zeigen, dass Entwicklung in Sprüngen verläuft. Die kognitive Entwicklung (Jean Piaget) genauso wie die Entwicklung der Moral (Lawrence Kohlberg) und die Subjekt-Objekt-Theorie von Robert Kegan, aus der dieser später eine Spirale machte. Menschen entwickeln sich in das gesellschaftliche System hinein, bis sie einen eigenen Platz und eine eigene Position gefunden haben. Einige bleiben jedoch an einer bestimmten Stelle stehen. Sie lernen zwar weiter, aber verändern ihr Mindset nicht mehr grundlegend.

Manche entwickeln sich aus dieser gesellschaftlichen Position auch wieder hinaus, um sich in einem größeren Kontext neu zu verorten. Diese Position ist

dann fließender und veränderbarer. Die Denk- und Handlungslogik verändert sich
also. Sie entwickelt sich hin zu einer eigenen Position innerhalb des gesellschaftlich akzeptierten Rahmens und mitunter auch darüber hinaus – je nachdem, was
das Umfeld fordert und fördert.

Jane Loevingers Theorie ist die am meisten differenzierte und zudem praktisch
gut nutzbar. Ihre „Theorie der Ich-Entwicklung" entwickelte die Psychologin, die
bei ihrer Forschung streng mathematisch-statistisch vorging, in mehr als 40 Jahren Forschung. Sie fand Muster in ihren Daten, die darauf hindeuteten, dass persönliche Entwicklung als Prozess abläuft und sich in Stufen abbildet, die sich klar
voneinander abgrenzen.

Ich-Entwicklung moderiert das Auftreten anderer Bausteine der Persönlichkeit. Welche das sind, ist nicht so einfach zu fassen. In der Persönlichkeitspsy-
chologie kennt man Eigenschaften und Motive, die aber nicht immer sauber
abzutrennen sind. Beim Neurobiologen Gerhard Roth [6] bilden diese sich auf der
mittleren und oberen limbischen Ebene ab. Sie werden durch den (angeborenen)
Charakter mitbestimmt, aber auch sozial entwickelt. Charakter und Temperament
liegen auf der untersten Ebene und sind wesentlich genetisch und epigenetisch
bestimmt. Über der obersten limbischen Ebene liegt eine kognitiv-sprachliche
Ebene, die ebenso Einfluss auf das nimmt, was uns als Persönlichkeit erscheint.
Gerhard Roth beschäftigt sich nicht mit Ich-Entwicklung. In meinem Verständnis,
siehe auch Abb. 2.1, müsste diese aber von oben nach unten moderieren. Sprache
spielt in dem Modell eine erhebliche Rolle. Deren Ausdifferenzierung hat viel mit

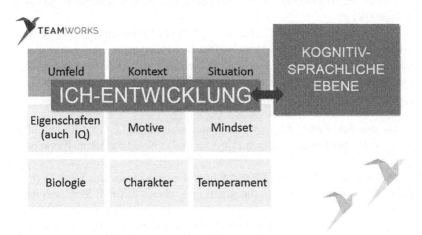

Abb. 2.1 Bausteine der Persönlichkeit

Ich-Entwicklung zu tun. Ich habe dazu ausführlicher in meinem Buch „Psychologie für Berater, Coachs und Personalentwickler" geschrieben [7].

In meiner Skizze „Bausteine der Persönlichkeit" (siehe Abb. 2.1). finden Sie auch die Ich-Entwicklung wieder. Das ist allerdings unwissenschaftlich. Ich-Entwicklung lässt sich nicht wirklich trennen von der Persönlichkeit, so wie das Mindset auch kein eigenes Konstrukt ist. Es ist kein Konstrukt, das trennscharf genug wäre, damit es sich wissenschaftlich untersuchen ließe.

Ist es identisch mit Ich-Entwicklung, ist es mehr oder weniger? Das ist Definitionssache, schon allein weil Mindset so unterschiedlich verwendet wird.

In diesem Buch habe ich bisher und werde ich weiter die beiden Begriffe als Denk- und Handlungslogik und Mindset weitgehend synonym verwenden, aber das ist meine Definition und letztendlich eine pragmatische Entscheidung.

Mir geht es nicht um Richtig oder Falsch, sondern um die Chance, ein Modell – die Ich-Entwicklung – verständlich, nahbar und fassbar zu machen und mit einer Idee zu verbinden, die ohne dieses Modell noch viel schwammiger wäre – der Idee vom Mindset.

Auch schon über Ich-Entwicklung ließe sich streiten – und das haben Forscher durchaus schon getan. Die Abgrenzung der acht Stufen ist allerdings sehr stichhaltig und trennscharf.

Jane Loevinger konnte diese Abgrenzung für acht Stufen vornehmen. Sie ahnte, dass es eine neunte geben könnte, konnte diese aber aufgrund der wenigen Daten nicht empirisch nachweisen. Sie erfasste den Ich-Entwicklungsstand mit einem Messinstrument namens „Washington University Sentence Completion Test (WUST)".

Die Auswertung ist alles andere als einfach, es fordert eine sehr lange Ausbildung, denn es geht um mehr als 14.000 Einzelmerkmale, die die Stufen ausmachen. Eine Schwierigkeit liegt auch in der Auswertung, die per Hand erfolgt: Der Auswerter braucht selbst eine spätere Stufe, um die Auswertung vornehmen zu können. Der Gedanke: Man kann nur etwas erkennen, was man selbst denken kann.

Da aber nur wenige Menschen die Stufe E8 erreichen (etwa 4 %) und noch weniger darüber hinaus- kommen (1 %), ist das Personal für solche Auswertungen knapp.

Die empirische Lücke zu E9 und E10 schloss später Susanne Cook-Greuter, die in ihren Daten eine neunte (integriert) und zehnte (fließend) Stufe nachwies, die zusammen weit unter einem Prozent aller untersuchten Personen erreichten.

Keine der Stufen kann übersprungen werden, die Entwicklung vollzieht sich also von Stufe zu Stufe. Jede Stufe integriert die jeweils vorherige in sich. Das bedeutet, dass jede weitere Stufe die andere um ergänzende Aspekte erweitert. Dabei steigt die Komplexität.

Die Stufen nach Jane Loevinger, aber auch die nach Robert Kegan bewegen sich immer zwischen zwei Polen: Autonomie und Verbundenheit. Das bedeutet, Menschen streben in ihrer Entwicklung immer in eine Richtung – und diese sagt auch viel aus darüber, was sie anzieht und abstößt. Das zeigt Abb. 2.2. In E5 bewegen sich Menschen in die Mitte, wollen also dazugehören, aber zugleich auch eigenständig sein. Das wirkt sich so aus, dass sie sich abgrenzen, aber zugleich noch dazugehören wollen. Sie greifen auch noch stark auf das zurück, was in ihrer „Gruppe" state of the art ist, etwa eine Projektmanagementmethode wie Scrum.

Die darauffolgende Entwicklung führt mehr hin zu einer eigenen Haltung, die sich davon freimachen kann. „Das sehe ich so", das kann jeder in jeder Stufe sagen, jedoch ist bei einem Menschen in E6 viel mehr eigene Färbung drin und Selbstproduktion von Gedanken und Ideen. In E6 gibt es zwei zunächst sehr unterschiedlich wirkende Strömungen. Und zwar gibt es die, die stark nach Wir und Teamarbeit streben, Augenhöhe und Gemeinschaft fordern – und die, die dem Gedanken nach Selbstverwirklichung und Eigenständigkeit folgen. Strukturell ist das das Gleiche: Ich strebe nach einem eigenen Maßstab im Rahmen des gesellschaftlich Erwartbaren. Das ist sehr wichtig in der Arbeit mit diesem Modell: Vergessen Sie die Inhalte, schauen Sie auf die Struktur. Menschen in der Stufe E7 ebenso wie jene in E5 streben wieder zur Mitte zwischen den Polen, aber auf einer anderen Ebene, indem sie die unterschiedlichen Perspektiven und Wahrheiten von oben betrachten und womöglich auch integrieren oder nebeneinanderstehen

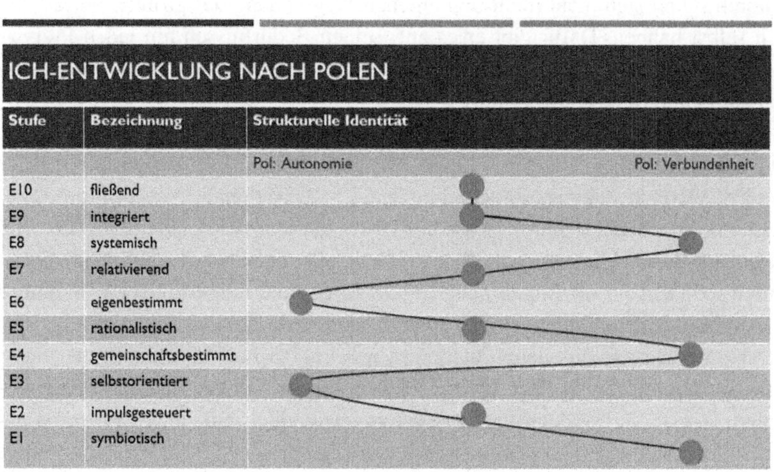

Abb. 2.2 Die Pole der Ich-Entwicklung. (Svenja Hofert)

lassen können. Menschen in E8 gehen wieder mehr auf die Reise zu den anderen, zur Bindung. Dabei treiben sie gewöhnlich jedoch auch größere und kontextbezogene Themen, etwa Wertschöpfung für alle. Die Integration verschiedener – auch paradoxer – Themen gelingt in dieser Stufe deshalb oft noch besser als in E7, wo man dafür oft sehr gut im Beleuchten verschiedener Positionen ist. Typischerweise finden Menschen ab einer Stufe E8 auch zu einer anderen, weniger dinglichen und mehr Konventionen auflösenden Form von Spiritualität.

2.3.1 Die vorkonventionelle Ebene

Die vorkonventionelle Ebene gehört eigentlich zu Kindheit und Pubertät, jedoch bleiben manche Menschen hier stehen. In E2 beispielsweise regiert noch das Gesetz des Ich und des Impulses. E3 kann seinen Impuls schon zügeln, wird sich aber vor allem an seinen Bedürfnissen ausrichten. Diese Stufe kommt bei Erwachsenen noch recht häufig vor. Erwachsene, die den Schwerpunkt ihrer Logik hier haben, sind egoistisch, aber oft auch durchsetzungsstark. Das macht sie nicht selten erfolgreich. Die Grenzziehung zum Narzissmus und zur Psychopathie ist schwierig, es gibt Überschneidungen.

Ein impulsgesteuerter Mensch in der Stufe E3 sieht vor allem sich und sein direktes Umfeld, er unterwirft sich Regeln nur, wenn der Regelbruch ihm schadet und die Wahrscheinlichkeit, dass es herauskommt, groß ist. In E4 erkennt er auch die anderen und deren Regeln an, internalisiert diese also. Nun möchte er dazugehören – und sich nicht mehr den eigenen Weg entlang des größten Vorteils für sich selbst bahnen. Dafür gibt er es auf, seinen Bedürfnissen um jeden Preis zu folgen. Tut er es doch, ist es ihm peinlich. E3 ist das nicht peinlich, er hält es für berechtigt und richtig, was er tut.

Die Stufen folgen aufeinander, jede folgende integriert die vorherige in sich und bringt sie auf ein anderes Level. Es müssen nicht alle Stufen durchlaufen werden. Vielfach stagniert Entwicklung auf E5, der rationalistischen Stufe. Diese Stufe erklimmen viele junge Leute am Übergang von der Schule oder dem Studium zum Beruf. Manche beenden die Schule aber auch bereits mit einem ausgereiften E6-Denken, oft folgen diese eigenwilliger und unabhängiger vom Außen den eigenen Vorstellungen. Immer und zu jeder Zeit ist etwas möglich, das sich „temporäre Regression" nennt, also ein Zurückfallen in eine ältere Stufe – etwa weil das Umfeld einen dazu zwingt bzw. „anderes Denken" belohnt. Auswendiglernen in Schule oder Studium basiert letztendlich auf einem E4-/E5-Denken, eigene Schlüsse und unabhängiges Denken verlangt E5 bis E6. Nur wenige Bildungsinstitute unterstützen eine Entwicklung in den postkonventionellen

Bereich, übrigens auch viele der alternativen Schulformen nicht. Dieses würde voraussetzen, dass Schüler/Studenten explizit zur Bildung abweichender Meinungen aufgefordert werden, also auch von Meinungen, die sich nicht im derzeitigen Spektrum abbilden. Allerdings ist auch immer zu berücksichtigen, dass die abweichende Meinung nicht vom vorherigen Prozess der sozialen Anpassung (E4), des Wissenserwerbs (E5) und der unabhängigen Wertebildung (E6) losgelöst werden kann. Am Ende ist alles richtig und wichtig, es ist ein Entwicklungsprozess, nicht nur ein Entwicklungsschritt.

Die Loevinger-Stufen lassen sich einfach den Ebenen von Lawrence Kohlberg zuordnen und so bilden sie einen vorkonventionellen, konventionellen und postkonventionellen Bereich.

Menschen auf der Stufe E3 nutzen andere für ihre eigenen Zwecke. Die Welt kreist um sie oder ihr kleines Universum. Sie sind ganz viel Subjekt und wenig Objekt, um mit Robert Kegan zu sprechen. Stellen wir uns das als Bälle vor, so ist der Ball des Subjekts ein Medizinball und der des Objekts ein Tennisball. Diese Orientierung kann ins Asoziale kippen, so wundert es nicht, dass E3 eine verbreitete Stufe in Gefängnissen ist. Im kriminellen Milieu ist ein E3 oft derjenige, der die anderen (E4) steuert und lenkt. Man kann also keineswegs sagen, dass diejenigen auf höherer Stufe auch immer mehr Macht haben. Es kann sogar andersherum sein, in totalitären Systemen ist das die Regel. Auf höheren Stufen sind Menschen sozialer, ausgewogener, anpassungsbereiter, integrativer. Da sie unmoralische Mittel ablehnen, können sie auch Opfer werden. Wie sich unterschiedliche Ich-Entwicklung auswirkt, können Sie sich vielleicht vorstellen, wenn Sie die Politik ansehen. Ihnen werden sicher sofort Politiker auf frühen und späten Stufen einfallen. Die einen setzen gnadenlos durch, was sie für richtig halten, die anderen integrieren und binden ein, um mitzunehmen. Wen möchten Sie lieber als Veränderungskraft in Ihrem Unternehmen haben?

Das Drama des begabten Mitarbeiters

In Unternehmen erlebe ich nicht selten Mitarbeiter, deren Denken augenscheinlich weiterentwickelt ist als das der Führungskraft. Das führt fast immer zu Frust. Denn nur eine reife Führungskraft kann den Wert dieser Mitarbeiter wirklich erkennen und nutzen. Ein Beispiel: Eine Texterin liefert wunderbar geschriebene Werke, die viele Aspekte einbeziehen, aber dem Chef gefällt das nicht. Er ist der Meinung, man müsse etwas so schreiben, wie er es gelernt hat.

Auch für die Ideen der Mitarbeiter sind diese Chefs blind. Sie sehen sie einfach nicht. Es ist ein wenig das „Drama des begabten Mitarbeiters", denn eine spätere Ich-Entwicklung ist zwar nicht gleich Intelligenz, moderiert deren Auftreten aber. Das bedeutet, diese Mitarbeiter können ihre Intelligenz auch besser nutzen – auch mehr im Sinne anderer.

Aber denken Sie nur an Kaiser Wilhelm, der dem Auto keine Zukunft voraussagte, weil ihm das Pferd voraus sei. Es ist nicht nur so, dass man die Augen verschließt, es ist auch so, dass man sie gar nicht öffnen kann. Es sollte also das Bestreben eines jeden Personalverantwortlichen sein, jene zur Führungskraft zu machen, die mindestens in der gleichen Phase wie die Mitarbeiter sind. Geht es um Entwicklung, sollte der Chef eine oder zwei Stufen weiter sein als diese.

2.3.2   Die konventionelle Ebene

Menschen werden in unserem westlichen Bildungssystem für die konventionelle Ebene vorbereitet. Sie sollen sich anpassen (E4), ein starkes Individuum werden (E5), in leitenden Positionen aber auch eigene Maßstäbe setzen (E6). In anderen Gesellschaften kann E4 eine allgemeine Zielstufe sein: Da geht es dann nicht darum, ein eigenes Gewissen auszuprägen, sondern darum, sich den gesellschaftlichen Rahmenbedingungen anzupassen, aus mancher Perspektive auch: sich ihnen zu unterwerfen. Die meisten Therapien zielen ebenso darauf, Menschen in ihre Mitte zu bringen – also auf E5 bis E6. Was natürlich nicht heißt, dass Menschen in früheren Phasen therapiert werden müssen. Alle Phasen haben ihre gesunden und ihre „kranken" Seiten. Allerdings sinkt mit zunehmender Ich-Entwicklung die Anfälligkeit für psychische Erkrankungen [8].

Die Loevinger-Stufen E4 bis E6 zeigen, wie ein Mensch nach und nach eigenständiger Teil der Gesellschaft wird, um schließlich ein eigenes Gewissen auszubilden. Dieses eigene Gewissen ist laut Jane Loevinger ein Kennzeichen der eigenbestimmten Stufe, also E6. Vorher, also auf E4 und E5, ist dieses eigene Gewissen noch nicht vollständig ausgebildet. Menschen auf E4 streben danach, Teil des Ganzen zu sein, der Begriff des „socialized mind" nach Robert Kegan beschreibt das ja auch. Im Fokus ihrer Aufmerksamkeit steht Verhalten, das eigene und das der anderen.

E5 richten sich leicht an inhaltlichen Maßstäben aus, etwa Qualität oder bestimmten Vorgehensweisen und Best Practice. Erst in E6 haben sie einen eigenen Maßstab entwickelt, den sie über den der Gruppe stellen würden. Wirtschaftsskandale wären schwerer vorstellbar, wenn alle Beteiligen auf einer Stufe E6 oder höher wären. Natürlich ist interpersonelle Integrität nicht gleich Ich-Entwicklung, ein Zusammenhang ist jedoch naheliegend [8].

Robert Kegan ist der Meinung, dass eine Welt nur mit postkonventionellen Denkern eine bessere wäre. Möglicherweise verhelfen uns die Digitalisierung und die künstliche Intelligenz zu höheren Ich-Entwicklungsstufen. Denn wenn es nur noch hoch qualifizierte Beschäftigung gibt und jeder Mensch ansonsten – etwa finanziert durch ein Grundeinkommen – seinem inneren Antrieb folgt, braucht es nichts mehr als Menschen, die sich selbst führen und steuern können.

Im Moment sehe ich da aber doch noch riesengroße Baustellen. Auch viele Unternehmen bauen ihre Personalpolitik ja nicht auf dem Bild eines postkonventionellen Menschen, der selbstbestimmt wäre. Das Silicon Valley ist alles andere als postkonventionell, sondern extrem effizienzgetrieben. Man nutzt seine Denkwerkzeuge nicht für die Lösung der großen Probleme, sondern für die Entwicklung tragfähiger Geschäftsmodelle. So ist es auch im Umfeld der New Work. Zwar hängen die großen Ideen in der Luft und gelten als attraktiv, gedacht wird aber nach wie vor in Effizienz-Kategorien. Wenn wir das Modell der Ich-Entwicklung verstehen, wissen wir aber, dass diese weiterentwickelt werden können, wenn sich genau dieses Denken flexibilisiert.

So bauen Unternehmen nach wie vor auf Abhängigkeit. Darauf, dass Menschen ihre Arbeitskraft zur Verfügung stellen und im Gegenzug Sicherheit erhalten – der gute alte gegenseitige Vertrag, wie wir ihn schon aus der Zeit vor der Jahrtausendwende kannten. Sie stülpen ihnen die Identität des Unternehmens über, anstatt die Persönlichkeit zu entwickeln. Da hat sich in den letzten Jahren wenig getan, außer dass mehr unterschiedliche Ansätze dazugekommen sind. Einige Firmen zeigen aber, dass es auch anders geht. Sie stellen ihre Führungskräfte mit einem neuen und anderen Blick ein. Und wenn sich nicht das generelle Mindset ändert, so entsteht aus meiner Perspektive seit einigen Jahren immer mehr Vielfalt.

Agilität im Sinne der Anwendung von agilen Projektmanagementmethoden ist ein E5- und E6-Thema. Es bietet mit Stand-ups und Retrospektiven einen festen Rahmen für Kommunikation, den man gerade in E5 noch braucht. Selbstorganisation auf der anderen Seite ist eher in E6 verankert, sie erfordert Verantwortungsübername inklusive der Fähigkeit, entscheiden zu können.

Diese Stufe hat vor allem zwei Ausprägungen, wie Susanne Cook-Greuter zeigt: Die eine Ausprägung einer E6 orientiert sich mehr an sich selbst, beispielsweise der eigenen Karriere und Selbstverwirklichung. Die andere Ausprägung der E6 hat ein kooperationsorientiertes Mindset. Man könnte sagen: Selbstverwirklichung im Ich gegen Selbstverwirklichung im Wir. Strukturell, also in der Denklogik, aber läuft das auf dasselbe hinaus. Ob ich oder wir – beide sind der Meinung, dass etwas wahr und richtig ist. Verantwortung zu übernehmen für mich und andere ist in dieser Stufe ein großes Thema.

Im postkonventionellen Denken löst sich das teilweise auf, man sieht wieder mehr Möglichkeiten, für sich und andere. Orientierung gibt nicht mehr nur der eigene Maßstab, sondern mehr und mehr das große Ganze.

Geschult, aber nichts gelernt

Herr Huber führt sein Team als Experte und verteilt Aufgaben an seine Mitarbeiter. Er hat durch Schulungen gelernt, mit jedem Mitarbeiter täglich zu sprechen, und sein Verhalten auf einen kooperativen Führungsstil angepasst. Wie vor den Schulungen bewertet er es danach immer noch positiv, wenn Mitarbeiter möglichst tief in ein Thema einsteigen und Aufgaben auf eine gewissenhafte, viele Lösungsalternativen produzierende Art und Weise erfüllen. Dies spiegelt eine typische Herangehensweise von E5. Der Blick ist auf die unmittelbare Lösung („wie genau mache ich …?") gerichtet und nicht auf übergeordnete Werte und Konzepte. Herr Huber kann also die Verhaltensweisen übernehmen, nicht jedoch das dazu passende Denken produzieren. Deshalb ist sein Verhalten auch nicht konsequent. Erst wenn er seine Überzeugung aufgibt und Lösungen etwa in der widersprechenden These oder einer anderen Perspektive zu suchen beginnt, erfolgt ein Schritt im Denken, verändert sich seine Logik bzw. sein „Schema".

Viele Persönlichkeitsentwicklungen manifestieren sich wie die von Huber auf der Stufe E5, auf der etwa 38 % aller Menschen verbleiben. Das ist die Stufe vieler Experten, aber auch einiger Führungskräfte.

Entwicklungsziel müsste es sein, Herrn Huber sein Verhalten zu spiegeln und zu seinen Bedürfnissen zu führen. Was nimmt er wahr? Was sieht er nicht? Wie verhält er sich? Und wie verhält er sich nicht? Die Frage nach dem Nicht-Sehen, Nicht-Wahrnehmen oder Nicht-Verhalten kann sehr hilfreich sein und Augen öffnen. Herr Huber bräuchte neben einem Coaching Gruppenerfahrung, um sich selbst zu reflektieren. Eine Entwicklung in E6 würde zwei bis drei Jahre dauern – und muss von ihm selbst gewollt sein. Personalverantwortliche sollten sich die Frage stellen, ob dies der richtige Weg ist – oder ob sie durch eine Neubesetzung nicht schneller mehr erreichen.

2.3.3 Die postkonventionelle Ebene

Postkonventionelles Denken ist schwer zu fassen, aber es wird meistens von anderen irgendwie als „anders" wahrgenommen. Gebe ich Texte aus, die von Menschen mit konventioneller und postkonventioneller Logik stammen, so erkennt man das Besondere, möglicherweise auch das Fremde in den postkonventionellen Gedanken. Es ist irgendwie nicht von der Stange, man hat das so noch nicht gelesen, es ist ungewöhnlich, einmalig. In Gesprächen ist das auch so. Postkonventionelle können in ein Unternehmen gehen und erst einmal nur fragen und sich ein Bild machen. Sie müssen sich nicht mehr beweisen, haben z. B. keine Sorge, dass jemand ihre Kompetenz infrage stellen könnte, wenn sie diese nicht sofort auf den Tisch legen. Sie sehen sich selbst als in stetiger Entwicklung, erkennen z. B., dass sie früher anders waren als heute, und nehmen eigene Bedürfnisse und die von anderen sehr differenziert wahr. Ich bin oft überrascht über die sehr hohe Empathie von Menschen in späteren Ich-Entwicklungsphasen. Das ist etwas ganz anderes als eine Empathie im konventionellen Bereich. Sie bezieht einfach viel mehr Aspekte ein: Man sieht, wie der Körper reagiert, hört die Stimme, nimmt viele nonverbale Botschaften auf und auch die verbalen in ihrer gesamten Komplexität.

Manche Postkonventionelle denken kaskadenartig, nehmen Informationen auf und sortieren diese dann. Postkonventionelle sind meist kooperativ, selbst wenn sie introvertiert sind; sie wollen die andere Meinung wirklich hören und sie fordern Feedback ein. Manche können auch unbequem sein, jedoch gilt es hier Charakter und Ich-Entwicklung zu trennen. Meinungen boxen Postkonventionelle nicht einfach durch, sie hören sich andere Positionen eher an.

Je mehr wir in den später postkonventionellen Bereich rücken, desto eher fallen Prinzipien auf, an denen sich Postkonventionelle ausrichten – das artet jedoch nicht in Prinzipienreiterei aus, eher ist es Klarheit. Postkonventionelle denken wirklich systemisch und konstruktivistisch. Sie suchen nicht mehr nach Wahrheit, weil sie wissen, dass diese nicht gefunden werden kann. Das ermöglicht es ihnen, vieles loszulassen.

Darin liegen auch Problematiken. Bestimmte Jobs sind eher mit konventionellem Denken zu bewältigen, etwa der des Fußballers. Anders als für einen Trainer wäre es für den Fußballer wohl hinderlich, wenn er sich sehr grundsätzliche Fragen stelle würde. Ein kaufmännischer Leiter auf einer Stufe E7 ist vermutlich auch keine Idealbesetzung, weil Relativierung – typisch für Menschen der Stufe E7 – auch zum Kreisdenken führen kann. Menschen sind manchmal in einer E6 überzeugender, weil sie hier Ziele und Wahrheiten präsentieren können, die Orientierungssuchende brauchen. Veranstaltungen wie die von Anthony Robbins, einem amerikanischen Motivationstrainer, zielen auf Menschen in einer frühen E6, denn die klare Ausrichtung an dem, was man will, ist genau deren Thema. Postkonventionelle werden sie eher nicht erreichen. Die Autorin Susan Cain, mutmaßlich postkonventionell, schreibt in ihrem Buch „Still" [9], wie sie an so einer Veranstaltung teilnahm, aber überhaupt nicht mitgehen konnte.

2.3.4 Ich-Entwicklung als zweite Intelligenz

Die Ich-Entwicklung moderiert nicht nur, wie Intelligenz sich zeigt, sie beeinflusst auch die Art und Form, wie Eigenschaften sich zeigen. Das bekannteste Eigenschaftenmodell ist das der „Big Five", auch „OCEAN" genannt. Diesem Modell liegen viele wissenschaftliche Studien zugrunde. Es basiert auf einem lexikalischen Ansatz [10]. OCEAN, das sind die fünf Eigenschaften Openness (Offenheit für neue Erfahrungen), Conscientiousness (Gewissenhaftigkeit), Extraversion (Extraversion, Agreeableness) und Neuroticism (Neurotizismus). Ein extravertierter Mensch mit niedriger Ich-Entwicklung wäre demnach eher ein Vielredner, der wenig auf den anderen achtet. Ein Introvertierter könnte still und zurückhaltend sein – und das „So bin ich eben" als allgemeine Lebensgrundlage nutzen. Jemand mit einem hohen Neurotizismus in den Big Five kann ständig nur in eine Richtung denken – ich kann nichts, ich bin nichts wert etc. – oder aber sein eigenes Denken reflektieren und damit auch steuern. Letzteres spricht für eine höhere Ich-Entwicklung.

Steht OCEAN in Beziehung mit Ich-Entwicklung? Studien haben ergeben, dass es nur einen einzigen direkten Zusammenhang mit den Big Five gibt und der bezieht sich auf die Skala Offenheit für neue Erfahrungen. Menschen mit einer höheren Offenheit erreichen leichter eine höhere Ich-Entwicklungsstufe [8]. Dieser Zusammenhang ist einleuchtend, denn wer sich entwickelt, muss Veränderung begrüßen. Es könnte ein ganz praktischer Anfang sein, sich die im OCEAN-Modell offenen Mitarbeiter Ihres Unternehmens einmal näher anzusehen. Könnte es sein, dass es auch die sind, die Veränderung leichter treiben würden? Sind diese eher an ihrer eigenen Entwicklung interessiert?

Ich-Entwicklung könnte man auch als eine Art zweite Intelligenz betrachten. Ein Zusammenhang mit dem klassischen IQ-Test besteht allerdings nur im Bereich der Wortflüssigkeit [8]. Je komplexer jemand denkt, desto mehr Worte braucht er. Es geht aber nicht nur um Worte: Ich-Entwicklung zeigt die Struktur des Denkens. Menschen mit späterer Ich-Entwicklung gehen gedanklich viel mehr Aspekte ab, und zwar nicht die Details, sondern Dinge wie: Was ist die Situation? Welches sind Bedürfnisse? Was ist der engere Kontext, was der weitere? Ist das gepaart mit kognitiven Fähigkeiten und sozial-kommunikativen Eigenschaften, sind solche Menschen für eine tragende Rolle in komplexen Umfeldern wie geschaffen.

▶   Offenheit lässt sich fördern und damit indirekt auch Ich-Entwicklung. Besonders geeignet sind Formate, die die Reflexion anregen, etwa der „Dialog" nach David Bohm, bei dem es ein sehr intensives und nicht bewertendes Zuhören, Tiefe und eine neue Gruppenerfahrung gibt. Auch die „Theorie U" von Claus Otto Scharmer passt hier hinein, wenn sie wirklich so genutzt wird wie ursprünglich gedacht – also nicht dogmatisch. So wie jeder Austausch, der dem Erkunden anderer Perspektiven und der Suche nach neuen Gedanken und Erkenntnissen dient.

Offenheit entsteht vor allem in ungewohnten (Denk-)Umgebungen, weshalb Reisen, Auszeiten und Begegnungen Offenheit und damit auch Ich-Entwicklung fördern. Eine kleine, praktische Methode, auf neue Ideen zu kommen, heißt „Feedforward". Beim Feedforward formuliert eine Person eine Fragestellung und stellt diese Frage allen Teilnehmern einer Gruppe im Wechsel. Drei Minuten lang produziert jeder Teilnehmer Antworten, der Fragende sagt nichts dazu, kommentiert nicht – bedankt sich nur. Die Antworten sind oft völlig unterschiedlich, was das Bewusstsein für verschiedene Perspektiven und Sichtweisen und die Weisheit der vielen schult.

Retrospektiven, die nicht einfach formal durchgezogen werden, sondern wirklich eingebettet sind und die Meta-Ebene der Zusammenarbeit mit einbeziehen, sind ebenso hilfreich. Ganz besonders wichtig ist aber der Blick nach außen. Wer sein Mindset weiten will, sollte sich Anregungen von anderen holen. Am besten von denen, die man sonst gar nicht auf dem Plan hat. Damit schließe ich explizit die „Agilisten" ein, denn auch diese haben die Neigung zur Selbstbeschau. Ein interessanter Weg könnte der Firmentausch sein, bei dem die Vorstände oder Geschäftsführer zwei ganz unterschiedlicher Unternehmen den Job für einige Wochen tauschen. So erfahren sie sich in einer ganz anderen Umgebung und werden ziemlich sicher viel Neues in ihr angestammtes Unternehmen mitnehmen.

Ich habe einige Topmanager begleitet, die in E5 oder am Übergang zu E6 standen. Solche frühen „E6en" zeichnen sich dadurch aus, dass sie nach Konzepten und Theorien suchen, auf die sie sich berufen können. Da sie kaum in sich selbst eine Antwort auf herausfordernde Fragen finden (sie glorifizieren höchstens bestimmte Ansätze und Konzepte), sind sie für ihren Job oft eine falsche Besetzung. Sie zu entwickeln ist möglich, wenn sie es wollen, doch kann es bei einem schon lange in dieser Phase verharrenden E5 auch eine gewisse Abneigung gegen längere Selbsttransformationsprozesse geben. In dieser Phase wollen viele lieber schnell etwas lernen, die Lücke schließen. Das genau hilft aber nicht. Die Tab. 2.2 zeigt eine Übersicht der Stufen. Ich habe hier die Handlungslogiken nach William Torbert und David Rooke [11] integriert, die das Modell auf die Managementforschung ausgedehnt haben.

2.3.4.1 William Torbert und David Rooke

Wenn wir über das Thema Ich-Entwicklung sprechen, sollten neben den Namen Lawrence Kohlberg, Robert Kegan und Jane Loevinger auch zwei weitere fallen: Bill (William) Torbert, der zusammen mit seinem Kollegen David Rooke intensiv zur Wirksamkeit von Führungskräften aufgrund ihrer Ich-Entwicklung forscht. In der Tabelle (Tab. 2.2) sind die beiden auch aufgeführt. Ihr Fragebogen zur Messung heißt „Action Inquiry" [12].

Das Forscherduo nimmt an, dass Führungskräfte nicht geboren, sondern entwickelt werden müssen [11]. Sie gehen weiterhin davon aus, dass jede Stufe dazu passende Aufgaben- und Verantwortungsbereiche hat.

Denker der Entwicklungsstufe E5, die William Torbert und David Rooke „Diplomaten" nennen, seien Fachexperten und Einzelkämpfer. Diplomaten sind aber weniger gut dafür geeignet, Managementaufgaben zu übernehmen, bei denen es darum geht, andere einzubeziehen und übergeordnete Ziele zu erreichen. Dazu brauchen sie eine E6-Handlungslogik, die haben nach dem Forscherduo sogenannte „Achiever". Diese Führungskräfte erreichen Ziele und beziehen dabei andere mit ein. Sie nutzen das, was wir aus der Führungstheorie als transaktionalen Stil kennen, oder können diesen leicht erlernen. Auch der transformationale Führungsstil kann ihnen liegen. Ein Diplomat wird sich damit eher schwertun, weil er noch zu sehr auf sich selbst und zu wenig auf die anderen schaut. Nehmen wir die Theorie von Robert Kegan, so ist das Subjekt bei einem Diplomaten noch zu groß. Er wird oft auch die Tendenz haben, auf Bücherwissen zurückzugreifen. Was nicht heißt, dass Bücherwissen schlecht ist; problematisch ist bloß, wenn man sich nicht davon lösen und keine Gedanken produzieren kann, die unabhängig davon sind und keine Theorie brauchen. Diplomaten werden Schwierigkeiten haben, das große Ganze zu sehen und langfristige Ziele zu verfolgen, die außerhalb ihres Bereichs liegen. All das ist die Stärke des Achievers – im Unternehmenskontext der typische Manager. Außerhalb der Unternehmen trifft man ihn auch als Selbstverwirklicher an – er muss nicht Karriere machen.

Postkonventionelle Denker der Stufe E7 (bei William Torbert und David Rooke „Individualist") sind besonders wirksam, wenn sie beraten, da sie verschiedene Perspektiven verbinden und integrieren können. Postkonventionelles Denken der Stufe E8 (bei William Torbert und David Rooke „Strategist") ist wirksam in größeren Veränderungsprozessen, in denen die Manager unterschiedliche Perspektiven,

Tab. 2.2 Ich-Entwicklung in der Übersicht

	E3 impulsiv	E4 gemeinschafts-bestimmt	E5 rational	E6 eigenbestimmt
Motto (Binder [8])	–	To be part of	To be competent	To be efficient
Ebene (Kohlberg)	Vorkonventio-nell	Konventionell	Konventionell	Konventionell
Anteil (nach Torbert und Rooke [11])	5 %	12 %	38 %	30 %
Handlungslogik als Manager (Torbert/Rooke)	Opportunist	Diplomat	Fachexperte	Achiever
Zentrale Kompetenz	Sich durchsetzen, Markt erobern	Sich eingliedern und sich anpassen	Lösungen finden, kurzfristige Ziele erreichen	Prozesse gestalten, auch langfristige Ziele erreichen, Manager
Risiko	Muss kontrolliert werden	Einteilung in Gut und Böse, In- und Outgruppe	Sich verzetteln, die Meinung von anderen abwerten	Eigene Subjektivität nicht erkennen
Geeignete Testverfahren	–	DISG® und Verfahren mit wenig Differenzierung	Big Five, MBTI® und differenziertere Verfahren	MSA® bzw. Motivanalysen und dialektische Ansätze
Passende Theorie	–	–	Lösungsorientierte Kurzzeitberatung	Praktische systematische Ansätze (z. B. Systemaufstellungen)

(Fortsetzung)

Tab. 2.2 (Fortsetzung)

	E3 impulsiv	E4 gemeinschaftsbestimmt	E5 rational	E6 eigenbestimmt
Erkennungszeichen	Rücksichtslos, manipulativ	Angepasst, wenig eigene Meinung	Inhaltsfokussiert, wahrheitssuchend, lernwillig	Hat klare Wertvorstellungen, weiß, wer er ist, zeigt Leistung, sieht Schatten eigener Subjektivität nicht
Entwicklungsimpulse	Nicht weiterkommen, dann nach E4 entwickeln (Normen)	Nicht (richtig) dazugehören, dann eigenen Charakter stärken	Nicht als eigenständige Persönlichkeit akzeptiert zu sein, dann übergeordnete und vom Kontext unabhängige Wertmaßstäbe entwickeln	Seine Ziele nicht erreichen, nicht erfolgreich sein (wobei Erfolg nicht im Sinne von Aufstieg gedeutet werden muss), dann bisherige Wertmaßstäbe relativieren

Aspekte, widersprüchliche Kontexte und Interessen berücksichtigen müssen. Postkonventionelles Denken der Stufe E9 (bei David Rooke „Alchemist") bietet sich an, wenn es um soziale Transformation auf globaler Ebene geht. Ein Denker der Stufe E10 dagegen hat sich vermutlich längst aus dem Business-Kontext verabschiedet ... Oder bewirbt sich als neuer Dalai Lama.

2.3.5   Ich-Entwicklung und die Herausforderungen von Transformationsprozessen

Verstehen wir Agilität als Beweglichkeit. Begreifen wir, dass diese in Zeiten der Digitalisierung, erst recht gerade jetzt, da auch die Künstliche Intelligenz überall einzieht, von Menschen mit beweglichem Mindset gestaltet und begleitet werden sollte, dann hilft uns die Ich-Entwicklung, das Thema Mindset klarer zu fassen und zu erkennen. Wir sehen dann, dass Mindset nicht gleich Mindset ist. Und erkennen, dass die neue Arbeitswelt eher Menschen in späteren Phasen fordert, also eine Art Shift in der Entwicklung verlangt.

Menschen ab der Stufe 6 und höher sind zu New Work und Transformation eher in der Lage als solche in früheren Stufen. Wir wissen, es sind seltene Exemplare. Und es ist auch keineswegs so, dass jeder Mitarbeiter ein solches Denken haben muss. Man muss die Anforderungen einer Aufgabe und die Herausforderung einer Situation darüberlegen, um zu entscheiden, welches Mindset man braucht.

Studien zeigen, dass in Veränderungsprozessen die Wirksamkeit mit der Ich-Entwicklungsstufe steigt. Eine davon bezieht sich auf die Entwicklungsstufen von CEOs und stammt von William Torbert und David Rooke. Ich zitiere aus der Zusammenfassung:

> In 10 longitudinal organizational development efforts, the 5 CEOs measuring at the late Strategist stage of development supported 15 progressive organizational transformations. By contrast, the 5 CEOs measuring at pre-Strategist stages of development supported a total of 0 progressive organizational transformations. The progressively transforming organizations became industry leaders on a number of business indices. The 3 organizations that did not progress developmentally lost personnel, industry standing, and money as well [13].

Strategist ist eine später bzw. voll entwickelte E8 in Jane Loevingers Modell. Es gibt in jedem Stadium selbst unterschiedliche Entwicklungsgrade.

Eine andere Studie von Bushe und Barrie [14] belegt die höhere Wirksamkeit von Organisationsberatern mit einer späteren Entwicklungsstufe.

Sie legte in vorherigen Untersuchungen ermittelte Eigenschaften zugrunde, die ein Organisationsberater haben sollte:

- Analysefähigkeit
- Einflussnahme
- Professionelles Rollenverständnis
- Problemlösungsfähigkeiten
- Ergebnisorientierung
- Taktische Flexibilität
- Starkes Selbst-Konzept
- Gebrauch von Theorien
- Entwicklung eines gemeinsamen Verständnisses

Die Wissenschaftler stellten fünf Thesen auf:

1. Extraversion korreliert positiv mit Beratungskompetenz in Veränderungsprozessen. Diese Hypothese konnte nicht bestätigt werden, es gibt also keinen Zusammenhang. Introvertierte und Extravertierte sind gleich kompetent.
2. Intuition (das N im MBTI) korreliert positiv, Sensing (das S im MBTI) negativ. Intuitive Menschen denken viel an die Zukunft und an Möglichkeiten, „wissen" etwas auf einer tiefen Weise analytisch zu ergründen, sensitive Menschen sind mehr im Moment und in der Jetzt-Erfahrung. Die erste Hypothese wurde bestätigt, die zweite nicht. Das heißt, intuitive Personen sind kompetenter, aber sensitive sind nicht signifikant weniger kompetent.
3. Thinking or feeling macht keinen Unterschied. Thinker sind sachlich-analytischer und stellen den Inhalt oft vor das Gefühl, sie passen sich also weniger schnell anderen an. Diese Hypothese stimmte nicht. Thinking korreliert positiv mit Beratungskompetenz.

   Perceiving im MBTI (Perceiving steht Judging gegenüber) korreliert positiv mit Beratungskompetenz. „Empfangende" Menschen handeln aus der „Eingabe" und ändern ihr Handeln oft, „Judging" heißt, man verfolgt einen Plan und bleibt dran. Diese Hypothese stimmte nicht. Es steht in keinem Zusammenhang.
4. Es besteht ein Zusammenhang zwischen späterer Ich-Entwicklung und Beratungskompetenz in Veränderungsprozessen. Diejenigen, die die Stufe Conscientious oder höher erreicht hatten (also eigenbestimmte Stufe E6), waren beratungskompetenter. Sie waren zudem häufiger T-Typen im MBTI.

Je mehr es also um Transformationsprozesse geht, desto eher hilft eine persönliche Reife, die mindestens dem Denken der Stufe E6 entspricht, für größere Herausforderungen scheint postkonventionelles Denken nötig. Ich kann das aus meiner Praxissicht bestätigen: Diejenigen Führungskräfte, die in einem E5-Denken verhaftet waren, oder auch frühe „E6en" (also solche mit einem hohen Anteil von E5) stießen in ihren Unternehmen auf stärkere Grenzen als spätere „E6en" und postkonventionelle Denker. Man sollte das aber auch nicht im Sinne von „schneller, höher, weiter" heroisieren. Postkonventionelle sind weniger leicht in einen Organisationskontext einzubinden, können die Dinge grundsätzlich infrage stellen und sind mitunter weniger anpassungsbereit.

Wäre auch der Gründer einer Dönerbude mit postkonventionellem Denken erfolgreicher? Meine Hypothese – nein. Oder auch: Er würde sich fürs Dönerbraten gar nicht interessieren oder hätte ein paar schräge Hobbys im Nebenberuf. Beim CEO eines weltweit agierenden Unternehmens sieht das anders aus. Er braucht ein postkonventionelles Mindset. Anders als möglicherweise der CFO, der vor allem Zahlen im Blick haben soll.

Zusammenarbeit von Menschen mit unterschiedlichen Denk- und Handlungslogiken ist ab E6 produktiv möglich. Dabei ist nicht zu vergessen, dass ein „früher E6" ganz anders ist als ein „später E6". Der „frühe E6" wird noch weniger Kontakt zu seinen eigenen Maßstäben haben, sich eher auf etwas berufen, das „belegt" ist, und generell nach Leitlinien und Anleitungen suchen. Der „späte E6" wird bereits relativieren und Perspektiven anderer vielleicht sogar schon sehr offen erforschen. Beobachten Sie einmal, wie tief jemand zuhört, wenn er etwas Kritisches von einem anderen hört, wie sehr er den Kern einer Aussage ergründet, ohne abzuwehren oder sich selbst gut darstellen zu müssen. Je mehr, desto spezifischer für späte „E6en" und Postkonventionelle.

Oberfläche versus Tiefe

Einmal lauschten mein Sohn und ich im Bus auf einer Kulturreise dem Gespräch zweier Manager. Jeder der beiden versuchte vor dem anderen gut dazustehen, man tauschte Informationen aus, ohne am anderen wirkliches Interesse zu zeigen. Es war so wie ein oberflächliches Pingpongspiel, jeder darauf bedacht, den Ball zurückzuschießen. Natürlich können Menschen in jeder Stufe Momente haben, in denen sie an der Oberfläche bleiben. Aber jemand in einer späteren Ich-Entwicklungsstufe ist potenziell dazu in der Lage, tiefer zu gehen. Er kann sich allerdings auch dem Kontext und seiner aktuellen Rolle anpassen und „runterschrauben". Insofern reicht ein kurzes Gespräch natürlich nicht für die Einschätzung der Entwicklungsstufe von Menschen. Wir können jedoch lernen zu erkennen, was Stufen ausmachen, wenn wir Dialoge einmal unter diesem Gesichtspunkt betrachten. Was früher vielleicht nur ein subtiles Gefühl von Anderssein war, wird damit fassbarer. Aber Vorsicht vor Schubladen! Gehen Sie immer erst mal davon aus, dass Sie sich irren.

Das Bild der Treppe, die nach oben aufsteigende Ziffern zeigt, ist der Nachteil dieses Modells in einer Kultur, wo „mehr" besser ist als „weniger" und das Aufsteigen positiv gewertet wird. Ich habe deshalb eine einfachere und pragmatischere Variante daraus erstellt, die ich später vorstelle.

2.3.6 Anforderungen an Mindset aus Sicht des Change Managements

Wie muss jemand sein, der federführend Veränderung gestaltet? Die Anforderungen lassen sich eins zu eins auf ein Team übertragen, das im Veränderungskontext agiert. Dann sollte das Team so agieren können. Es wäre damit reif für eine Stufe 3 der Selbstorganisation (siehe Seite 126).

Die Liste kann natürlich je nach Umfeld variieren:

- Er/sie sollte den Kontext und Rahmenbedingungen einbeziehen können.
- Er/sie sollte eine Situation aus verschiedenen Blickwinkeln betrachten und beurteilen können.
- Er/sie sollte in kritischen Situationen eine Haltung einnehmen können (nicht nur eine Meinung haben).
- Er/sie sollte mit unterschiedlichen Charakteren und Prägungen jeweils angemessen kommunizieren können.
- Er/sie sollte Widersprüche in Erwartungen an sich selbst wahrnehmen, ohne diese um jeden Preis auflösen zu wollen.
- Er/sie sollte Stakeholder im Blick behalten und angemessen berücksichtigen können (als CEO natürlich auch die Shareholder).
- Er/sie sollte unterschiedliche Bedürfnisse hinter Perspektiven berücksichtigen können.
- Er/sie sollte die übergeordnete Vision und die Ziele im Auge haben und behalten.
- Er/sie sollte sein/ihr eigenes Ziel erkennen, aber auch anpassen können bzw. dessen Anpassung forcieren.

- Er/sie sollte sich an Regeln halten, diese aber auch begründet verändern und brechen können.
- Er/sie sollte mit anderen kooperieren können (in dem von mir beschriebenen Sinn).
- Er/sie sollte Feedback suchen und sich selbst reflektieren (Selbstwahrnehmung).
- Er/sie muss Feedback wertschätzend und entwicklungsfördernd geben können.
- Er/sie sollte jederzeit ein Update aufspielen können, sich selbst und seine/ihre Wahrnehmung aufgrund neuer Umgebungsinformationen also aktualisieren können (Selbstaktualisierung).
- Er/sie sollte in kritischen Situationen entscheiden können.

Bei Menschen, die Veränderungen nur mittragen, ohne diese aktiv vorantreiben zu müssen, ist der Anforderungskatalog schmaler:

Dieser Anforderungskatalog beschreibt eine „E7+". In Teams können sich diese Merkmale zeigen, selbst wenn die Mitglieder nach der Ich-Entwicklung nicht alle diese Reife mitbringen. Es braucht aber eine gewisse kritische Masse. Wie groß diese ist, werde ich oft gefragt – ich kann es nicht sagen. Es hängt auch von anderen Persönlichkeitseigenschaften ab. Manchmal kann eine einzige Persönlichkeit ein ganzes Team „drehen", manchmal wird jemand, der Wert stiften könnte, vom Umfeld „zerfleischt". Ein entscheidender Faktor ist dabei die Frage, ob die Geschäftsleitung klar hinter jemandem steht.

2.3.7 Anforderungen an Mindset aus Sicht der Selbstorganisation

Im agilen Kontext sollen Menschen, teils in einem durch Frameworks gesteckten Rahmen Verantwortung übernehmen. Das heißt, sie müssen sich selbst führen können, wobei das Sich-abgrenzen-Können von anderen die Grundvoraussetzung ist. „Grenzenlose" Menschen lassen sich aufsaugen, ausnutzen und sind manipulierbar. Manipulieren ist für mich dabei die absichtliche Beeinflussung zum eigenen Vorteil. Es ist etwas anderes als Beeinflussen im Sinne einer übergeordneten Sache (siehe Haltung).

Wenn ich also im Folgendem von einem agilen Mindset spreche, so meine ich damit einen Menschen, der eine ausreichende Reife für Selbstorganisation und Kulturwandel mitbringt.

Jenseits fachlicher und methodischer Kompetenzen entsteht so rein auf der Ebene der Persönlichkeit folgendes Stärkenprofil:

- Er/sie sollte den Kontext und Rahmenbedingungen einbeziehen können.
- Er/sie sollte eine Situation aus verschiedenen Blickwinkeln betrachten und diejenigen, die sein/ihr Fachgebiet betreffen, auch beurteilen können.
- Er/sie sollte eine eigene Haltung haben (die mehr ist als angelesene Meinung) und Position beziehen können.
- Er/sie muss sich selbst entwickeln können und dabei Feedback wirklich wollen.
- Er/sie sollte kooperieren, also mit anderen eng zusammenarbeiten können.
- Er/sie sollte offen für andere und neue Perspektiven und alternative Wahrheiten sein.
- Er/sie muss Regeln halten, anpassen und begründet brechen können.
- Er/sie sollte ein entspanntes Verhältnis zu Autorität mitbringen und Dinge hinterfragen, egal von wem sie kommen.
- Er/sie sollte ein respektvolles Verhältnis zu anderen Menschen haben und zeigen.

Dieser Katalog beschreibt eine E6 nach Jane Loevinger, bringt aber weitere Merkmale mit, die darüber hinausgehen. Das „entspannte Verhältnis zu Autorität" ist teils auch Inhalt und nicht nur Struktur dieser oder anderer Stufen. Ich halte es aber für wichtig, denn nur jemand, der Dinge hinterfragt, kann sich, andere und auch neue Ideen entwickeln. Autorität ist hier weitgespannt. Autoritätspersonen sind nicht nur Führungskräfte auf höheren Ebenen, es können auch Experten sein. Autorität sollte jeder für sich selbst einmal definieren. Und wenn Sie Personalentscheider sind, hinterfragen Sie, was ein Bewerber sich darunter vorstellt, etwa: „In welchen Situationen zeigt sich Autorität und wie gehen Sie damit um?" Es kann ein negatives und positives Verständnis geben. Und ein entspanntes Verhältnis darf auch nichts mit Respektlosigkeit zu tun haben.

Was wieder einmal deutlich macht: Erst wenn unter Dialogpartnern Einigkeit darüber besteht, über was man genau redet, kann man sich konkreter austauschen. Die beste Art herauszufinden, was andere wirklich denken, ist übrigens sie frei assoziieren zu lassen und nur Begriffe oder Satzanfänge vorzugeben, etwa „Autorität …".

2.3.8   Ich-Entwicklung einschätzen

Doch wie erkennen wir Ich-Entwicklung? Wir können uns erfolgreiche Unternehmensgründer und Personen des öffentlichen Lebens anschauen und deren Ich-Entwicklungsstufe anhand von Interviews und Selbstaussagen schätzen. Das trainiert den eigenen Blick. Dabei muss aber klar sein, dass Ghostwriter Texte und Websites, Interviews und Statements verfassen und so verzerren können.

Ein Indiz für Später-Entwicklung ist beispielsweise, dass die Personen sich selbst als Prozess begreifen. Sie erkennen und beschreiben, dass sie früher anders gedacht haben als heute. Sie stehen zu eigenen Fehlern. Sie beziehen viele unterschiedliche Aspekte ein. Sie sehen nicht nur das eigene Unternehmen, sondern stellen dieses in einen gesellschaftlichen Kontext. Sie zeigen eine Haltung, die von den gängigen Konventionen abweicht oder neue Maßstäbe setzt. Sie sehen Widersprüche und glauben nicht, diese lösen zu können.

Lesen wir einmal zwei Zitate aus einem Interview von Mark Zuckerberg aus dem Jahr 2017:

> And I am inspired by history where humanity has gone through these similar shifts, where we first started building cities – and when we first started building nations with the cities we had – we had to build certain social infrastructure to bring everyone together so we could do more together than individually. Now I think we are in a time like that today, and that's the part that I just want to make sure Facebook plays its part in helping bring people together in that way.

(…)

> So, my point with this letter isn't to solve all the problems, to set out all the different issues, it is to say hey, if we are going to come together as a global community, one of the things we need is the social infrastructure to do that, we also need the economic infrastructure to give everyone an opportunity and I think there are places that Facebook can contribute there [15].

Die Zeilen lassen einen Bezug zum größeren Kontext und auf jeden Fall eigene Maßstäbe erkennen. Zuckerberg ordnet Facebook in einen historischen Zusammenhang und bringt dann eine Vision zum Ausdruck, die er mit Facebook verbindet. Gleichzeitig erkennt er Widersprüche und lässt diese bestehen. Eine Haltung ist klar erkennbar. Ich würde Zuckerberg anhand dieses Textes den Stufen E6 bis E7 zuordnen. Es ist eine in sich geschlossene Argumentation, die Idee wird nicht infrage gestellt. Das ist hier sicher auch nicht der Ort. Gut möglich, dass Zuckerberg an anderen Stellen viel postkonventioneller ist. Ich habe dieses Beispiel ausgewählt, weil es ein visionäres Denken in konventionellen Grenzen zeigt.

Es steckt ohnehin eine Schwierigkeit darin, die Stufe aus Texten herauszulesen. Reden können die Stufe des Redenschreibers spiegeln, Bücher die des Ghostwriters und Interviews und Berichte die Ich-Entwicklung von Autor oder Redakteur. Bei übersetzten Texten kommen noch mögliche Verfälschungen durch die Übersetzungen hinzu.

Die Richterin und Buchautorin Sonia Sotomayor [16] scheint mir im Unterschied zu Zuckerberg eindeutiger im postkonventionellen Denken zu Hause zu sein.

Hier ein Ausschnitt aus einem Interview:

Oh ja, das bekam man immer wieder zu hören. In Amerika haben wir aus guten Gründen eine sehr puritanische Einstellung uns selbst und unserem Leben gegenüber. Wir erwarten, dass Menschen hart arbeiten, ihre Triebe unter Kontrolle halten und das Richtige tun. Das ist die amerikanische Lebensweise. Die Leute glauben, dass eine Sucht wie der Alkoholismus nur eine Sache fehlender Selbstkontrolle ist. In Wahrheit ist die Dynamik solcher Abhängigkeiten sehr komplex. Ich habe in dieser Welt gelebt, und ich weiß: Es gibt Drogenhändler, die nur wegen des Geldes dabei sind. Bis man verhaftet wird, verdient man viel mehr Geld, als man von irgendeiner ehrlichen Arbeit erhoffen könnte. In den öffentlichen Schulen dieser Viertel wurde man nie auf einen Beruf vorbereitet, der mehr als den Mindestlohn erbracht hätte. Die Anziehungskraft einer Arbeit, für die man gut bezahlt wird, ist eine ungeheure Versuchung [17].

Der Satz „In Wahrheit ist die Dynamik solcher Abhängigkeiten sehr komplex" zeigt, wie Sonia Sotomayor gesellschaftliche Konventionen infrage stellt, die sie zuvor erkannt hat. Dass sie darüber bereits eigene Prinzipien herausgebildet hat, lässt sich an der Formulierung „in Wahrheit" ableiten. Sie kontrastiert also die Erkenntnis über die Konvention mit einem eigenen Fazit. In der Phase E8 erkennt man Konstrukte, also Interpretationsschemata von sich und anderen. Man versucht, sich von der Seite der Erkenntnis einem Thema zu nähern. Was ist wirklich unbestreitbar da, was existiert, wenn man Konstrukte beiseitelegt?

Wer so denkt, wird vielleicht kein Facebook aufbauen, kann aber wirksamer dazu beitragen, komplexe übergeordnete Probleme zu lösen, weil er oder sie viele Aspekte einbezieht, dabei aber auch bewerten und klar Position beziehen kann. Man kann sich auch von seiner eigenen gesellschaftlichen oder kulturellen Gruppe lösen und so eine Helikopterperspektive einnehmen.

Der WUST (Washington University Sentence Completion Test) von Jane Loevinger ist so aufgebaut, dass 36 Satzstämme zu vervollständigen sind. Es handelt sich dabei um Satzanfänge, die in allen Kulturen die Konventionen prägen, wenn auch unterschiedlich, beispielsweise „Ein Mann …" Jemand mit konventionellem Denken würde diese Satzanfänge einfach vervollständigen. Es würde erkennbar, dass er oder sie eine bestimmte Vorstellung hat. Jemand mit postkonventionellem Denken würde hier eine eigene Färbung reinbringen, seine Interpretation würde verschiedene Aspekte beinhalten. Noch einmal: Dabei geht es nicht um Inhalt, sondern immer um die Struktur der Antwort.

Diese Technik lässt sich auch anwenden, um das Agilitäts- und Führungsverständnis zu erforschen. Geben Sie einfach nur vor:

- Agilität …
- Führung …

Antworten zeigen die Denklogik und geben eventuell auch eine Ahnung von Ich-Entwicklung.

„Agilität … ist heute notwendig" drückt als Antwort einfach weniger aus als „Agilität … ein modischer Begriff, was ist das?" – auch wenn die Antworten ähnlich kurz sind. Die erste Antwort ist deutlich geschlossener als die zweite. Davon kann man aber natürlich nicht auf das generelle Denken schließen!

In den Antworten lassen sich „Wertecluster" erkennen. Beispielsweise antworten manche Führungskräfte aus eher kollegialer Kooperationsperspektive, andere eher mit dem Zielerreichungsblick. Strukturell ist das jedoch die gleiche Herangehensweise – das eine oder andere ist „richtiger". Im postkonventionellen Verständnis sind verschiedene Möglichkeiten abgebildet. Jemand würde also zum Beispiel Kooperation und individuelle Autorität oder Teamarbeit und Förderung von Individualität verbinden können – auf eine Art und Weise, die das Sowohl-als-auch nicht zum neuen Dogma macht. Und das ist eine typische Falle, der man hier aufsitzen kann. Nur weil jemand zwei Seiten einer Medaille sieht und als Grundsatz anerkennt, kann er diese noch lange nicht selbst leben. Viel wichtiger: Kann jemand Handlungen aus seinem Wissen ableiten, die nicht auf Nachmachen beruhen?

▶   Für Personaler kann die gute alte STAR-Interviewtechnik hilfreich sein, um der Ich-Entwicklung auf die Spur zu kommen: Lassen Sie Bewerber Situation, Task, Action und Results beschreiben. Daraus wird schnell deutlich, ob eine Einheit aus Denken und Handeln besteht. Es ist auch sehr hilfreich, sich einfach nur drei konkrete Erlebnisse beschreiben zu lassen, die ein Mensch willkürlich aus seinem Lebenslauf herausgreifen soll. Schon die Auswahl macht die Bedeutung klar. Jemand in einer späteren Ich-Entwicklungsstufe wird eher Learnings auswählen, Wendepunkte beschreiben und dadurch die Prozesssicht auf sich selbst hervorheben. Jemand in früheren Stufen wird sich eher gut präsentieren wollen und die Dinge herausstellen, von denen er denkt, dass der andere sie hören will. Das heißt, die Aufmerksamkeit liegt stärker auf dem Gefallen-Wollen und weniger auf der Frage, was ich selbst erreichen will. Das ist aber nur ein Indiz; es kann, aber muss nichts mit Ich-Entwicklung zu tun haben.

2.3.9 Sind „später" Entwickelte besser?

In der Weiterbildung zur Ich-Entwicklung bei Thomas Binder haben wir gelernt, von „später" entwickelten Menschen zu sprechen, nicht etwa von „höher" entwickelten. Diese Empfehlung zeigt letztendlich auch das Risiko dieses Modells: Es ist ein wenig wie der IQ, also der Intelligenzquotient. Die meisten hätten gern lieber „mehr" IQ-Punkte, und die meisten streben nach höherer (späterer) Ich-Entwicklung – ganz besonders Führungskräfte. Doch ein hoher IQ wird auch nicht für alle Aufgaben gebraucht. Und so ist es auch bei der Ich-Entwicklung.

Ist also „später" besser? Wir haben bereits gesehen, dass für Veränderungsprozesse Menschen mit postkonventionellem Denken eine gute Wahl sind, wenn entsprechendes Können dazukommt. Und nein, in der Telefonzentrale brauchen Sie dieses Denken nicht – Regelorientierung (E5) oder/und Wir-Denken (E4) sind da meistens völlig ausreichend. Versuchen Sie dann aber nicht, die Telefonzentrale in die Selbstorganisation zu führen bzw. betrauen Sie bitte einen E6 mit dieser Aufgabe, der die anderen mitnehmen kann.

Robert Kegan ist der Meinung, dass durch mehr Ich-Entwicklung auch die Welt besser würde. Daran ist sicher etwas dran, denn später entwickelte Menschen handeln eher moralisch. Es gibt keine Untersuchungen, wie sich Ich-Entwicklung in Gefängnissen verteilt, jedoch dürfte diese dort generell niedriger sein, sofern es nicht um politische Gefangene geht.

Überhaupt Politik. Gerade in diesem Umfeld braucht es Menschen mit einem Mindset, das sich am großen Ganzen ausrichtet und das Wohl der anderen über das eigene stellt. Hier wären also noch mehr als in der Wirtschaft „später" Entwickelte gefragt. Die Herausforderung ist oft deren Komplexität. Barack Obama hat gut gezeigt, dass man viele Menschen erreichen kann, selbst wenn das eigene Denken vielschichtig ist. Es ist eine Sache der Kommunikation.

Die Antwort auf die Frage also? Jein. Für die Zukunft ja, zur Bewältigung der Gegenwart ist es hilfreich, noch genügend konventionelle Denker zu haben. Wir sollten auch berücksichtigen, dass Konventionen sich immer mehr verbreitern. Je mehr Lebensmodelle es gibt, desto breiter wird auch konventionelles Denken. Das heißt, innerhalb der konventionellen Phasen gibt es eine höhere Vielfalt, aber das erhöht den Anteil postkonventioneller Logik nicht.

Nicht vergessen dürfen wir bei alldem auch, dass auch das Umfeld den Menschen prägt. Schaffen wir also ein Umfeld, dass Selbstbestimmtheit und Verantwortungsübernahme fördert, geben wir damit den Menschen auch den Rahmen für ihr Wachstum in die Effektiv-Phase bzw. E6.

2.3.10 Mein Modell der „Ich-Phasen"

Das Loevinger-Modell hat drei Nachteile: Es ist komplex und stellenweise auch kompliziert. Die Stufenbezeichnungen klingen unschön und für einige Ohren diskriminierend. Es erweckt den Eindruck, höher, besser, weiter, sei generell erstrebenswert. Der dritte Nachteil sind die Stufen selbst. Diese wirken abgegrenzt, zu wenig fließend. Und natürlich sind die Übergänge nicht so abrupt, wie die Stufe es anzeigt. Robert Kegan hat die Stufen bereits aus ihrer Starrheit gelöst, indem er sie in Phasen und eine Spirale übertragen hat. Ja, der Übergang ist fließend, natürlich! Niemand wacht morgens auf und ist woanders.

Ich habe das Loevinger-Modell vereinfacht, siehe Abb. 2.3. Ich spreche von Phasen und Modi. Bei mir gibt es keine Menschen, die „E" sind, sondern Menschen, die in einer Phase sind oder in dieser oder jener Situation aus einem Modus handeln. Eine weitere Vereinfachung sind meine Bezeichnungen. Ich

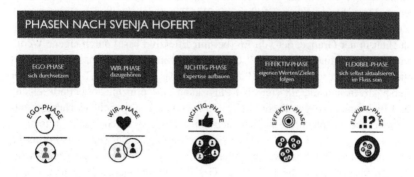

Abb. 2.3 Ich-Phasen

nenne die Phasen Ego (E3), Wir (E4), Richtig (E5), Effektiv (E6), Flexibel (E7) und Flexibel-Plus (E8 oder höher). In der Zeichnung (siehe Abb. 2.3) sehen Sie Verben bei den jeweiligen Phasen. Diese sind spezifisch. In späteren Phasen sind die früheren jedoch stets integriert, mehr oder weniger gut. Das bedeutet, auch ein Mensch in der Effektiv-Phase kann sich durchsetzen, nur auf eine andere Art und Weise, die sich mehr an seinen Maßstäben orientiert. In der Richtig-Phase würde man sich mehr an seinem Wissen ausrichten. Diese Übergänge sind als fließend und bitte niemals strikt zu sehen.

Dieses System habe ich erstmals in meinem Buch „Hört auf zu coachen" [18] vorgestellt. Ich habe festgestellt, dass es wesentlich leichter angenommen wird als die Loevinger-Stufen. Es zeigt einfach leichter Entwicklungsrichtungen an: Die jeweils nächste Phase liefert den zentralen Zielbegriff, wenn das aktuelle Mindset für die Lösung der Aufgaben oder die Übernahme von Verantwortung nicht ausreicht: Das Ego muss zum Wir kommen, das Wir zum Richtig, das Richtig zum Effektiv, das Effektiv zum Flexibel.

Aber bitte: Ich habe kein eigenes System entwickelt, ich habe nur Vorhandenes neu benannt! Mein Ziel war eine bessere Kommunikation von etwas, das ich für sehr wichtig halte. Das Loevinger-Modell kann sehr dabei helfen, Führung neu zu gestalten und die richtigen Personen für Veränderungsprozesse auszuwählen und zu entwickeln.

2.3.11 Vertiefende Stufenbeschreibung

Vier Aspekte kennzeichnen jede Stufe. **Charakter** beschreibt, wie sich eine Stufe zeigt. Der Charakter von E3 – das ist bei mir die Ego-Phase – ist durch seine Impulse beschrieben, die er jedoch unterdrücken kann, um seine Ziele zu erreichen. Der Charakter von E4 (bei mir Wir-Phase) ist durch den Wunsch nach Zugehörigkeit gekennzeichnet, der von E5 (bei mir Richtig-Phase) durch Individualität in der Gruppe, der von E6 (bei mir Effektiv-Phase) durch eigene Wertemaßstäbe im Kontext der Gesellschaft. E7 (bei mir Flexibel-Phase) aktualisiert und flexibilisiert seine eigenen Maßstäbe durch das Einholen und Einbeziehen der Perspektiven anderer, E8 (Flexibel-Plus) kann eine prinzipienorientierte eigene und nicht mehr an gesellschaftlichen Konventionen ausgerichtete Haltung entwickeln und vertreten. Sie können sich vorstellen, dass solche Leute in totalitären Staaten gefährdet sind … Wobei sich die Haltung keineswegs aufs Politische beziehen muss. Inhalt ist hier, nochmals betont, irrelevant. Aber die Wahrscheinlichkeit für Gedanken, die sich auf die Gesellschaft und unsere Existenz als Ganzes beziehen, steigt.

Der zweite Aspekt ist der **Bewusstseinsfokus,** also die Frage: „Worauf richte ich meine Aufmerksamkeit?" Der Mensch in der Ego-Phase richtet seine Aufmerksamkeit darauf, eigene Bedürfnisse zu befriedigen, der Mensch in der Wir-Phase konzentriert sich auf Verhalten und die Einhaltung von Normen. Jemand in der Richtig-Phase will seinen eigenen Charakter entfalten und ein Mensch in der Effektiv-Phase nach seinen Wertvorstellungen leben, während der in der Flexibel-Phase auch die Wertvorstellungen der anderen verstehen und integrieren möchte. Ist Flexibel-Plus (E8 und mehr) erreicht, konstruiert dieser Mensch oft originelle eigene Gedanken und Vorstellungen.

Der dritte Aspekt ist der **interpersonelle Stil.** In der Ego-Phase ist jemand gar nicht bei den anderen, sondern bei sich selbst. In der Wir-Phase ist er bei anderen (bei welcher Gruppe auch immer; es kann auch eine außerhalb der Gesellschaft stehende sein) und akzeptiert deren Regeln, Normen und Werte als eigene. Seine Kommunikation ist nicht selten mehr Monolog als Dialog. Im Wir-Modus stellen Menschen kaum Fragen nach Bedürfnissen, sondern z. B. eher danach, ob etwas erledigt ist. Sie hinterfragen gar nicht oder kaum. Im Wir-Modus sieht jemand vor allem Verhalten, aber nicht Beweggründe. Mit Kritik kann ein Mensch im Wir-Modus nicht umgehen, er kritisiert nicht und möchte auch nicht kritisiert werden. Und wenn doch, dann bleibt das an der Oberfläche und geht nie tief.

Im Richtig-Modus kann ein Mensch in den Dialog mit anderen gehen, hat dabei aber Annahmen, die sich auf etwas berufen und an einer Wahrheit ausrichten. Er teilt in „Richtig" und „Falsch", was sich auch in der Sprache abbildet, etwa durch viele „Aber"-Konstruktionen. Im Richtig-Modus kann ein Mensch schlecht zwei Wahrheiten nebeneinander bestehen lassen. Kritik ist für Menschen im Richtung-Modus ein notwendiges Übel, er mag annehmen, was er als konstruktiv oder fachlich gerechtfertigt empfindet.

Im Effektiv-Modus kann ein Mensch mit unterschiedlichen Menschen fruchtbare Dialoge führen und ist konsensfähig. Er vermag auch zwei Wahrheiten zu verbinden, hat aber dennoch Vorstellungen davon, wie etwas in seiner Welt sein sollte. Motivationen und andere Perspektiven beginnen zu interessieren. Die Sprache beinhaltet mehr Fragen. Im Effektiv-Modus beginnen Menschen kritisches Feedback zu schätzen, auch wenn es sie noch verunsichern kann.

Der vierte Aspekt ist die **Handlungslogik** „Warum tue ich etwas?". In der Ego-Phase möchte ein Mensch etwas für sich erreichen, in der Wir-Phase auch für andere. In der Ego-Phase geht es eher um Vorteilsnahme für die engere Familie oder unmittelbare Verbündete. Ego kann auch „ausbooten". Das macht ein Mensch in der Wir-Phase innerhalb seiner Peergroup eher nicht, denn sein Bestreben ist das Dazugehören, nicht das Durchsetzen. Und wenn er etwas durchsetzt, dann für die Interessen der Gruppe. Loyal zu sein, damit identifiziert er sich. Ein

Mensch im Richtig-Modus möchte sich abgrenzen, aber dazugehören, Effektive dagegen wollen eigene Wertvorstellungen auch innerhalb ihrer Gruppe und darüber hinaus realisieren, während Flexible dies auch tun, dabei aber noch etwas mehr transformieren und verändern möchten. Deshalb fragen Flexible oft auffällig viel, erforschen gern. Es kann aber sein, dass sie noch keine übergeordnete eigene Haltung haben oder länger brauchen, sich diese zu bilden. Oft suchen sie nach etwas Richtigem zwischen all den Möglichkeiten. Das ist bei Flexibel-Plus anders, da diese Menschen wieder neue, postkonventionelle Maßstäbe entwickelt haben oder danach streben, das zu tun. Sie sind deshalb klarer, wenn das auch nicht immer sofort erkennbar ist, denn es mag sein, dass sie länger abwarten und nicht mit allem an die Öffentlichkeit gehen.

Die Effektiv-Phase kann als Ziel-Phase der westlichen Gesellschaft angesehen werden, die Wir-Phase ist Ziel-Phase manch kollektivistischer Völker. Das sollten Sie, wenn Sie mit interkulturellen Teams zu tun haben, immer beachten – neben allen anderen Aspekten, die Diversität mit sich bringt. In welcher Phase sich jemand überwiegend befindet, ist möglicherweise weniger sichtbar, weil jemand, kulturell geprägt, das sich daraus ergebende Denken weniger zeigen möchte.

In der Effektiv-Phase hat der Mensch eine voll ausgebildete eigene Identität mit eigenen Werten und Zielvorstellungen. Er sieht und verfolgt langfristige Ziele und vermag auch den Prozess dahin zu gestalten. Das ist ein Unterschied zur Richtig-Phase, wo genau das schwerfällt. Menschen in der Richtig-Phase haben eher Schwierigkeiten damit, kurz-, mittel- und langfristige Ziele zeitgleich im Blick zu behalten.

In der Effektiv-Phase können Menschen unterschiedliche Positionen einnehmen, die im gesellschaftlichen Kontext Abbildung finden.

Auf jeder Stufe können Menschen widersprüchliche Haltungen zeigen, aber bis zur Effektiv-Phase sind diese im oft breiten Rahmen gesellschaftlichen Denkens abgebildet, ergo konventionell. Das heißt keineswegs, dass alle Effektiven konventionell im Verhalten und in ihrer Außenwirkung sind. Ein „Punk", der sich den Regeln seiner Gruppe unterwirft, ist zwar nach außen unkonventionell, im Sinne Jane Loevingers allerdings in der Wir-Phase, wenn dies mehr ist als eine Momentaufnahme, nämlich Denk- und Verhaltensstruktur. Ein Nachhaltigkeitsverfechter mag in Birkenstock zur Arbeit gehen – und damit den Kodex seines konservativen Arbeitgebers brechen –, kann aber trotzdem in der Wir-Phase sein, weil er den Regeln seiner In-Group folgt. Er kann auch in der Richtig-Phase sein, sofern er sich mit Nachhaltigkeit auch selbst identifiziert, oder in der Effektiv-Phase, wenn er die Nachhaltigkeit unbedingt im größeren Kontext und als eigene Lebensvision realisieren möchte. Konventionell kann vieles sein. Postkonventionell bedeutet, dass sich jemand über konventionelle und unkonventionelle Annahmen stellen und diese neu betrachten kann.

▷ Jemand, der agile Methoden wie Scrum hochhält, kann dies aus
    einem Blickwinkel der Wir-Phase tun und wird dann vor allem die
    Regeln fokussieren. Er kann dies aus der Perspektive der Richtig-
    Phase machen und wird dann auch individuelle Auslegungen aner-
    kennen und einen persönlichen Stil bevorzugen. Aus der Perspektive
    der Effektiv-Phase wird er eine eigene Vorstellung davon einbringen,
    welchen Beitrag das agile Arbeiten auch für den Kontext leistet (etwa
    die Innovation zu fördern). Mit Prägung aus der Flexibel-Phase wird er
    mehr bestrebt sein, unterschiedliche Konzepte zuzulassen. Und von
    Flexibel-Plus geleitet, wird er das nehmen, was er für sinnvoll hält, alles
    aber an übergeordneten Prinzipien ausrichten. Er gestaltet also die
    Wahrheit und Wirklichkeit auch für andere aktiv mit. Dabei wird er als
    vorläufig akzeptieren können und weniger als in Stein gemeißelt.

Tab. 2.3 zeigt die unterschiedlichen Aspekte, die für die Stufen gelten, dabei orientiere ich mich an Thomas Binder [8].

Tab. 2.3 Ich-Entwicklung nach vier Merkmalen

	Charakter	Bewusstseins-fokus	Interpersoneller Stil	Handlungslogik
Ego-Phase (E3)	Eigennützig	Ich und meine Bedürfnisse	Monolog, sendend	Opportunismus
Wir-Phase (E4)	Angepasst	Verhalten der Gruppe	Monolog, austauschend	Diplomatie
Richtig-Phase (E5)	Selbstbewusst	Ich als individueller Teil der Gruppe	Dialog, in Grenzen informierend	Optimierung
Effektiv-Phase (E6)	Selbstverwirklichend	Ich mit eigenen Vorstellungen	Dialog, weiter gespannt, motivierend	Zielerreichung (auch Selbstverwirklichung)
Flexibel-Phase (E7)	Flexibel	Der Kontext und die anderen Perspektiven	Offener Dialog mit vielen, verbindend	Integration (erkundend, mitnehmend, einbindend)
Flexibel-Plus-Phase (E8)	Selbstaktualisierend	Das große Ganze und der Sinn für alle	Offener Dialog mit vielen, prägend	Transformation

2.3.11.1 Ego-Phase: Impulsiv sein

Die Ego-Phase im Erwachsenenalter ist so etwas wie manifestierte Pubertät. In ihr sind Menschen sehr nah an ihren eigenen Impulsen, möglicherweise ist der Übergang zum Narzissmus fließend. Gleichwohl ist Menschen in der Ego-Phase bewusst, dass sie nicht alles machen dürfen. Es ist aber nicht so, dass sie die Regeln ihrer Gruppe für sich internalisiert haben und sich diesen unterwerfen. Sie machen es eher, um einen Vorteil zu haben oder das direkt Umfeld zu begünstigen. Manche sind deshalb sehr gut darin, etwas für sich durchzusetzen oder sogar Unternehmen zu gründen oder auch kriminelle Vereinigungen. Die Überzeugung, im Recht zu sein, wird bei allem Charme und selbst bei hoher Eloquenz immer vorhanden sein – selbst wenn man das zeitweise für den eigenen Vorteil unterdrücken kann. Das Denken ist eher kurzfristig und auf das Überleben ausgerichtet. Dabei ist man sich selbst der Nächste. Je weniger Wir-Elemente sich ausgebildet haben, desto eher ist das spürbar. Wir dürfen allerdings nicht vergessen, dass die Übergänge fließend sind. Die meisten Menschen in der Ego-Phase werden auch schon ein gewisses Wir-Denken haben – nur hat es eben noch nicht das „Ruder" übernommen.

2.3.11.2 Wir-Phase: Mitmachen

Schauen wir uns in einem Unternehmen um, so finden wir Menschen im Wir-Modus wahrscheinlich eher in einem Umfeld, in dem nicht viel Eigeninitiative gefragt ist, etwa im Büro oder Kundenservice. Aber Vorsicht, wir können leicht irren. Es kann auch ganz anders sein.

Menschen in dieser Phase können die Perspektiven der anderen voll übernehmen. Sie fragen eher: „Wie geht das?" und „Was muss ich tun?", als selbst etwas zu untersuchen oder gar zu gestalten.

Sie brauchen Beziehungen nicht nur für das eigene Ego. Sie verlassen sich stark auf die anderen. Deshalb fällt es ihnen schwer, Antworten und Ideen für das eigene Leben und Arbeiten zu entwickeln. Sie sind nicht sehr kreativ, im Sinne des Neuschaffens. Selbst wenn sie als Designer arbeiten, werden sie sich eher an dem orientieren, was Trend ist, als diesen neu zu schaffen.

Sie übernehmen leicht eine Gruppenmeinung – „so ist es richtig" –, die sie für ihre eigene halten. Sie können deshalb nur schwer eigene Stellung beziehen, auch wenn sie eine starke eigene Meinung haben und ein absolutes Alphatier sein können – es ist bei genauem Hinhören die Meinung von anderen, ihrer Gruppe, Familie, der Kultur, in der sie leben. Nur eben lautstarker vorgebracht.

Fragen

Sie sind gefragt – denken Sie nach: Haben Sie diese Menschen in Ihrem Unternehmen? Woran erkennen Sie sie? Welches Verhalten beobachten Sie? Und welches Verhalten beobachten Sie NICHT? Welchen Aspekt der Wir-Phase beobachten Sie bei sich selbst? Wann ist dieser hilfreich, wann nicht?

Ebenso wenig gelingt es ihnen, ganz neue Ideen zu entwickeln, die sich so nicht bereits in ihrem Umfeld finden. Autoritäten sind für sie Meinungsführer ihrer Gruppe oder Menschen mit formaler Führungsgewalt. Sie stellen Autorität kaum infrage. Im agilen Kontext nehmen sie Rollenkonzepte und Regeln als gegeben an. Sie werden schwerer über den eigenen Tellerrand schauen können.

Ihre Perspektiven sind gerichtet auf sich selbst und das unmittelbare andere, also zum Beispiel auf Partner, Chef oder Kollege. Sie fühlen sich verantwortlich für Handeln im Sinne der Gruppe. Sie nehmen an, dass es eine Wahrheit gibt und Dinge so oder so zu tun sind. Ein Mensch im Wir-Modus stößt an Grenzen, wenn er eine wirklich eigene Meinung vertreten muss – auch gegenüber anderen.

Das ist dann aber auch genau die Entwicklungslinie.

▶ Personalentwicklung in der Wir-Phase: Sind Sie Führungskraft oder Personalverantwortlicher, fördern Sie die Sicht auf das Eigene. Angemessene Maßnahmen für diese Menschen sind solche, die die Unterschiede betonen: Ich bin so, und du bist anders. Das können Stärkenworkshops sein oder Trainings, die verschiedenen Typen von Menschen clustern. „Ich bin ein Roter, und du bist ein Blauer", das ist für eine spätere Phase oft klischeehaft, hier aber passt es gut. Die Kunst für den Moderator ist es dabei, deutlich zu machen, dass das nicht in Stein gemeißelt ist. Wer introvertiert ist, kann sich auch extrovertiert zeigen. Die Botschaft für den Wir-Modus sollte weiterhin sein, dass Entwicklung immer möglich ist. Und zwar auch die Entwicklung einer ganz anderen Logik zu denken und handeln.

2.3.11.3 Richtig-Phase: Ich-Sein

In Unternehmen finden Sie diese Menschen öfter in Fachabteilungen, jedoch auch ziemlich oft in Führung, denn sie können sich fleißig hocharbeiten. Lassen Sie Ihren Blick und Ihre Gedanken schweifen und suchen Sie sie bei sich im Umfeld.

Diese Menschen sind fähig, ihre eigenen Standards zu entwickeln. Sie bringen anderen gegenüber Respekt auf, akzeptieren auch deren Erfahrungen. In dieser

Phase akzeptieren Menschen Autoritäten, wenn diese sich durch Kompetenz auszeichnen. Aber wehe, wenn eigene Stärken nicht gesehen werden oder er sie für sich selbst nicht erkennt! Das wirft generelle Fragen und Selbstzweifel auf.

Die Perspektiven sind gerichtet auf den eigenen Bereich und die in seinem Kontext abgebildeten Themen. Das große Ganze interessiert weniger, ist weniger im Blick. Das heißt nicht, dass diese Menschen nicht auch sehr engagiert sein können. Es fällt ihnen aber schwerer, über das eigene Fachgebiet hinauszuschauen oder von bisherigen Vorstellungen abzuweichen. Sie lernen zwar gern, sind aber weniger interessiert an Selbstentwicklung und tiefer Reflexion. Sie suchen eher schnelle Hilfe und bevorzugen klare Regeln und Anleitungen. Sie lieben Methoden und Tools, die ihnen helfen, etwas „richtig" zu machen.

Fragen

Sie sind gefragt – denken Sie nach: Haben Sie diese Menschen in Ihrem Unternehmen? Woran erkennen Sie sie? Welches Verhalten beobachten Sie? Und welches Verhalten beobachten Sie NICHT? Welchen Aspekt der Richtig-Phase erkennen Sie bei sich selbst? Wann ist dieser hilfreich, wann nicht?

Verantwortlich fühlt er sich für das, was seine Standards ausmacht, sei es ein bestimmtes Fachthema oder Qualität oder auch eine Vorgehensweise und ein Lebensmodell. Er ist wenig offen für andere Erklärungen oder Herangehensweisen, sofern diese seine Annahme fundamental infrage stellen. Seine Annahme ist, dass er das „Richtige" vertritt. Dafür lernt er gern – aber nicht, um sich grundlegend zu hinterfragen.

▶ Personalentwicklung in der Richtig-Phase: Sind Sie Führungskraft oder Personalverantwortlicher, fördern Sie die Sicht auf eigenen Bedürfnisse. Was würde ich tun, wenn ...? Die Herausforderung für Menschen in der Richtig-Phase liegt darin, sich von Expertenwissen oder ihrer engen Bindung an Überzeugungen (diese können auch irrational sein und emotional wie „ich höre immer auf meinen Bauch") auch einmal zu lösen, ihren eigenen und denen von anderen, denen sie folgen – etwa Bücherwissen oder standardisierten Vorgehensweisen.

Angemessene Maßnahmen für diese Menschen sind solche, die den Blick auf die eigenen Bedürfnisse betonen: Was nehme ich bei mir wahr? Wie fühle ich? Wie verhalte ich mich? Wie verhalte ich mich nicht? Die Arbeit mit Motiven (Bedürfnissen) kann hilfreich sein, da diese den Blick zurücklenkt auf das, was in mir und anderen vorgeht.

Sie erweitern den Blick auf Stärken, der in der vorherigen Phase hilfreich war. Weiterhin kann es hilfreich sein, sich eigene Veränderungen und die Veränderungen anderer anzuschauen. Haben Sie es mit einer Führungskraft in der Richtig-Phase zu tun, so fördern und verlangen Sie Reflexion. Im Richtig-Modus werden Menschen die Tendenz haben, fertige Raster und Lösungen zu suchen. Danach werden Sie sich auch ihre Trainings aussuchen. Mit diesem eigenen Muster könnten Sie sie konfrontieren. Manche lernen und lernen und denken, das würde sie besser machen. Doch im Grunde bleiben sie dadurch nur stecken. Wollen Sie kompetente Führungskräfte halten, so helfen Sie ihnen, sich in die Effektiv-Phase zu entwickeln. Das sollte von Einzelmaßnahmen wie entwicklungsbezogenem Coaching und Gruppenformaten begleitet sein. Als Gruppenformat bietet sich die Führungskräftereflexion an. Wichtig ist, dass hier nicht mehrere Personen in gleicher Phase im selben Saft „schmoren", weshalb eine zeitweise externe Moderation hilfreich ist bzw. interne Moderation durch Personen mit mindestens Effektiv-Denken.

Es ist aber sehr gut möglich, dass Menschen in der Richtig-Phase diese Formate ablehnen; sie exponieren sich nicht gern in Gruppen. Aber genau das wäre gut.

2.3.11.4 Effektiv-Phase: etwas erreichen

Höchstwahrscheinlich sehen Sie diese Menschen überall dort, wo eigenständige Arbeit gefordert ist, sowie in Führungspositionen, wenn die Denk- und Handlungslogik ihres Unternehmens die darin liegende Zielstrebigkeit bevorzugt. Sie erkennen sie daran, dass sie eigene Maßstäbe haben, die über das Fachliche hinausgehen, aber auch andere anerkennen können. Sie sind im besten Sinne dialog- und auch konsensfähig. Ihre Begrenzung liegt aber da, wo es darum geht, grundsätzliche Wertvorstellungen zu hinterfragen. Stellen Sie das KPI-Denken (KPI sind Key-Performance- Indikatoren) grundsätzlich infrage, so wird ein BWLer in der Effektivphase sein bisher verlässliches Gerüst eher zu verteidigen suchen. So wie ein kooperativer Effektiv-Manager, der Führung als die Organisation von Zusammenarbeit freier Menschen lebt, irritiert sein wird, wenn dieses Modell infrage gestellt wird. Viele im Effektiv-Modus glauben auch an Berufung und streben nach Selbstverwirklichung. Die Maßstäbe, die im Effektiv-Modus verankert sind, können höchst unterschiedlich und sogar gegensätzlich sein.

Menschen, die in diesem Modus ihren Schwerpunkt haben, können ihre eigenen Werte und Maßstäbe jedoch erkennen, verstehen, reflektieren, in Handlung übersetzen und bewerten. In Handlung übersetzen ist mir hier sehr wichtig, da das nicht selbstverständlich ist – viele denken etwas, können darüber reden, aber die Übersetzung in Handlung fehlt. Eine Phase zeigt sich aber erst, wenn eine Aktivschaltung da ist, wenn jemand also nicht nur denkt und spricht, sondern auch auf dieser Basis Handlungen produziert. Das wird oft verwechselt, und sehr intellektuelle Menschen können an diesem Punkt ganz schön täuschen.

Fragen

Sie sind gefragt – denken Sie nach: Haben Sie diese Menschen in Ihrem Unternehmen? Woran erkennen Sie sie? Welches Verhalten beobachten Sie? Und welches Verhalten beobachten Sie NICHT? Welchen Aspekt der Effektiv-Phase spüren Sie bei sich selbst? Wann ist dieser hilfreich, wann nicht?

Menschen in der Effektiv-Phase differenzieren und integrieren ihre Maßstäbe an das Leben und an Verhalten gewöhnlich mit Respekt für andere Menschen und viel Verantwortungsbewusstsein. Der selbstbestimmte Mensch, der in dieser Phase hervortritt, übernimmt gern auch Verantwortung für andere. Autoritäten sind für ihn Menschen, die seine Werte teilen. Seine Perspektiven sind weitgesteckt; er bezieht auch den Kontext mit ein. Sein zentraler Konflikt sind seine eigenen Maßstäbe, die ihm über den Kopf wachsen können, weil er diese als richtig ansieht und kaum infrage stellen kann und will. So sehe ich viele Menschen in der Effektiv-Phase, die an ihrer Suche nach einer Berufung fast zerbrechen, weil sie nicht denken können, „es geht auch ohne". Ähnlich ist es mit anderen Themen, die Menschen denken erreichen zu müssen, ohne dieses Streben grundlegend zu hinterfragen.

Menschen mit diesem Modus entwickeln sich gern weiter und sind dankbar für Feedback, das es ihnen ermöglicht, besser zu werden. Die Perspektive dieses Modus bezieht immer den Kontext mit ein. Im Effektiv-Modus erkennt man auch mehrere Kontexte. Die Annahme von Menschen in dieser Phase ist jedoch, dass sie mit ihren Maßstäben auf dem richtigen Weg sind, auch wenn sie andere Wege durchaus sehen und anerkennen. Im Weg steht dabei oft das große Verantwortungsbewusstsein – auch dafür, den eigenen Vorstellungen entsprechend zu leben, zu schalten und zu walten. Ein Effektiv-Modus-Mensch stößt an Grenzen, wenn er grundlegend neues Denken entwickeln muss, etwa in einer Veränderungssituation. Im besten Fall erkennt er, dass er hier Sparringspartner braucht.

Vielleicht helfen beim Auflösen allzu fester Vorstellungen folgende Fragen:

- Ist das wahr?
- Können Sie mit absoluter Sicherheit wissen, dass das wahr ist?
- Wie sähe Ihr Leben ohne diesen Gedanken aus?

▶ Personalentwicklung in der Effektiv-Phase: Sind Sie Führungskraft oder Personalverantwortlicher, fördern Sie die Sicht auf andere Perspektiven und konträre Ansätze. In dieser Phase geht es nicht mehr unbedingt um Weiterentwicklung, denn im Effektiv-Modus sind Menschen ja bei sich angekommen. Es ist eine Entscheidung, ob sie über die Grenze der Konventionalität hinaus wollen, denn dort verlieren sie auch ein Stück bisheriger Sicherheit. Die Welt wird komplexer, vielschichtiger. Dies kann man mit Menschen in dieser Phase offen reflektieren. So muss ein kaufmännischer Geschäftsführer nicht unbedingt flexibles Denken entwickeln, wohl aber ein CEO, der ein Unternehmen umbaut, oder ein Coach, der Menschen bei ihrer Selbstentwicklung hilft. Sie sollten sich also die Aufgaben desjenigen anschauen, um den es geht. Und den Menschen selbst einbeziehen, natürlich.

Die Herausforderung für Menschen in der Effektiv-Phase liegt darin, sich auf grundlegend anderes Denken einzulassen. Natürlich gibt es dabei auch eine lange Phase des Übergangs von einer Phase zur anderen. Menschen am Anfang der Effektiv-Phase werden noch sehr gern und oft nach bewährten Vorgehensweisen (Best Practice) und Anleitungen suchen. Menschen am Ende der Effektiv-Phase erkunden mehr, fragen mehr, werden aber immer noch die Neigung haben, diese Dinge auf etwas zusammenzuführen, was sie kennen. Im Flexibel-Modus kann eher etwas grundlegend Neues entstehen. Best Practice ist dann immer noch gut, man kann aber leichter von anderen lernen, ohne gleich alles abzulehnen (Delete) oder übertragen zu wollen (Enter), was typischer für frühere Phasen wäre.

Angemessene Maßnahmen für diese Menschen sind solche, die den Blick nach außen fördern, externe Anregung, neue Gedanken. Es kann wichtig sein zu lernen, loszulassen, darauf zu vertrauen, dass andere allein auch zum Ziel kommen oder dass Ziele ruhig flexibel sein dürfen.

Auch hier sind Einzelcoaching und Gruppenreflexion hilfreich. Die unterschiedlichen Anteile, die Menschen an- und umtreiben, auch bei Entscheidungen, kann man in dieser Phase gut mit Teilearbeit verdeutlichen, etwa mit dem „Modell des inneren Teams" nach Friedemann Schulz von Thun, das in fast jeder Coachingausbildung gelehrt wird. Dabei arbeitet man mit Persönlichkeitsanteilen in einem selbst.

Der Moderator sollte hier jemand in einer späteren Phase sein – das gilt generell für Moderationen solcher Prozesse.

2.3.11.5 Flexibel-Phase: Fragen und Zusammenbringen

Unternehmen Sie einen gedanklichen Streifzug durch Ihre Teams und Abteilungen: Wo sitzen Menschen, die originelle und ungewöhnliche Ideen haben, die viele Aspekte sehen, oft gerade solche, die andere nicht erkennen? Wo sehen Sie Menschen, die andere einbinden können und mit ganz vielen verschiedenen Personen auskommen? Menschen, die trichterförmig vorgehen, wenn sie Entscheidungen treffen, die unterschiedliche Menschen tangieren: erst Informationen sammeln, dann sortieren und schließlich zuspitzen.

Es kann auch sein, dass Sie in einem Unternehmen arbeiten, in dem solches Verhalten unerwünscht ist, weshalb sich diese Menschen gar nicht erst zeigen.

Fragen

Sie sind gefragt – denken Sie nach: Haben Sie diese Menschen in Ihrem Unternehmen? Woran erkennen Sie sie? Welches Verhalten beobachten Sie? Und welches Verhalten beobachten Sie NICHT? Spüren Sie bei sich selbst einen Aspekt der Flexibel-Phase? Wäre es hilfreich für Ihre Arbeit, diesen zu fördern und zur Blüte zu bringen? Oder ist es wichtig, dass Sie Ihr Gespür dafür schulen, um diese Menschen zu erkennen?

Diese Menschen haben verstanden, dass alles eine Frage der Perspektive ist. Auch die Haltung, die sie vorher hatten. Sie erkennen eine Sinnlosigkeit darin, zu versuchen, perfekte Selbstbestimmung zu leben, und begreifen unterschiedliche Wirklichkeiten. Deshalb können sie unterschiedlichste Perspektiven sehr gut verstehen und auch unterschiedliches Denken erfassen. Sich selbst überdenken sie auch immer wieder neu. Es fällt womöglich auf, dass sie niemals behaupten, immer schon so oder so gewesen zu sein, sondern dass sie sich als Prozess sehen. Prozessdenken zeigt sich auch anderswo, etwa bei der Entwicklung von Produkten oder Experimenten. Es fällt leichter, vom Wunsch nach einem fertigen Status oder einem endgültigen Ziel abzuweichen.

Sie haben erkannt, wie sehr sie Produkt unserer Kontexte und Beziehungen sind. Sie können deshalb vielfältige Rollen einnehmen und unterschiedliche Ebenen von Komplexität bewältigen. Sie können sich auch auf verschiedene Menschen einstellen und wirken vielleicht fast wie ein Chamäleon, weil sie sich auch unterschiedlich verhalten können. Sie haben insgesamt ein großes Verhaltensrepertoire.

Autoritäten sind für sie meist nicht von großer Bedeutung, jedenfalls nicht in einem hierarchischen Sinn, denn sie interessieren sich für Menschen. Sie können verschiedenste Perspektiven einnehmen und sehen nicht nur den Kontext, sondern immer mehr Aspekte, die in ihn hineinspielen. Höchstwahrscheinlich gibt es eine gewisse Spiritualität. Das Thema Sinn dürfte eine Rolle spielen und ganzheitlicher interpretiert werden als in früheren Phasen. Also nicht mehr nur als Sinn, eigene Stärken einzubringen, ökologische Produkte zu produzieren (oder „alles außer umweltschädlich" zu vertreten) oder sich selbst zu verwirklichen, sondern darüber hinausgehend.

▶ Personalentwicklung in der Flexibel-Phase: Menschen in dieser Phase sind ideale Coaches und Moderatoren, sofern die persönlichen Kompetenzen sich mit der Ich-Entwicklung verbünden. Sollen sie mehr in höhere Führungspositionen entwickelt werden, gilt es ihre Klarheit zu fördern. Bei aller Fähigkeit, Zusammenarbeit zu ermöglichen, wo ist ihre Vision? Wie bei Menschen in der Effektiv-Phase ist jetzt nicht mehr unbedingt Entwicklung in die nächste Phase ein Ziel, sondern die ganze Kraft und die Möglichkeiten dieser Phase zu nutzen und weiter auszuprägen.

2.3.11.6 Flexibel-Plus-Phase: Prägen und Verändern

Jetzt wird meine Aufforderung zum Streifzug schwieriger, da rein statistisch kaum Flexibel-Plus-Menschen in Ihrem Unternehmen arbeiten dürften. Erweitern Sie deshalb Ihre gedankliche Reise. Erinnern Sie sich an mein Beispiel von Sonia Sotomayor (Seite 62) oder auch Barack Obama – das könnten Personen mit Flexibel-Plus-Mindset sein. Dieses unterscheidet sich von Flexibel-Denken durch eine größere Klarheit, Prozesssicht, Verbindung vieler Aspekte, Komplexitätssicht. Diese Menschen haben tendenziell mehr „Influencer"-Verhalten, sie können andere eher mitnehmen durch ihre neuen Gedanken. Damit eignen sie sich besser als Visionäre, sind aber auch als Berater wertvoll – sofern Beratung sich nicht an strikten Methoden und Vorgehensweisen ausrichtet, das mögen sie weniger. Der Organisationsberater Edgar H. Schein geht mit seinen Ansätzen, etwa dem „Humble Consulting" [19], sehr in diese offenere Richtung.

Während Personalberater und Coaches recht gut aus einer Flexibel-Perspektive agieren können, profitieren Organisationsberater und Strategen sowie Veränderungsmanager sehr von Flexibel-Plus-Denken. Aber all das gilt natürlich nicht generell und für jeden in dieser Phase, denn Ich-Entwicklung ist nur ein Baustein von vielen. Sie moderiert die Art des Auftretens von anderen Fähigkeiten und Persönlichkeitseigenschaften, aber sie schafft sie nicht.

Fragen

Sie sind gefragt – denken Sie nach: Haben Sie diese Menschen in Ihrem Unternehmen? Woran erkennen Sie sie? Welches Verhalten beobachten Sie? Und welches Verhalten beobachten Sie NICHT? Spüren Sie bei sich selbst einen Aspekt der Flexibel-Plus-Phase? Wäre es hilfreich für Ihre Arbeit, diesen zu fördern und zur Blüte zu bringen? Oder ist es wichtig, Ihr Gespür dafür zu schulen, diese Menschen besser zu erkennen?

Ihre Verantwortlichkeit sehen Menschen in Flexibel-Plus darin, Prinzipien zu leben, die jenseits von Regeln oder Gesetzgebungen stehen, aber für sie Leitplanken bilden. Sie nehmen Prinzipien dabei nicht mehr einfach nur an, sondern können sie auch entwickeln und produzieren. Ihre Haltung ist dadurch klar, als Menschen sind sie oft ungewöhnlich.

Ihre Komplexität kann dazu führen, dass sie von anderen nicht mehr verstanden werden, jedenfalls nicht mehr in allen Facetten. Ihre verallgemeinernden Prinzipien können die Kraft entwickeln, sich über die Dinge zu stellen, sie bilden somit übergeordnete Wertmaßstäbe. Menschen im Flexibel-Plus-Modus sind damit besser als andere geeignet, Einfluss zu nehmen und Ideen auch auszugestalten. Da sie oft nicht mehr so im Vordergrund stehen und dominieren müssen, können sie gut Zusammenarbeit organisieren. Sie werden wahrscheinlich nicht diejenigen sein, die auf die Urheberschaft einer Idee pochen, sondern eher jene, die daran glauben, dass Ideen letztendlich mehrere Menschen brauchen, um sich weiterzuentwickeln.

Das damit einhergehende Helikopter-Denken hat Vorteile für die Unternehmensführung. Thomas Binder [8] benennt in seinem Buch Studien, die belegen, dass Postkonventionalität in weiteren Feldern von Vorteil ist:

- Manager auf späteren Entwicklungsstufen besitzen eine höhere Kompetenz für Strategie und Personalführung und legen auch ein effektiveres Entscheidungsverhalten an den Tag.
- Generell ermöglicht höhere Ich-Entwicklung ein besseres Verstehen von Emotionen, was z. B. positiv in der Beratung und im Coaching ist.
- Postkonventionelle Ich-Entwicklung sorgt für einen reiferen Ausdruck von Motiven. Macht wird beispielsweise verstanden als Einflussnahme, um Dinge zu verbessern – nicht als Dominanzgehabe.
- Postkonventionelle Ich-Entwicklung verschafft ein komplexeres Selbstbild und damit eine höhere Selbst- und Fremdentwicklungsfähigkeit.

Die Systemtheorie nach Niklas Luhmann, der Konstruktivismus, die Theorie U nach Claus Otto Scharmer – all das sind Produkte postkonventionellen Denkens. Doch erst im postkonventionellen Denken werden diese als eine Möglichkeit erkannt, die Welt zu verstehen und zu erklären, und nicht mehr als ultimative Wahrheit und Anwendungsmethode.

▶ Personalentwicklung in der Flexibel-Plus-Phase: Menschen in dieser Phase sind ideale höhere Führungskräfte und inspirierende Visionäre. Auch sie haben wie alle behindernde „Schatten", sind vielleicht noch nicht ganz in ihrer Kraft, könnten klarer kommunizieren, mitreißender sein, vielleicht auch einfacher. Ich beobachte das bei vielen Influencern, die oft einen naturwissenschaftlichen Hintergrund haben. Sie denken offensichtlich in Flexibel oder Flexibel-Plus, verlieren sich aber stellenweise in der Komplexität ihrer und anderer Modelle. Wichtig sind jetzt Reflexion und Anregung – und herausfordernde Aufgaben. Diese Menschen werden eher nicht in einem Unternehmen bleiben, wenn sie immer nur an Grenzen stoßen oder sich selbst nicht mehr entwickeln können. Auch der Umgang mit Personen in früheren Phasen kann sie schulen, denn diese zu erreichen und mitzunehmen, ist jetzt die eigentliche Kunst.

2.3.12 Entwicklungsinterview

Welche Entwicklungsstufe jemand einnimmt, lässt sich an verschiedenen Schlüsselthemen, vor allem Autorität, Konflikt, Perspektiven, Verantwortlichkeit und Grundannahmen (über die Welt, das Leben, den Sinn etc.), erfassen. Um das Mindset einer Person – sei es eines Bewerbers oder eines Mitarbeiters – zu ergründen, empfehle ich Personalverantwortlichen und Führungskräften, entwicklungsbezogene Interviews durchzuführen.

Der wichtigste Aspekt ist der Blickwinkel, den man selbst einnehmen kann. Man kann nur etwas sehen, was man selbst erkennt. Projektionen sind häufig, wenn Interviewer zu früh Reife erkennen, weil sie etwas von sich selbst im Gegenüber sehen. Das kann zu Entwicklungsoptimismus führen.

Das sogenannte „SOI-Interview" – „Subjekt-Objekt-Interview" – von Robert Kegan hilft bei der Einordnung. Es liefert ein Schema, anhand dessen sich Aussagen einordnen lassen.

Die folgende Tabelle habe ich an das Analyse-Blatt SOI von Robert Kegan angelehnt [20]. Die Kurzbeschreibungen darunter besagen, was jeweils unter Autorität, Konflikt, Perspektiven, Verantwortlichkeit und Annahmen zu verstehen ist. Achten Sie bei den Antworten auf die Struktur, nicht auf den Inhalt. Wenn jemand die Autorität der Fachkompetenz in den Mittelpunkt stellt, dann ist das dasselbe, als würde ein anderer der Autorität eines spirituellen Führers folgen. In beiden Fällen geschieht etwas „aufgrund von etwas"; es liegen keine eigenen Maßstäbe zugrunde.

Üben Sie zunächst mit Familie, Freunden und Vertrauten. Lesen Sie vertiefende Literatur oder besuchen Sie mein Seminar zum Thema (Psychologie für Coachs, mehr Infos www.svenja-hofert.de) oder unsere Ausbildung TeamsworksPLUS, in der ich dieses Thema aufgreife).

Bitte beachten Sie bei der Anwendung der Interviewformate:

- Ob man persönliche Entwicklung in diesem meinem Sinn als organisationales Thema begreift, ist eine Frage der Grundannahmen und Prinzipien. Personalentwicklung ist bisher anders ausgerichtet, bezieht sich auf die Entwicklung von fachlichen, methodischen und personal-sozialen Kompetenzen. Geht man weiter, wird es immer persönlicher: Die wirklichen Entwicklungshemmnisse von Menschen liegen nicht selten tief in der Familiengeschichte. Das lässt sich nicht „aufschulen", das berührt die Grenze zur Therapie und muss ganzheitlich sein, also nie nur berufsbezogen. Robert Kegan beschreibt in seinem neuesten Buch mit Lisa Lahey [20] die Deliberately Developmental Organizations. Was da passiert, ist sehr persönlich. Das muss man wollen und die Konsequenzen bedenken.
- Definieren Sie, welches Denken eine bestimmte Aufgabe erfordert.
- Entwicklung tangiert viele Lebensbereiche. Wenn Sie einer Führungskraft zu einem anderen Denken „verhelfen", so kann das diese auch in anderen Lebensbereichen destabilisieren, da bisher sicher geglaubtes Terrain verloren gehen kann. Das kann Folgen haben: Jemand, der erstmals andere Perspektiven erkennt, entwickelt sich z. B. auch vom Partner weg, sodass eine Ehe in Gefahr gerät. Auch Freundschaften können zerbrechen, wenn sich einer entwickelt. Mitarbeiter können kündigen ... Der Nebeneffekt kann schließlich auch sein, dass jemand merkt, dass er sich mit seiner Aufgabe nicht mehr identifiziert. Das muss man als generelles Risiko thematisieren und das muss ein Mitarbeiter (Coachee) wollen.
- Wenn Sie Arbeitshypothesen erstellen über eine Phase, in der sich jemand befindet, so behalten Sie diese nur einen Tag. Danach wieder neu nachdenken. Suchen Sie nach Indizien, die Sie widerlegen, nie nach Bestätigung.
- Sie müssen auffangen können, was auch immer Sie anstoßen. Beim Hauch eines Zweifels, lassen Sie es und nutzen Sie das Folgende lieber erst einmal für sich selbst.

Wie gehen Sie vor? Erklären Sie das Modell und den Grund, warum Sie es anwenden: „Ich möchte Ihre Denk- und Handlungslogik besser verstehen. Das kann uns helfen, Sie zielgerichteter einzusetzen als bisher" wäre eine mögliche Moderation.

Fragen, die Sie dann stellen können:

- Was verstehen Sie unter Autorität? Wer ist für Sie eine Autorität und warum?
- Schildern Sie einmal einen Konflikt, der Sie sehr bewegt hat.
- Wenn Sie könnten, wie und nach welchen Kriterien würden Sie das Zusammenleben von Menschen neu ordnen?
- Was ist für Sie Verantwortung?
- Was ist für Sie Wahrheit?
- Was ist Sinn für Sie?

Machen Sie sich Gesprächsnotizen, und untersuchen Sie die Antworten nach dem phasenspezifischen Verständnis von Autorität, Konflikt, Perspektiven, Verantwortlichkeit, Grundannahmen. Sie können auch selbst zuordnen lassen, wenn Sie das Modell zuvor einführen, etwa in einem Workshop. Dann nutzen Sie das folgende Analyseblatt für Partnerinterviews.

Das Analyse-Blatt (Tab. 2.4) ist angelehnt an Robert Kegan, aber erweitert. In Tab. 2.5 und 2.6 erhalten Sie Beispielantworten, die ich selbst konstruiert habe.

Tab. 2.4 Analyseblatt für ein Gespräch

Schlüsselthemen	Was ist ein strukturelles Indiz (kein Inhalt!)? Welche andere Phase könnte es sein?	Was ist die wahrscheinliche Phase? Also: Wir-Phase. Richtig-Phase. Effektiv-Phase. Flexibel-Phase.
Umgang mit Autorität		
Umgang mit Konflikten		
Einnahme von Perspektiven (Gruppe, Kontext, Situation, Gesellschaft)		
Verantwortlichkeit (gegenüber mir, den anderen, der Gesellschaft)		
Grundannahmen (über die Welt, das Leben, Menschen …)		

Tab. 2.5 Beispiel 1 für die Analyse eines Gesprächs

Beispielantworten 1		
Schlüsselthemen	Wir-Phase. Richtig-Phase. Effektiv-Phase. Flexibel-Phase. Was ist ein strukturelles Indiz (kein Inhalt!)?	Welche andere Phase könnte es sein? Was ist die wahrscheinliche Phase?
Autorität	Die Autorität hat derjenige mit der größten Fachkompetenz	Richtig-Phase, da nur eine Möglichkeit zugelassen wird. Wir-Phase, sofern im weiteren Verlauf eher Regeln betont und auf das Verhalten fokussiert wird. Jede andere Phase, sofern im Weiteren z. B. relativiert wird
Konflikt	Die Kollegin hat einfach eine Mail von mir gelöscht	Wir-Phase, da Verhalten im Mittelpunkt steht und Regelverletzung. Jede andere Phase, wenn im Folgenden Bedürfnisse, Motivationen und Kontextaspekte zum Ausdruck kommen
Perspektiven	Sie beachtet mich nicht	Wir-Phase, da ich auf den anderen blicke, ohne seine Perspektive zu integrieren. Jede andere Phase, wenn im Folgenden Situation, Kontext, Motivation zum Ausdruck kommen
Verantwortlichkeit	Sie hat mir die Arbeit einfach aufgehalst	Wir-Phase, da ohne Grenzziehung um sich. Verhalten wird bewertet, Verantwortung für die Gruppe wird übernommen. Jede andere Phase, wenn im Folgenden Situation, Kontext, Motivation zum Ausdruck kommen
Grundannahmen	Man muss für seine Familie sorgen	Wir-Phase, da es nur diese Annahme gibt und diese zudem absolut ist

Tab. 2.6 Beispiel 2 für die Analyse eines Gesprächs

Beispielantworten 2

Schlüsselthemen	Wir-Phase. Richtig-Phase. Effektiv-Phase. Flexibel-Phase. Was ist ein strukturelles Indiz (kein Inhalt!)?	Welche andere Phase könnte es sein? Was ist die wahrscheinliche Phase?
Autorität	Es gibt für mich keine Autoritäten in diesem Sinn, ich respektiere und mag Menschen, die einen eigenen Standpunkt und Visionen haben	Ab Effektiv-Phase
Konflikt	Manchmal merke ich, dass Dinge einfach nicht zu vereinbaren sind. Es ist dann eine Herausforderung, das jenen Mitarbeitern deutlich zu machen, die unbedingt eine Lösung wollen	Flexibel-Phase
Perspektiven	Man sollte unterschiedliche Personen dazu befragen. Ich würde auch gern jemanden haben, der die Position eines Advocatus Diaboli einnehmen kann	Ab Effektiv-Phase
Verantwortlichkeit	Für mich steht soziale Verantwortlichkeit absolut im Mittelpunkt. Das binde ich in mein Denken jederzeit ein. Manchmal stoße ich an eigene Grenzen, wenn ich etwa verschiedene Interessen abwägen muss	Ab Effektiv-Phase
Grundannahmen	Wenn Sie mich so fragen: Glück ist für mich der Maßstab. Für mich steht das glückliche Leben aller Menschen im Vordergrund. Dafür will ich mich mit meiner Arbeit einsetzen	Ab Effektiv-Phase

2.3.13 Interventionen für verschiedene Entwicklungsstufen

Viele Jahre habe ich intuitiv etwas richtig gemacht: Ich bin immer unterschiedlich vorgegangen. Ich habe mal mit dem „inneren Team" nach Friedemann Schulz von Thun gearbeitet und mal philosophische Gespräche geführt. Ich habe Zielvereinbarungen weggelassen und habe mal mehr den Sozialarbeiter, mal mehr den Motivator und dann wieder den Berater rausgekehrt.

Ich war aber nie ganz sicher, ob das so alles richtig ist, was mir meine Intuition da sagt. Das Ich-Entwicklungsmodell hat mir die Theorie zu meinem praktischen Verhalten geliefert. Dafür bin ich dankbar. Ich weiß, es geht vielen so, die die Ich-Entwicklung nach vielen Jahren Praxiserfahrung entdeckten.

Jede Phase hat ihre eigenen Themen und Sichtweisen auf sich selbst. Daraus ergibt sich, dass jede Phase auch eigene Interventionen hat, die für die Entwicklung hilfreich sind. Ich habe das bereits in den jeweiligen Abschnitten mit Fokus auf die Personalentwicklung beschrieben. Für Menschen in der Effektiv-Phase kann beispielsweise die Aufstellung eines inneren Teams hilfreich sein, weil einem die verschiedenen Anteile, die in einem wirken, dadurch bewusst werden.

Für einen Menschen in der Richtig-Phase ist es hilfreich, sich eigener Bedürfnisse bewusst zu werden, also die Wahrnehmung zu fördern: Was spüre ich, wenn ich mit einer Situation konfrontiert bin?

Als Anregung möchte ich Ihnen aber eine kleine Interventionstabelle geben, mit der Sie eine Idee von den unterschiedlichen Herangehensweisen bekommen. Bedenken Sie bitte, dass jede Stufe einen riesigen Facettenreichtum hat und innerhalb der einzelnen Stufen erhebliches Entwicklungspotenzial steckt. Es geht also nicht notwendigerweise darum, Menschen in eine höhere Stufe zu befördern, sondern oft auch nur innerhalb „ihrer" Stufe zu stärken.

Als Führungskraft und Personalentwickler ist es weiterhin Ihre Grundsatzentscheidung, ob Sie überhaupt aktiv in diese Thematik „eingreifen". Es könnte ausreichen, sich bewusst zu machen, wen Sie vor sich haben. Die Entscheidung, Menschen zu entwickeln, ist sehr grundsätzlich. Über Robert Kegans Modell der „DDOs" (Deliberately Developmental Organizations) habe ich bereits geschrieben [20]. Durch konsequentes Feedback und permanente Selbstreflexion entwickeln sich Menschen in DDOs weiter. Das ist eine Grundsatzfrage – sehe ich mich als Unternehmen in dieser Verpflichtung? Oder möchte ich nur die passenden Mitarbeiter auswählen? Ich kann Ihnen diese Entscheidung nicht abnehmen. Es ist aus meiner Sicht ebenso legitim, mit „Nein" wie auch mit „Ja" zu antworten. Es kann nur sein, dass Ihnen nichts anderes übrig bleibt, als auf Entwicklung zu setzen, weil Ihnen die Digitalisierung zu sehr im Nacken sitzt. Und sie nur eine Chance sehen, da sie Ihre Mitarbeiter nicht alle raussetzen können: diese zu entwickeln. Und wenn wir es einmal so betrachten: Auch die Anpassung an unternehmerische Gegebenheiten ist Entwicklung – nur subtil und weniger offensiv. Die Tab. 2.7 zeigt, welche Herangehensweisen in Coaching und Beratung in den einzelnen Phasen sinnvoll sind.

2.4 Spiral Dynamics

Die Ich-Entwicklung zeigt auf der individuellen Ebene, wie sich die Denk- und Handlungslogik ändert. Auf einer übergeordneten Ebene liefert Spiral Dynamics® dazu passenden Werte. Es beschreibt eine ähnliche Entwicklung auf der Ebene von Unternehmen, Kulturen und Gesellschaften. Auch diese haben eine innere Logik, der sie folgen. Sogenannte „Meme", die Kulturvariante der Gene, treiben Entwicklung dabei an.

Das Modell geht zurück auf Clare W. Graves [4], der ein Studienkollege von Abraham Maslow war. Clare W. Graves behauptet, dass Menschen als Reaktion auf sich verändernde äußere Reize neu auftretende existenzielle Probleme lösen können. Sie bilden dazu neue Denk- und Verhaltensweisen aus, die sich sozial verankern und immer weiter ausbreiten. Das ist ähnlich wie bei der Ich-Entwicklung, auch diese wird ja letztendlich gesellschaftlich befördert oder gebremst. So zeigt sich Fortschritt. Doch nicht nur Weiterentwicklung, auch Rückschritt ist auf den einzelnen Ebenen in seinem Modell möglich.

Durch Clare W. Graves Theorie ließen sich Christopher Cowan und Don Beck [21] inspirieren und nutzten sie als Basis für ihr Buch „Spiral Dynamics". Sie übersetzten Clare W. Graves komplexes Modell in eine einfache farbige Spirale. Die Ebenen wurden damit in Farben übersetzt, was die Wahrnehmung stark erleichterte.

Sowohl Clare W. Graves Theorie als auch Christopher Cowans und Don Becks Modell beeinflussten den amerikanischen Philosophen Ken Wilber, der seine „Integrale Theorie" daraus entwickelte [22]. Ken Wilber ist einem Teil der Coachingszene bekannt, er ist so etwas wie der intellektuell-spirituelle Vordenker der sogenannten integralen Szene.

Spiral Dynamics stützt sich auf die Annahme, dass der Mensch über eine komplexe, anpassungsfähige, kontextabhängige Intelligenz verfügt. Danach verläuft die menschliche Entwicklung durch derzeit neun Stufen oder auch Levels, die sich auf Persönlichkeit, Gruppen, Organisationen und auch Gesellschaften beziehen. Die Levels spiegeln Bewusstseinszustände und Wertesysteme. Das Modell ist anders als das von Loevinger, nicht empirisch.

Tab. 2.7 Tools und Methoden für unterschiedliche Entwicklungsphasen

Stufe	Arbeit einzeln (Coaching)	Gruppen	Entwicklungs-Intervention	Tests	To do (einzeln UND Gruppe)
Ego-Phase (E3)	Führendes Beraten	Regeln verdeutlichen, Anpassung fördern	Kontrolle, Bewusstmachen, dass gesellschaftliche Regeln gelten	DISG®	Zielvereinbarung, Regeln vereinbaren, Kontrolle
Wir-Phase (E4)	Fürsorgliches Beraten	Gemeinsam neues Verhalten lernen	Selbstwert fördern, eigenen Charakter und Individualität herausarbeiten, Arbeit mit Stärken	DISG®	Vereinbarung von gemeinsamen Regeln, Arbeit mit Stärken, Übung/Training, einfache Coachingansätze wie Lösungsorientierung
Richtig-Phase (E5)	Experten-Beratung, Diagnose und Lösung, Üben, Rollenspiel	Üben und Rollenspiele, Action Learning	Selbstlösungskompetenz fördern, Bedürfnisse bewusst machen	MBTI®, Motive	Vereinbarung von Regeln und kurzfristigen Zielen, einfache Coachingansätze wie Lösungsorientierung, Transaktionsanalyse, inneres Team, inneres Kind (Glaubenssätze)

(Fortsetzung)

Tab. 2.7 (Fortsetzung)

Stufe	Arbeit einzeln (Coaching)	Gruppen	Entwicklungs-Intervention	Tests	To do (einzeln UND Gruppe)
Effektiv-Phase (E6)	Business Coaching, Counseling	Zweifel an der eigenen Sichtweise einbringen, Konfrontieren	Eigene Werte, Ziele und Positionen stärken, Kontextblick erhöhen, externe Perspektive einbringen, raus in andere Firmen!	Motive in dialektischer Sicht (ich brauche die andere Seite), IE-Profil®	Neben der Ziele- auch Visionsarbeit, Teilearbeit (Inneres Team), Transaktionsanalyse, Inneres Team, inneres Kind (Glaubenssätze)
Flexibel-Phase (E7)	Sparring, assoziatives Coaching, philosophischer Dialog	Prinzipien entwickeln, Reflexion auf höherer Ebene (Sinnfragen)	Den Blick für unterschiedliche Perspektiven schärfen und den Kontextblick noch weiter fassen; am Übergang zu E8 übergeordnete Prinzipien und das „Eigene" stärken	IE-Profil®	Je weiterentwickelt, desto geringer sollte der Methoden- und Tooleinsatz sein, komplexere und philosophische und psychologische Gedanken sind willkommen, Arbeit mit Werten, Sinnfrage erörtern
Flexibel- Plus-Phase (E8)	Sparring, epistemologische Ansätze	Sinnfrage stellen	Entwicklungsunterstützung, Stärkung der kommunikativen Kompetenzen (Vision!). Coach dieser Person muss selbst auf dieser Stufe sein oder höher	–	Siehe oben

Visualisiert wird Spiral Dynamics in einer nach oben offenen, farbigen Spirale, die diese stetige Weiterentwicklung des Wertesystems spiegelt – auf personaler Ebene, aber auch auf der Ebene von Organisationen und Gesellschaften. Das bedeutet, dass die Entwicklung nie zu Ende ist. Ein weiterer Gedanke ist, dass diese sich immer wiederholt – und zwar auf einer höheren Ebene als zuvor. Das nennt Spiral Dynamics first und second tier, also erster und zweiter Rang. Im ersten Rang sehen Menschen, Gesellschaften, Unternehmen, Kulturen noch nicht, dass sie „Meme" unterschiedlicher Phasen integrieren müssen. Im zweiten Rang nimmt die Komplexität zu. Die gelbe Ebene der Spiral Dynamics integriert alle vorherigen Level und definiert das erste Level auf einer höheren Ebene neu. Die gelbe Ebene ähnelt Jane Loevingers E7.

Die rote Ebene erinnert an Jane Loevingers E3: Der Impuls führt die Handlung, die Logik ist, dass „der Stärkere gewinnt". Die blaue Ebene erinnert an eine kombinierte E4 und E5: Hier stehen Zugehörigkeit und Regeln im Mittelpunkt. Die orange und grüne Ebene repräsentiert die zwei Seiten von E6 (in jeweils gegensätzlichen Ausprägungen, einmal wird Leistung der Einzelperson betont, einmal Leistung des Teams). E8 ist am ehesten türkis (oder der „Alchemist" bei William Torbert [11]). Auch der Autor Frédéric Laloux, der mit „Reinventing Organizations" [23] die Hymne der New-Work-Bewegung verfasst hat, beruft sich auf das Modell. Fortschrittliche Unternehmen sind bei ihm „teal".

Das Modell wird interessant, wenn man es zusammen mit der Ich-Entwicklung denkt und dabei die Unterschiede in Mindset und Werten betrachtet. So bilden sich die Loevinger-Stufen mit einigen Unterschieden auf den ersten Blick darin ab – die „grüne" und „orange" Phase spiegeln im Grunde zwei Ausrichtungen. Die eine ist mehr Ich-, die andere mehr Wir-orientiert, doch beide sind letztendlich Effektiv-Phasen (E6). Andererseits werden Unterschiede deutlich: Menschen können mit einem Denken aus der E4- und E5-Phase grüne und gelbe Werte verfolgen, werden diese dann aber „absolut" bis dogmatisch handhaben.

These: Die Arbeitswelt der Zukunft braucht mehr postkonventionelles Denken

In diesem Kapitel habe ich die Ich-Entwicklung erklärt und dabei das Modell von Jane Loevinger in den Fokus genommen. Dieses zeigt, wie menschliche Denk- und Handlungslogik sich in einer nachvollziehbaren Regelmäßigkeit entwickelt. Sie stellt deshalb eine unmittelbare Verbindung zum Mindset her.

Meine These ist, dass in der neuen und veränderten Arbeitswelt ein Denken in E6 vorausgesetzt wird und Menschen sich dahin entwickeln müssen, wenn sie selbst organisiert arbeiten sollen. Ich glaube, dass postkonventionelles Denken an vielen Schlüsselpositionen hilfreich ist und die Herausforderungen der Zukunft mit diesem Denken leichter bewältigt werden können.

Solches Denken entsteht nicht in Zwei-Tages-Kursen, sondern erfordert einen langen Atem. Es kann wesentlich durch ein offenes und Reflexion förderndes Bildungssystem bzw. durch entsprechende Schulen und Universitäten gefördert werden. Doch auch Unternehmen können dieses Denken fördern, indem sie auf Reflexion und langfristige Führungsentwicklung setzen – und Rahmenbedingungen für die Akzeptanz postkonventionellen Denkens schaffen.

In den nächsten Kapiteln werde ich öfter von „flexiblem" Mindset sprechen und meine damit Menschen, die mindestens in der Flexibel-Phase angekommen sind.

2.5 Entwicklungsbezogenes Führungsinterview

Je früher die Entwicklung, desto mehr suchen Menschen Vorgaben, die Fragen sind eher auf „Wie mache ich?" ausgerichtet. Je später die Entwicklung, desto eher werden Menschen sich erst einmal selbst ein Bild von etwas machen und möglichst viele Informationen einholen wollen. Die Bereitschaft, Verantwortung für sich und andere zu übernehmen, ist größer. Ein Mensch im Ego-Modus handelt nach eigenem Gutdünken, im Wir-Modus fragt er danach, was wie zu tun ist. Im Richtig-Modus möchte er die eigenen Vorstellungen einbringen. Im Effektiv-Modus dagegen stehen Ziele im Vordergrund. Jemand würde also eher hinterfragen, was erreicht werden soll. Im Flexibel-Modus machen sich Menschen zunächst einmal selbst ein Bild und finden dann Vorgehensweisen, die dem Kontext und der Situation entsprechen.

Im Folgenden erhalten Sie einige beispielhafte Fragen, die sich speziell auf die Führung beziehen. Es handelt sich dabei um eine gekürzte Version eines von mir entwickelten Fragebogens, den Sie vollständig unter www.teamworks-gmbh. de/agile-toolbox herunterladen können. Diese Fragenbogen können Sie zusätzlich oder statt des Interviews auf den nächsten Seiten nutzen. Er ist konkreter und weniger grundsätzlich, also eher für den Organisationskontext geeignet.

Wofür lohnt es sich zu streiten? Schildern Sie einmal einen Konflikt: Was haben Sie dabei wahrgenommen? Wie haben Sie sich verhalten? Wie hätten Sie sich verhalten, wenn Sie Ihren Bedürfnissen gefolgt wären?
Je früher die Entwicklung, desto eher ist ein Konflikt mit Siegen und Gewinnen verbunden. Je später die Entwicklung, desto eher können Widersprüche als manchmal unauflösbar akzeptiert werden. Konflikte sind für Menschen in der Ego-Phase Gelegenheiten zum Siegen oder Verlieren. Im Wir-Modus ist der Konflikt unbeliebt, vor allem in der eigenen Gruppe wird lieber unter den Teppich

gekehrt. Im Richtig-Modus kann es dieses Verhalten auch noch geben, inhaltlich-sachliche Auseinandersetzungen werden aber eher begrüßt. Meist mögen Menschen in der Richtig-Phase keine Unternehmenspolitik, da sie diese als unsachlich wahrnehmen. In der Effektiv-Phase ist der Blick auf das Ziel gerichtet und Konflikte werden vor allem konstruktiv gelöst. In der Flexibel-Phase sind Konflikte notwendig und wichtig für die Weiterentwicklung. Das Bestreben dürfte sein, diese respektvoll auszutragen, aber ohne dabei um jeden Preis zu einer Wahrheit (Lösung) zu kommen. Es geht z. B. eher darum, „im Moment die beste Lösung, die wir haben", zu finden.

Wann sind Sie einmal kritisiert worden? Was war das für eine Situation? Was hat das bei Ihnen ausgelöst? Geben Sie selbst Feedback? Wie genau sieht das aus? Was empfinden Sie dabei?
Je früher die Entwicklung, desto mehr erschüttert Kritik und wird vermieden. Das heißt, auch in einem Interview wird eher nicht darüber gesprochen.

Je später die Entwicklung, desto weniger erschüttert sie, und desto mehr wird Kritik als Chance begriffen, neue Perspektiven zu gewinnen und dazuzulernen. In der Ego-Phase wird Kritik als Kampfansage bewertet. In der Wir-Phase ist Kritik verstörend, da sie das Signal „Du bist falsch" setzt. In der Richtig-Phase wird sachliche Kritik akzeptiert, wenn sie von kompetenten Personen kommt. In der Effektiv-Phase beginnen Menschen Kritik als Feedback zu begreifen und wollen daraus lernen. In der Flexibel-Phase wird Feedback aktiv gesucht und kritisches Feedback offen und ohne Scham reflektiert. Rechtfertigungen gibt es nicht mehr oder kaum noch. Man gesteht problemlos ein, Fehler gemacht zu haben.

Wann haben Sie einem anderen Menschen einmal ein Feedback gegeben, ein kritisches oder lobendes? Wie oft geben Sie Feedback? In welchen Situationen geben Sie Feedback?
Je früher die Entwicklung, desto eher werden Menschen Details und Einzelaspekte sehen und beurteilen. Feedback ist auch ein Urteil. Je später die Entwicklung, desto eher werden Menschen den größeren Kontext sehen und unterschiedliche Aspekte verbinden. Im Ego-Modus dient Feedback dem Selbstzweck („Lob nützt mir"). Im Wir-Modus wird wenig Feedback gegeben – und wenn doch, dann bezieht sich dieses eher auf Verhalten („gut gemacht"). Im Richtig-Modus wird Feedback vor allem zu inhaltlichen Aspekten und Details gegeben. Erkennbar ist hier, dass ein „So ist es richtig" oder „So ist es falsch" angenommen wird.

Im Effektiv-Modus ist Feedback konstruktiv und kontextbezogen. Im Flexibel-Modus ist Feedback komplex, offen und von dem Wunsch, anderen weiterzuhelfen, geprägt.

Wann haben Sie sich zuletzt selbst hinterfragt? Was hat das ausgelöst? Gibt es Dinge, die Sie grundsätzlich hinterfragen würden? Von welchen Grundannahmen des Lebens gehen Sie aus? Woran erkennen Sie, dass diese richtig sind?

Je früher die Entwicklungsphase, desto weniger selbst reflektiert ist der Mensch, je später, desto selbstreflektierter. Reflexion wird immer psychologischer und auf das Zusammenspiel mit anderen ausgerichtet sein. Ein Mensch in der Ego-Phase reflektiert nicht oder wenig. Ein Mensch in der Wir-Phase reflektiert über das, was ihn zugehörig macht, und sein Verhalten. Ein Mensch in der Richtig-Phase reflektiert zusätzlich auch über das, was er lernen muss, um „richtig" zu werden.

Ein Mensch in der Effektiv-Phase reflektiert komplexer, über Lebensziele, Sinn, Motivationen. Ein Mensch in der Flexibel-Phase möchte sich entwickeln und seine Selbstsicht immer wieder aktualisieren und erneuern – das ist sein Reflexionsfeld.

Wie treffen Sie Entscheidungen? Was/wen beziehen Sie bei Entscheidungen ein? Stellen Sie sich eine Situation vor, in der Sie etwas entscheiden mussten. Wie sind Sie dabei vorgegangen?

Je früher die Entwicklung, desto eher wird aus dem „Bauch" heraus entschieden oder an Regeln ausgerichtet. Je später die Entwicklung, desto mehr spielen Kriterien und später Prinzipien eine Rolle.

Im Ego-Modus werden Entscheidungen einfach getroffen. Im Wir-Modus werden Entscheidungen gern als Konsens verstanden, die Mehrheitsmeinung zählt. Im Richtig-Modus sind die fachliche Begründung und Pro/Kontra wichtig. Im Effektiv-Modus werden die übergeordneten Ziele betont und der Nutzen. Im Flexibel-Modus liegen den Entscheidungen oft umfangreiche Recherchen und Analysen zugrunde. Flexible machen ihre Entscheidungskriterien oder -prinzipien transparent.

Literatur

1. Kohlberg, Lawrence. 1996. *Die Psychologie der Moralentwicklung.* Berlin: Suhrkamp.
2. Kegan, Robert, und Detlev Garz. 1984. *Entwicklungsstufen des Selbst,* 3. Aufl. München: Kindt.
3. Maslow, Abraham H. 1943. A theory of human motivation. *Psychological Review* 50:370–396.
4. Krumm, Rainer. 2015. *Clare W. Graves. Sein Leben, sein Werk. Die Theorie menschlicher Entwicklung.* Mittenaar-Bicken: werdewelt.
5. Xenophon. 1999. *Anabasis.* Ditzingen: Reclam.

6. Roth, Gerhard, und Alica Ryba. 2017. *Coaching, Beratung und Gehirn*. Stuttgart: Klett-Cotta.

7. Hofert, Svenja. 2017. *Psychologie für Berater, Coachs und Personalentwickler*. Weinheim: Beltz.

8. Binder, Thomas. 2016. *Ich-Entwicklung für effektives Beraten*. Göttingen: Vandenhoeck & Ruprecht.

9. Cain, Susan. 2013. *Still. Die Kraft der Introvertierten*. München: Goldmann (Erstveröffentlichung 2011).

10. Hofert, Svenja. 2016. *Was sind meine Stärken*. Offenbach: GABAL.

11. Torbert, William, und David Rooke. 2005. Seven transformations of leadership. HBM. org. Zugegriffen: 30. Juni 2017.

12. Torbert, William. 2004. *Action inquiry. The secret of timely and transforming leadership*. Ort unbekannt: UK professional Business Management.

13. Torbert, William, und David Rooke. 1998. Organizational transformation as a function of CEO's developmental stage. *Organizational Development Journal* 16 (1): 11–28.

14. Bushe, Gervase R., und Barrie W. Gibbs. 1990. Predicting organization development consulting competence from the Myers-Briggs type indicator and stage of ego development. *The Journal of Applied Behavioral Science* 26 (3): 337–357.

15. Kamal, Ahmad. 2017. BBC News: Zuckerberg: My Facebook manifesto to re-boot globalization. http://www.bbc.com/news/business-38998884 (18.02.2017). Zugegriffen: 29. Juni 2017.

16. Sotomayor, Sonia. 2013. *My beloved world*. New York: Vintage.

17. Bahners, Patrick. 2014. So erfüllte sich mein amerikanischer Traum. Ein Gespräch mit Sonia Sotomayor. http://www.faz.net/aktuell/feuilleton/ein-gespraech-mit-sonia-sotomayor-so-erfuellte-sich-mein-amerikanischer-traum-12924262.html (05.05.2014). Zugegriffen: 29. Juni 2017.

18. Hofert, Svenja. 2017. *Hört auf zu coachen*. München: Kösel.

19. Schein, Edgar H. 2016. *Humble consuting*. New York: McGraw Hill.

20. Kegan, Robert, und Laskow Lahey Lisa. 2016. *An everyone culture. Becoming a deliberately developmental organization*. Brighton: Harvard Business Review Press.

21. Beck, Don E., und Christopher C. Cowan. 2007. *Spiral Dynamics – Leadership, Werte und Wandel: Eine Landkarte für das Business, Politik und Gesellschaft im 21. Jahrhundert*. Bielefeld: Kamphausen Mediengruppe.

22. Wilber, Ken. 2008. *Wege zum Selbst: Östliche und westliche Ansätze zu persönlichem Wachstum*. München: Goldmann.

23. Laloux, Frédéric. 2016. *Reinventing organizations*. München: Vahlen.

24. Bergmann, Frithjof. 2004. *Neue Arbeit, neue Kultur*. Freiburg: Arbor.

26. Dweck, Carol S. 1999. *Self-theories: Their role in motivation, personality and development*. Philadelphia: Psychology.

27. Dweck, Carol S. 2006. *Mindset: The new psychology of success*. New York: Random House.

28. Dweck, Carol S. 2012. *Mindset: How you can fulfill your potential*. London: Constable & Robinson Limited.

29. Edelstein, Wolfgang. 2001. *Moralische Erziehung in der Schule. Entwicklungspsychologie und moralische Praxis*. Weinheim: Beltz.

30. Garz, Detlev. 2008. *Sozialpsychologische Entwicklungstheorien. Von Mead, Piaget, Kohlberg bis zur Gegenwart*. Wiesbaden: VS Verlag.
31. Laske, Otto. 2010. *Potenziale in Menschen erkennen, wecken und messen: Handbuch der entwicklungsorientierten Beratung*. Gloucester: IDM Press.
32. Loevinger, Jane. 1976. *Ego development*. San Francisco: Jossy Bass.
33. Loevinger, Jane. 1998. *Technical foundations for measuring ego development: Washington university sentence completion test*. New Jersey: Lawrence Erlbaum Associates.
34. Torbert, William, David Rooke, und Dalmar Fiser. 2000. *Personal and Organizational Transformation Through Action Inquiry (Harthwill Group)*. Boston: Edge/Work.
35. Väth, Markus. 2016. *Arbeit – Die schönste Nebensache der Welt*. Offenbach: GABAL.

Weiterführende Literatur

36. Dethloff, Conny: Alle reden über das Mindset. Im Blog Unternehmensdemokraten. http://www.unternehmensdemokraten.de/alle-reden-ueber-die-wichtigkeit-von-mindset-wie-aber-aendern/. Zugegriffen: 24. Juli 2017.

Wie Führung zu neuem Denken leitet

3

Wer, wenn nicht eine Führungskraft, kann das in den vorherigen Kapiteln beschriebene Denken entwickeln? Ein guter Chef ist wie ein guter Lehrer – man vergisst ihn oder sie nicht, weil er oder sie prägend ist. Und wenn Sie sich Ihre eigenen guten Lehrer und Chefs vor Augen führen, so ist es ziemlich sicher deren Mindset, das „anders" war als das der weniger prägenden Charaktere. Weil Führung so eng mit der Entwicklung von Menschen zusammenhängt und Führung ja unser Thema ist, steht diese in den nächsten Seiten im Mittelpunkt – immer mit dem Blick auf die Frage, was eine Führung leisten muss, um andere Menschen zu entwickeln und positiv auf das Mindset zu wirken. Und wie wir im letzten Kapitel gesehen haben, meint positiv: flexibilisierend, dabei aber Klarheit fördernd.

Führung ist in modernen Definitionen nicht an Hierarchie im Sinne einer Rangordnung gekoppelt. Wenn Führung das Bestimmen der Richtung von Bewegung und wirksame Einflussnahme in kritischen Situationen ist, bedeutet das: Fast jeder muss täglich führen.

Dabei gibt es vier Führungsrichtungen, die jedes Unternehmen braucht: von oben, von der Seite (lateral), von unten und aus der Mitte. Aus der Mitte ist Selbstführung. Hier liegt der zentrale Dreh- und Angelpunkt für die (Selbst-)Entwicklung von Menschen. Selbstführungskompetenz zieht sich über vier Ebenen der Entwicklung, die ich später beschreibe.

Nur ein Mensch, der sich selbst führen kann, ist in der Lage, Verantwortung zu übernehmen und auch andere zu führen. Nicht nur in High-Performance-Teams sollte jeder fähig sein, auf die anderen mit Blick auf das gemeinsame Ziel einzuwirken. Agilität verlangt ein Mindset, das die Fähigkeit zur Führung beinhalten muss, und am Anfang steht immer die Selbstführung. Wie spielen Führung

© Springer Fachmedien Wiesbaden GmbH 2018
S. Hofert, *Das agile Mindset*,
https://doi.org/10.1007/978-3-658-19447-5_3

95

und Entwicklung zusammen? Das Kapitel liefert einen Einblick in systemische Grundlagen, einen Einblick, wie sich Führungsprinzipien im Zeitalter der Agilität neu gestalten, und Ansätze zur Analyse der Führung im eigenen Unternehmen. Die Ergebnisse unserer Studie „Führungswerte in agilen Zeiten", die wir hier publizieren, zeigen Unternehmen, wo sie hinschauen und aufsetzen können.

Die Arbeitswelt verändert sich schnell, in einigen Bereichen noch schneller als in anderen. „New Work" zieht als neue Idee durch viele Veranstaltungen und Köpfe. Dahinter steckt, wie schon beschrieben, die Idee des Philosophen Frithjof Bergmann und die Grundidee einer humanistisch geprägten Arbeitswelt. In dieser Arbeitswelt geht es nicht darum, in Abhängigkeit Geld zu verdienen und sich damit automatisch auch ein Stück weit zu versklaven, sondern um Augenhöhe. Hier gibt es eine Bewegung, die den Arbeitsplatz der Zukunft propagiert, begleitet von einer Filmreihe, die Firmen vorstellt, in denen es Augenhöhe geben soll.

Dass Augenhöhe eine Illusion ist, wenn emotionale oder wirtschaftliche Abhängigkeit besteht, ist einigen nicht bewusst. Die wirtschaftliche Komponente wird noch eher gesehen, weshalb der Ruf nach einem Grundeinkommen immer lauter wird und auch konservative Denker erreicht hat. Die Idee ist, dass der Staat allen Menschen so viel Geld zur Verfügung stellt, dass sie davon leben können – ohne Gegenleistung oder Verpflichtung. Über dieses Thema habe ich vor langer Zeit in meinem Buch „Jeder gegen jeden" [1] geschrieben, von New Work war damals noch nirgendwo die Rede. Inzwischen gibt es in Finnland ein erstes Experiment mit einer Art Grundeinkommen. Die Stimmen, die sich für ein Grundeinkommen aussprechen, mehren sich … Aber solange Abhängigkeit weiter besteht, ist ein Mitarbeiter immer in der schwächeren Position, erst recht, wenn seine Kompetenzen am Arbeitsmarkt gerade weniger wert sind.

Die emotionale Abhängigkeit von Arbeitnehmern übersehen einige Optimisten jedoch. Ich glaube, es liegt schlicht an einer zu geringen oder veralteten psychologischen Bildung. Und an der Tendenz, alles vereinheitlichen zu wollen, auch das Menschenbild. Das ist dann so oder so, hat aber keine oder nur wenige Facetten. Die psychologische Gleichmacherei führt nicht weiter und ist sogar schädlich, wenn wir bedenken, dass sich etwa durch Migranten und Flüchtlinge psychologische Unterschiede noch weiter verfestigen werden. Und dass es für Bildungserfolg zentral wichtig sein wird, das mitzudenken.

Entwicklungspsychologisch gesehen können Personen erst ab der Effektiv-Phase aus einem wirklich eigenen Gewissen heraus denken und handeln, also nicht mehr nur aus „verordneter" oder sozial inhalierter Moral. Bis dahin orientieren sie sich an anderen, suchen nach Wahrheiten und können sich schwer abgrenzen. Das allerdings entzieht sich der Selbstbeobachtung. Oft können Menschen im Richtig-Modus sehr hartnäckige Vertreter von Positionen sein. Das verrückt auch das Bild von emotionaler Abhängigkeit. Diese ist nicht dadurch gekennzeichnet, dass jemand unsicher und instabil wirkt, sondern dass er mitunter besonders stabile Positionen einnimmt – aber es sind eben bei genauerer Betrachtung nicht wirklich die eigenen.

Alle Menschen brauchen eine Führung, die sie voranbringen kann und ihre Logik entsprechend den Herausforderungen zu verändern vermag. Das verlangt aktive Einflussnahme im Sinne des Guten – aber eben auch ein tiefes Verständnis von Führung in einem Kontext, der nicht geprägt ist von formalen Hierarchien und Befehlsstrukturen. Ich bin davon überzeugt, dass Verständnis für entwicklungspsychologische Mechanismen und Werte die entscheidenden Eckpunkte setzen kann, um durch einen Kulturwandel auch einen Wandel des Denkens generellerer Natur einzuleiten. So ein Verständnis hilft darüber hinaus auch, die richtigen Personen zu identifizieren, die Wandel treiben können. Instrumente dazu haben Sie im vorherigen Kapitel ja bereits erhalten.

3.1 Was ist Führung?

In meinem Buch „Agiler führen" [2] habe ich ausführlich über Führung geschrieben. Das möchte ich hier nicht wiederholen. Sie finden dort eine umfangreiche Geschichte der Führungstheorien. Sie endet in unserer Zeit bei einem Gedanken, der Kern des agilen Mindsets ist: Führung in der Digitalisierung ist nicht mehr ein Entweder-oder sondern ein Sowohl-als-auch. Das bedeutet, Führung beinhaltet nicht nur einen Ansatz, sondern viele. Hier möchte ich auch den Experten widersprechen, die servant leadership, also dienstleistende Führung, als allein selig machendes Zukunftsmodell ausrufen. Das ist es nicht; Führung ist kein einheitliches Konstrukt, als welche es manche sehen wollen. Heute hat unterschiedlichste Führung ihre Berechtigung, nicht nur eine. Allerdings muss nicht eine Person alle Führungsansätze beherrschen.

Doch halt, zunächst gilt es zu definieren, was Führung überhaupt ist. Ich habe mich für die Definition „Führung ist die Bestimmung der Richtung von Bewegung entschieden", da diese auf unterschiedlichste Führungsansätze passt. Man kann die Bewegung durch Visionen bestimmen, durch Zielvorgaben, durch Strukturen und auch durch Zuwendung und Liebe. Nur Laisser-faire ist keine Führung, weil nichts bestimmt wird. Führung kann aus verschiedenen Richtungen kommen:

- **Die Führung von oben** gibt Visionen und den Rahmen vor. Ziele und Strategien gehören in einem selbst organisierten Kontext nicht mehr dazu. Kontrolle auch nicht. Die Führung von oben ist vor allem Unternehmensführung, Menschenführung vor allem in Fragen der Kommunikation. Visionen zu vermitteln ist vor allem eine kommunikative Aufgabe.
- **Die Führung von der Seite** übernimmt den Ball, der früher von oben nach unten geworfen wurde. Sie führt mit Strukturen und über Motivation und Teamentwicklung. Eine dienstleistende Führung (servant leadership) macht in einem Kontext Sinn, in dem selbstständige und hoch motivierte Mitarbeiter eine Unterstützung brauchen, die Hindernisse aus dem Weg räumt. Sie sollte auch Teamentwicklung betreiben und Konflikte lösen können, schließlich ist das ein häufiges Hindernis. Ist das Team weniger selbstständig und nicht so hoch motiviert, braucht es noch mehr Coaching, feste Strukturen und Strategie. Bei Scrum ist das durch den Scrum Master, im Grunde ein Coach, und den Product Owner geregelt, Letzterer ist ein Produktstratege.
- **Die Führung von unten** hat immer den Fokus auf Innovation. Wenn Teams oder Mitarbeiter offiziell oder inoffiziell neue Produkte entwickeln und sich selbst Teams bilden, hat ein Unternehmen eine rege Führung von unten, vor allem, wenn das Entwickelte nach oben durchbrechen kann. Die einfachste Variante der Führung von unten ist ein „betriebliches Vorschlagswesen". Ob dieses aber überhaupt Führung werden, also Bewegung verursachen kann, ist eine Frage der Umsetzung.

Führung ist also unabhängig von Hierarchie. Wenn wir eine psychologisch-systemische Sicht einnehmen, liegt Führung auf der Ebene des Individuums. Eine Organisation kann Hierarchien in Form von Ordnungen bieten. Das können Rangordnungen sein: erste, zweite, dritte Ebene und so weiter. Oder auch Levels: Junior, Senior, Principal und so weiter. Auch Rollen, wie sie aus dem agilen Management bekannt sind, sind solche Ordnungen – im Modell der Holakratie gibt es etwa den „Link Rep", eine verschiedene Kreise verbindende Rolle. Rollen sind getrennt von Personen – Hierarchien von Positionen nicht.

▶   Versteht man Führung in diesem Sinn, kann jeder führen – so wie auch jeder nicht führen kann, der eine formelle Funktion hat.

Doch was ist eine kritische Situation? Abhängig von der persönlichen Entwicklung einer Person, seiner Persönlichkeit und seiner Erfahrung wird das anders betrachtet werden können. Konflikte werden beispielsweise früher oder später erkannt werden – auch abhängig vom Mindset und der Beobachtungsgabe. Auch die Frage, wie nah jemand an einem Team ist, spielt eine Rolle. Sieht man also überhaupt, wenn es „zu brennen" beginnt?

Diese Problematik habe ich oft erlebt. Bestimmte Unternehmenskulturen vermeiden Konflikte, meist sind das die besonders identitätsstiftenden mit einem hohen Anteil an Idealisten und intrinsisch motivierten Mitarbeitern. Ist das schon ein Konflikt? Ist es wichtig genug? Das nachzuempfinden und dem in einer Gruppe nachzuspüren, verlangt Menschen mit einer großen inneren Klarheit und einem Aufmerksamkeitsfokus nach außen.

Die Fähigkeit, den Kontext und insgesamt viele Aspekte einzubeziehen, erfordert neben dem grundsätzlichen Mindset (also der Fähigkeit, das überhaupt erst aufnehmen zu können) oft auch tiefe Erfahrung und Kenntnisse. Oft kann man erst mit gewissem Abstand sehen, ob es (ausreichend) Führung gab oder nicht. Je mehr Informalität entstanden ist, die den Alltag behindert, desto weniger Führung hat in der Vergangenheit stattgefunden. Zu viel Führung zeigt sich an Überreglementierung und Starrheit.

Führung ist direkt zu beobachten: Wenn ein Individuum auf ein anderes Individuum oder eine Gruppe von Menschen erfolgreich Einfluss nimmt. Erfolg ist dann da, wenn dadurch eine Richtung entsteht. Dass in diesem Sinn jeder führen kann, ist gerade im Innovationskontext wichtig – ohne die anderen zu dominieren und einen Anspruch für sich abzuleiten.

Teams, in denen jeder führen kann, sind die wahren High-Performance-Teams. Unserer Beobachtung nach sind in solchen Teams die meisten Mitglieder in der Effektiv-Phase. Das ist aber sicher nicht der einzige Aspekt, denn die Effektiv-Phase ist bis zu ihrer vollen Reife ein weites Feld mit vielen Facetten. Definieren wir es also besser so: Ein Hochleistungsteam, in dem jedes Mitglied führen kann, erfordert:

- Die Fähigkeit, die Perspektiven der anderen voll zu ergründen
- Die Fähigkeit, sich eine eigene Meinung zu bilden, die fundiert ist und Grundannahmen einbezieht
- Die Fähigkeit, die eigene Meinung zu ändern, wenn neue Informationen das verlangen
- Selbstreflexion
- Ein eigenes Gewissen (also die Ausrichtung an eigenen Werten und Orientierung daran, auch bei Einflussnahme durch andere)
- Die Fähigkeit, andere im positiven Sinn zu beeinflussen
- Die Fähigkeit zur Kooperation mit anderen

Erfahrung macht die Führung auch nicht besser

Wie kommt es eigentlich, dass einige Menschen andere besser führen können? Womit hat das zu tun? Jedenfalls nicht mit dem Alter und der Erfahrung. Uwe Kanning untersuchte die Leistung von Mitarbeitern eines Unternehmens, die eine Potenzialanalyse für (angehende) Führungskräfte durchlaufen hatten. Die Analyse fand als Assessment Center statt. Ziel war es, die Eignung für Führungsaufgaben festzustellen. Dabei betrachtete Uwe Kanning [10] neun Kompetenzen und stufte die Leistung der Mitarbeiter jeweils auf einer vierstufigen Skala ein (1 = unzureichende Leistung, 4 = sehr hohe Leistung). Die zugrunde liegenden Kompetenzen waren:

- Entscheidungsfähigkeit
- Selbstreflexion
- Kommunikationsfähigkeit
- Konfliktfähigkeit
- Kooperationsfähigkeit
- Führungsfähigkeit
- Organisationsfähigkeit
- Problemlösungsfähigkeit
- Überzeugungsfähigkeit

Das Ergebnis: Führung und Alter standen in keinem Verhältnis zueinander. Frauen schnitten in der Potenzialanalyse leicht besser ab als Männer ($p < 0,01$) – und zwar in allen Dimensionen. Nun sind diese Dimensionen etwas schwammig, unklar ist etwa, was sich genau hinter dem Konstrukt Führungsfähigkeit verbirgt. Möglicherweise vor allem eine bestimmte Ich-Entwicklungsreife?

3.1.1 Mindset und Organisation

Aktive Einflussnahme auf andere wird im agilen Kontext oft abgelehnt. Viele übertreiben es auch mit den Coachingfragen. „Ich frage doch nur", das sagte mir ein Unternehmer, der gern durch seinen Betrieb schlenderte, den Mitarbeitern über die Schulter schaute und das eine oder andere mit einem „Warum so?" hinterfragte. Er konnte nicht nachvollziehen, dass Fragen als Auftrag interpretiert werden können – es reicht dafür, dass eine Person mit bestimmten Attributen belegt ist. Und ein Unternehmer hat nun einmal eine andere Stellung und Rolle, die unabhängig von seiner Persönlichkeit durch Zuschreibungen entsteht. Ähnliches gilt für einen CEO.

Diese Zuschreibungen haben eine Wirkung, auch wenn diese gar nicht beabsichtigt ist. Der Status einer Person, sein Aussehen, die Stimmlage … all das beeinflusst. Zu denken, dass es möglich ist, diese Mechanismen von Einflussnahme durch Strukturen oder formale Entmachtung zu vermeiden, ist naiv. Was also tun, vor allem wenn ja die Selbstorganisation fokussiert werden soll und Teams befähigt werden sollen, selbst Entscheidungen zu treffen? Eine Möglichkeit ist, Menschen für die Wirkung informeller Macht zu sensibilisieren. Eine andere liegt in der Formalisierung – oder auch Ordnung. Ordnung bedeutet, dass Entscheidungsprämissen geschaffen werden: Wenn X, dann Y – so oder anders kann das aussehen, braucht aber einen allgemeingültigen Charakter. Regeln in Scrum dienen dieser Ordnung. Sie schaffen einen Rahmen, innerhalb dessen ein Agieren möglich wird. Ist der Rahmen klar und bekannt, kann er erweitert und auch verändert werden. So ist es auch mit allen anderen Rahmen: Sie müssen glasklar sein und erlernt. Danach kann man sie verändern. So ein Rahmen könnte auch die Erklärung eines Unternehmers sein, der absteckt, wie sein Unternehmen geführt werden soll. Diese Idee präsentierte Bernd Oestereich (2016) erstmals in seinem Buch und wir haben das seitdem ein paar Mal für unser Unternehmen Teamworks ausprobiert.

Bis zu einem gewissen Grad kann solche und auch noch formalere Ordnung persönlicher Einflussnahme entgegenwirken. Aber je stärker diese ist, desto mehr entmenschlicht sie. Denken Sie nur an Ordnungsstaaten. Diese sind immer undemokratisch und autoritär bis totalitär. In Unternehmen ist das nicht anders. Sie werden bei zu großer Formalisierung zu Bürokratiemonstern, selbst wenn sie – siehe Holakratie – vor einem ganz anderen Hintergrund entstanden sind.

Wir haben bereits gesehen, dass Persönlichkeit nicht statisch ist. Sie setzt sich von Augenblick zu Augenblick neu zusammen. Dabei greift sie zwar auf das Bekannte und Erinnerte zurück, ist jedoch zu jeder Zeit vom Kontext und der Situation beeinflusst. Deshalb lässt sich der Mensch nicht ohne andere Menschen denken. Auch sein Mindset entsteht und verändert sich in einer ständigen Wechselwirkung mit anderen. Dabei spielen Einflüsse und Prägungen der Vergangenheit ebenso eine Rolle wie Einflüsse der Gegenwart und des Moments.

Eine Organisation bildet einen ebenso dynamischen Rahmen, der sich dauernd verändert. Wie die Person ist, aber auch wie die Organisation erscheint, ist in stetigem Fluss, aus dem Bewusstsein der Vergangenheit in der Gegenwart sind immer neue Selbstdefinitionen möglich. Trotz dieser Dynamik bietet die Organisation als von der Umwelt abgegrenztes System auch ein festes Gerüst, ganz ähnlich wie die Persönlichkeit des Menschen. Dieses feste Gerüst gibt Menschen Orientierung und Halt.

Dieses kann aber auch zur schweren Rüstung werden, wenn zu wenig Dynamik darin ist, Menschen also immer in den gleichen Kontexten arbeiten und wenig Neues erleben.

Je länger Menschen sich im gleichen Umfeld bewegen, desto mehr verstärkt sich das Bild, das sie von der Organisation, von sich selbst und von anderen haben. Das hat etwas von einer sich selbst erfüllenden Prophezeiung. Man ist so, weil man ständig seine Bestätigung bekommt, zu sein, wie man denkt zu sein. Das heißt nicht, dass Menschen, die lange im gleichen Unternehmen bleiben, weniger dynamische Mindsets haben müssen.

Die Wahrscheinlichkeit ist aber größer. Ich erfahre oft, dass gute Führungskräfte viel erlebt haben – sei es auf Auslandseinsätzen, durch häufigen Wechsel des Unternehmens oder durch mehrere Branchen- und Bereichswechsel. Brüche im Lebenslauf und persönliche Krisen sind am Ende die wertvollsten Entwicklungshelfer, die man sich vorstellen kann. Und wieder gilt das sowohl für die Organisation insgesamt als auch für einzelne Menschen.

▶   Krisen sorgen oft für einen „Shift", sind Fahrstuhl in neues Denken.

Wenige Branchen- und Bereichswechsel dagegen fördern eher die Fixiertheit. Wenn ein Manager jahrelang in der Automobilindustrie tätig war und dort auf Optimierung und Arbeitsteilung getrimmt wurde, so ist es möglich, dass er das bisherige Erfolgssystem auch auf andere Umfelder anwendet – einfach, weil er dieses so besonders gut kennt und in diesem denkt. Haben diese Manager auch von Hause aus ein fixed mindset, so wächst indes diese Gefahr, denn damit sind sie auch weniger beweglich und können Mitarbeiter auch unter anderen Bedingungen schlechter fördern.

Der Kontext ist aber nicht nur durch Unternehmensgröße, Unternehmenskultur, Abteilung, die anderen Mitarbeiter und Branche geprägt, sondern auch durch dynamische Aspekte. So wie sich jedes Individuum in der einen Situation so und in der anderen ganz anders verhalten kann, ist es auch in Unternehmen. Wenn ein Unternehmen wächst, so findet es sich in einer grundlegend anderen Lage, als wenn es schrumpft. Ein optimierungsgetriebenes Unternehmen fühlt sich für Mitarbeiter anders an als eines, in dem alles möglich ist, weil überall Neues entsteht oder viel Geld da ist und wenig Struktur.

In einem gesunden, wachsenden Unternehmen ist es wesentlich leichter, Führungskraft zu sein als in einem Unternehmen, das von einer Krise in die nächste schlittert. Erlebt eine Führungskraft das mit und schafft sie es, auch die ganz andere Situation zu meistern, hat sich auch ihr Denken verändert und oft geweitet. Möglichweise wird das auch die Sicht auf das eigene Mindset und das von anderen beeinflussen.

Vertrauen macht den Unterschied

Sabine ist seit 30 Jahren in den Stadtwerken tätig. Sie hat Bürokauffrau gelernt und hat das Image einer leistungsschwachen Mitarbeiterin. Die Chefs bemängeln stets, dass sie nicht besonders genau sei und vieles falsch verstehe. Als die Stadtwerke eine eigene Innovationsfirma ausgründen und mit neuen Mitarbeitern besetzen, die im agilen Kontext groß geworden sind, wechselt Sabine dorthin. Die neuen Chefs betrauen Sabine mit Aufgaben, die sie sich selbst ausgesucht hat und die sie deshalb gerne übernimmt. Anfangs traut sie sich gar nicht so recht, ihre Wünsche zu äußern. Doch dann beginnt sie, sich mit den Präsentationen und dem Webauftritt zu beschäftigen. Sie bringt Kenntnisse im Bereich von HTML und Fotoshop mit und kann sich sehr gut einbringen. Sabine blüht regelrecht auf und wird trotz ihrer 62 Jahre zu einer sehr geschätzten Mitarbeiterin. Das Beispiel zeigt, dass man Erfahrungen der Vergangenheit vorsichtig bewerten muss. Von ihnen auf die Zukunft zu schließen, kann einem viele Möglichkeiten versperren. Auch in die andere Richtung: Viele Managementerfolge der Vergangenheit waren vielleicht mehr dem Zufall oder einer glücklichen Situation geschuldet als der jeweiligen Persönlichkeit.

Wir müssen Menschen und ihr Mindset also immer auch zusammen mit Kontext und Situation denken. Der gleiche Mensch kann in dem einen Unternehmen verkümmern und in dem anderen aufblühen. Lange Jahre war ich auch als Beraterin in Outplacementprojekten tätig. Hier habe ich sehr oft erlebt, dass ein Manager, der in dem einen Unternehmen als nicht führungsgeeignet eingestuft wurde, in dem anderen innerhalb kürzester Zeit aufstieg. Es ist die unternehmensinterne Brille, mit der auf Menschen geblickt wird. Je statischer das Mindset der gesamten Organisation, desto bewertender ist dieser Blick. Ein Unternehmen, das sich also nicht als lernend und sein Werden und Wachstum nicht als work in progress begreift, neigt zu solchen Festschreibungen.

Wenn Sie also das Mindset Ihrer Mitarbeiter verändern wollen, beginnen Sie bei der Denk- und Handlungslogik der Organisation, beziehen Sie das ganze Unternehmen mit ein. Dabei gibt es zwei wesentliche Maßnahmen, die sehr einfach klingen, in ihrer Ausgestaltung aber komplex sind:

- Das Unternehmen muss sich als lernend begreifen. Es ist nicht fertig. Es ist nicht planbar. Es ist nur möglich, jeweils nächste Schritte zu tun und dadurch zu lernen.
- Das Unternehmen muss dieses Lernen übergeordnet als Prozess kommunizieren, also Metakommunikation betreiben.

Organisationsentwicklung ist nicht Fokus dieses Buches, dennoch halte ich es für wichtig, im Folgenden einige Einblicke in die systemische Perspektive zu geben. Psychologisch waren wir im Zusammenhang mit der Ich-Entwicklung ja bereits im letzten Kapitel unterwegs.

3.1.2 Systemtheoretische Sicht

Oft wird von systemisch gesprochen, aber kaum jemand weiß genau, was das bedeutet. Viele Berater und Coaches missbrauchen den Begriff oder reduzieren ihn auf einige sehr wenige Ideen, wie etwa „Zirkulierende Fragen". Ich habe nicht nur ein Mal gesehen, dass eine kurze Ausbildung oder das Lesen eines Buches im Grunde am Ende mehr Schaden angerichtet als Nutzen gebracht hat. Dies kann passieren, wenn die einseitige Interpretation zu einer eindimensionalen Auslegung führt.

Viel gelernt, aber nichts begriffen

Eine Führungskraft hat sich im systemischen Coaching ausbilden lassen. Dabei hat sie gelernt, Fragen zu stellen und den Kontext einzubeziehen. So weit, so gut. Die Ausbildung hat die Führungskraft darin bestätigt, dass sie keine „Ansagen" machen und keinen direkten Einfluss nehmen soll. Sie hört nun also erst recht auf zu führen. Im Grunde hat die Ausbildung die Führungskraft in ihrer Haltung bestärkt, das Coaching hat sie nicht weiterentwickelt oder gar ihr Denken verändert.

Das passiert sehr häufig: Weiterbildungen, die die grundlegende Logik nicht einbeziehen oder aufgrund der Kürze oder auch Intensität und Qualität nicht wirklich andocken können, bringen keinen Nutzen, wenn sie nicht sogar schaden. Genauso ist es mit Büchern, die nur halb verstanden werden, oder Aussagen, die, in eine einseitige Richtung gedreht, ihren an sich ausgewogenen Wesenskern verlieren. Dabei ist es nicht nur der Faktor Zeit einer Aus- oder Weiterbildung, sondern natürlich auch die Qualität der Ausbilder. Wenn diese Inhalte mit einem Mindset im Richtig-Modus vermitteln, erreichen sie (leider) diejenigen besonders gut, die in ebendiesem Denken verhaftet sind. Dass ein Teilnehmer ein Training gut findet, sagt allein also nicht unbedingt etwas über die Qualität aus. Es ist vielmehr wichtig, dass der Ausbilder neben didaktischen Fähigkeiten und Wissen auch das entsprechende Mindset mitbringt. Dieses sollte im Sinn der Ich-Entwicklung „weiter" sein als das der Teilnehmer, indes auch nicht viel weiter. Denn das zeigt die Erfahrung: Bei einem Stufenunterschied von mehr als zwei sinkt auch die Wahrscheinlichkeit, dass der andere erreicht werden kann. Wenn also ein E8 (Flexibel-Plus) E5 (Richtig) trainiert, wird er möglicherweise mehr Verwirrung anrichten, als wenn ein E6 (Effektiv) am Werk ist.

Menschen lieben Vereinfachungen – und je früher in der Ich-Entwicklung sie sind, desto mehr. Das birgt die Gefahr, dass sie Vereinfachungen weitergeben. Je größer der Kontext, desto folgenschwerer.

Dabei ist es in Wahrheit gar nicht dogmatisch: Die Systemtheorie schließt andere Ansätze, beispielsweise psychologische, überhaupt nicht aus. Auch das wird sehr oft missverstanden.

Vielleicht noch einmal kurz zur Begriffsklärung, wenn Sie sich hier bisher nicht eingelesen haben:

Systemisch ist die Ableitung von systemtheoretisch. Systemtheorien entstanden seit den 1960er- Jahren in den unterschiedlichsten Disziplinen. Es gibt allgemeine und fachspezifische Systemtheorien. Vom oft zitierten Niklas Luhmann stammt eine soziologische Systemtheorie. Diese Theorie ist komplex und in vielem schwer verständlich. Niklas Luhmann hat eine eigene Sprache geschaffen, die dazu geführt hat, dass es regelrechte Luhmann-Übersetzungen gibt. Wenn ich in meinen Ausbildungen frage, so haben nur wenige Niklas Luhmann wirklich gelesen. Sein Werk wird meistens vereinfacht. Dabei bleiben wichtige Aspekte oft außen vor oder werden falsch interpretiert.

Ein Unternehmen ist im Sinne von Niklas Luhmann ein System, das nach einem binären Code funktioniert. Wirtschaftsunternehmen haben den binären Code Zahlung/keine Zahlung. Alles ist also auf Wirtschaftlichkeit ausgerichtet. Systeme, also auch Organisationen, streben nach Selbsterhalt, ihre Entscheidungen richten sich an dem binären Code aus. Organisationen bestehen nach Niklas Luhmann aus Interaktionen.

Entwicklung braucht Entscheidung.

Entscheidungen werden durch Entscheidungsprämissen gefällt. Dabei gibt es entschiedene und nicht entschiedene Entscheidungsprämissen. Entschiedene Entscheidungsprämissen sind in der Struktur verankert, etwa der Hierarchie.

Nicht entschiedene sind informell, können aber genauso wirksam sein. Wer die Organisationskultur verändern will, muss also vor allem Entscheidungen revidieren.

Niklas Luhmann war ein Welterklärer, der eigene Begriffe geschaffen und geprägt hat. In seiner Welt gibt es Interaktionen, Kommunikationen und Operationen. Vom Menschen kennt Niklas Luhmann etwa die „Psyche", ein ganzheitliches Bild gibt es nicht. Das alles ist sehr theoretisch, was aber ist die Überleitung zur Praxis?

Wie werden Entscheidungen getroffen? Eine erhellende Methode zur Analyse des Entscheidungstypus einer Organisation oder eines Teams bietet die „Glaubenspolaritätenaufstellung" nach Matthias Varga von Kibéd [11].

Sie beruht auf einer semiotischen Triade. Diese besteht zwischen Ding, Begriff und Wort. Die Frage ist also, ob der Begriff und das Wort das gemeinte Ding abbilden können. Nehmen wir den Begriff Mindset.

▶ In unserem Beispiel ist die Denk- und Handlungslogik die Bezeichnung, das Mindset der Begriff und das Bezeichnete die Logik des Denkens, das Handlung produziert. Durch das Denken in einer solchen Triade entsteht mehr Klarheit darüber, über was überhaupt geschrieben oder gesprochen wird.

Die Triade hat eine mathematische, philosophische und auch spirituelle Bedeutung. Mathematisch kann ein gleichseitiges Dreieck unendlich viele kleine Dreiecke umfassen. Dabei berühren sich gegensätzliche Ecken, was sich gut auf dialektisches Denken übertragen lässt. Nehmen wir die drei Ecken Erkenntnis, Ordnung, Bindung, so verbindet sich ein umgekehrtes Dreieck mit den anderen Ecken. Es berührt sich, es fließt an den Ecken zusammen.

In der systemischen Arbeit wird die Triade für unterschiedliche Aufstellungen verwendet. Die Triade taucht im Zusammenhang mit systemischer Therapie auf, wenn es um die Konstellation von Kind, Mutter und Vater geht. Die Ur-Triade besteht aus +, − und =, wobei alles wertfrei zu verstehen ist. Das Pluszeichen bedeutet z. B. „hinzufügen, vermehren", das Minuszeichen „wegnehmen, reduzieren" und das Gleichheitszeichen „erhalten" oder „behalten".

Damit lässt sich gut arbeiten, wenn es um konkrete Maßnahmen geht. Beispiel: Ein Team bespricht, wovon es mehr oder weniger möchte und was es behalten will.

Wenn eine Seite alles andere dominiert …

In einem Unternehmen treffen alle Mitarbeiter Entscheidungen aus dem Bauchgefühl heraus. Keiner kann die Entscheidungen nachvollziehen, sie sind immer wieder anders. Mal darf ein Mitarbeiter einfach ungefragt Geld ausgeben, mal wird er genau dafür gerügt.

In einem solchen System sind wir auf dem Gegenpol der Ordnung – der Flexibilität, die ins Negative ausgeschlagen ist. Damit wird aus fluider Flexibilität ein festgefrorener Extrem-Zustand, nämlich Chaos. Chaos ist nicht per se schlecht, kann dadurch doch Neues entstehen. Dies gilt jedoch nur für den zeitweisen Zustand. Aus Ordnung kann der Extrem-Zustand Starrheit werden. Starrheit ist Festgefrorensein, das Verharren im Moment – wunderbar im Augenblick, aber untragbar auf Dauer.

Das Unternehmen im festgefrorenen Chaos braucht neue Entscheidungsprämissen, damit es nicht untergeht. Welchen Entscheidungsspielraum haben Mitarbeiter in einer bestimmten Rolle? Ist das Unternehmen aus dem Zustand des Chaos herausgekommen, ist es im Rahmen der Veränderung wichtig, die Entscheidungsprämissen zu verändern. Möchte die Führung mehr Selbstverantwortung von ihren Mitarbeitern, muss sich das in diesen Prämissen niederschlagen. Im agilen Kontext können solche Entscheidungsprämissen Rollenkonzepte und -beschreibungen beinhalten.

Alle Veränderungen brauchen veränderte Entscheidungsprämissen.

3.1.2.1 Konstruktivismus

Systemisches Denken ist eng mit dem Konstruktivismus verflochten. Dieser ist eine Erkenntnistheorie. Im Gegensatz zur Ontologie, die Aussagen über das Wesen der Welt und absoluten Wahrheit macht, beschäftigt sich die Erkenntnistheorie, auch Epistemologie, mit den Möglichkeiten und Grenzen menschlichen Wahrnehmens und Erkennens. Unsere Kognitionen und Emotionen konstruieren eine eigene Art von Wirklichkeit.

Der Begriff ist eng mit systemischem Denken verwoben. In seiner radikalsten Auslegung besagt er, dass es Wirklichkeit nicht gibt, weil jeder sich diese selbst konstruiert. Etwas moderater gedacht, bleibt immer noch die individuelle Realitätskonstruktion – und damit die Annahme, dass jeder nur für sich selbst Experte sein kann. Wer konstruktivistisch denkt, kann eigentlich nicht anders, als anderen Menschen ihre Autonomie zuzugestehen. Wenn Menschen andere bekehren und belehren wollen, dann können sie nicht konstruktivistisch denken. Wenn sie nur eine Wahrheit sehen, dann haben sie einen blinden Fleck …

▶ Konstruktivistisch denkende Menschen würden sagen, dass es den Sinn des Lebens geben kann, aber auch nicht. Sie würden sehen, dass der eine einer Berufung folgt, der andere nicht. Sie würden auch agile Methoden nur als eine aus einem Konstrukt abgeleitete Handlungsempfehlung erkennen.

Auch psychologische Ansätze können konstruktivistisch sein, sofern sie die Wirklichkeitskonstruktion des Individuums erkennen. Die Ich-Entwicklungstheorie gehört dazu: Das Modell beschreibt ja eine veränderte Wahrnehmung auf Beziehungen, Kontext und Gesellschaft.

Unter den Psychotherapien gibt es neben der systemischen Familientherapie auch andere, die von einer Wirklichkeitskonstruktion ausgehen, darunter die Gestalttherapie. Nicht konstruktivistisch sind Ansätze, in denen ein Therapeut die Deutungshoheit hat, etwa die Psychoanalyse nach Freud. Der Therapeut trägt so ja zur Wirklichkeitskonstruktion des Klienten bei, was durchaus hilfreich sein kann, vor allem dann, wenn der Patient ohne diese Unterstützung im Leben nicht zurechtkommt.

Viele Wege führen nach Rom, aber nicht für jeden und zur gleichen Zeit ist derselbe richtig. Es gibt keine ultimative Lösung und keinen überlegenen Ansatz, weder im therapeutischen noch im organisationalen Kontext.

3.1.3 Wie ticken Systemiker?

Systemiker, die im Organisationskontext arbeiten, bedienen sich theoretischer Modelle, beispielsweise des Modells von Niklas Luhmann, sowie der Ansätze aus der systemischen Familientherapie, die in den 1950er-Jahren in Palo Alto entstand, und zwar am Mental Research Institute (MRI). Bekannte Namen dieser ersten Stunde sind Virginia Satir, Jay Haley, Steve de Shazer und Paul Watzlawick. Das problemlösende Modell (Focused Problem Resolution Model) entwickelten Don Jackson, Gregory Bateson, John Weakland und Richard Fisch. Daraus entstanden später weitere Modelle, etwa die Kurzzeittherapie nach Steve de Shazer.

Gregory Bateson und seine Kollegen arbeiteten eng mit Milton H. Erickson in Phönix zusammen, der vielen Coaches als einer der bekanntesten Hypnotherapeuten vertraut ist. Milton H. Erickson machte nie ein Geheimnis daraus, dass die Wirkung seiner Therapie auf einen Placebo-Effekt zurückgeht. Wer daran glaubt, profitiert am meisten. Im Grunde unterstreicht das nur: Es geht den Systemikern nicht um objektive Wahrheit, sondern um das, was dem Klienten hilft. Völlig egal, ob es eine Scheintherapie ist. Denn was ist objektiv? Was wirklich?

Was als Problem zu betrachten ist, definiert der Klient. Im systemischen Ansatz gibt es kein Modell von „Richtig" und „Falsch" und daher auch keine „richtige" Wahrnehmung des Problems durch den Therapeuten. Ein weiterer wichtiger Aspekt ist, dass Veränderungen in systemischer Sicht Schritt für Schritt erfolgen. Es geht um eine Zunahme des vom Klienten selbst erwünschten „Neuen". An welcher konkreten Verhaltensänderung ist ein erster kleiner Fortschritt erkennbar? Die systemische Organisationsberatung folgt denselben Grundsätzen, nur dass es hier um das System Unternehmen oder Team geht. Das Problem definiert dieses selbst, der Berater hat ebenso wie der Therapeut keine

Deutungshoheit. Veränderungen liegen dann vor, wenn das (selbst) gewollte Verhalten zunimmt.

Von dieser personalen gelangt man zur organisationalen Ebene: Wenn es keinen Menschen und keine Persönlichkeit gibt, sondern nur Interaktionen und psychische und biologische Systeme, dann ist es das System, das die Person „macht". Sie kommt nicht fertig daher. Das ist richtig und falsch zugleich. Die Psychologie spricht von Gen-Umwelt-Interaktion, wenn es darum geht, zu definieren, wie Persönlichkeit entsteht. Natürlich gibt es auch eine Persönlichkeits-System-Interaktion, auch wenn das bisher niemand erforscht hat. Wenn Sie an Menschen in Ihrem Umfeld denken, die in unterschiedlichen „Systemen" gearbeitet und gelebt haben, so werden Sie das wahrscheinlich bestätigen: Dominante Eigenschaften bahnen sich überall ihren Raum. Die Persönlichkeit sucht sich passende Umfelder, aber sie prägt die Umfelder auch.

Andererseits prägt auch das System, das System Organisation genauso wie das System Familie. All die Verrücktheiten einer Familie sind auf die Organisation übertragbar. So wie die Familie „Schandtaten" eines Familienmitglieds deckt (oder auch: gar nicht erst sieht), passiert es auch in Unternehmen: Es bilden sich gruppenspezifische Verhaltensweisen heraus, Glaubenssätze, Kulturen. „In unserer Familie halten alle zusammen", das sagt vielleicht eine verschworene Sippe und kehrt damit Tabu-Themen unter den Tisch. „In diesem Unternehmen gehört es zum guten Ton, sich mit den alten Haudegen zu verbünden", so heißt es möglicherweise in einem Unternehmen. Das System ist geschlossen. Es öffnet sich erst nach außen, wenn es seine Probleme innen nicht anders lösen kann. Das organisationale Mindset gibt den Ton und den Takt vor. Wollen wir das Denken von Menschen im Rahmen von Kulturwandel beeinflussen, so können wir das nie tun, ohne die Organisation einzubeziehen. In ihr nimmt jeder „Change" seinen Anfang,

▶ Entwicklung braucht aus systemischer Sicht ein Problem, das groß genug ist, damit Handlungsdruck entsteht. Die Lösung für dieses Problem kann nur aus dem System heraus kommen.

Auf der individuellen Ebene kann jeder Einzelne immer und jederzeit entscheiden, etwas morgen oder schon in der nächsten Minute anders zu tun als gestern. Auf der organisationalen Ebene ist das wesentlich schwieriger, die Entscheidung liegt eben auch im System. Auch hier kann man die Familie als Vorbild nehmen. Stellen Sie sich große mächtige Familien vor, eine Adelsfamilie oder die Mafia. Es kann einer ausscheren – er oder sie wird zum Außenseiter, geschasst oder milde belächelt, je nach Kultur der Familie. Vielleicht auch verschwiegen. Aber das geänderte Verhalten des einen hat auf das System keinen Einfluss gehabt.

Wenn sich die Familie insgesamt ändern will, muss schon mehr passieren, als dass einer den bisherigen Kurs verlässt. Ein Unternehmen tickt da ganz genauso. Wir merken in unseren Beratungen manchmal, dass ehemalige Geschäftsführer oder „alte Patriarchen" auch dann noch über die Flure schweben und in jedem Meeting präsent sind, wenn sie das Unternehmen längst verlassen haben. Sie prägen das Mindset der Organisation weiter, verhindern damit nicht selten, dass wirklich Neues entstehen kann. Gerade in Unternehmen, in denen Mitarbeiter jahre- und jahrzehntelang dazugehören, ist das Mindset des Unternehmens, seine Kultur, ein sehr festes Band.

Wenn Agil am System scheitert

Die Bank möchte „agil" werden. Doch bisher herrschte eine Individualkultur und Wettbewerbsdruck. Wer etwas werden will, muss sich vor allem auch selbst verkaufen. In diesem Denken wird auch Agilität eingeführt. Der IT-Leiter wird dazu bestimmt. Da er aber immer gewohnt war, sich zu positionieren, tut er es auch jetzt. Die anderen Abteilungen bringen sich gegen ihn in Stellung. Das Beispiel zeigt: Neues wird oft mit altem Denken eingeführt und scheitert schon daran. Die alten Strukturen sind stark und sorgen dafür, dass sich alles Neue ihnen unterordnet. Wer es ernst meint mit der Veränderung des Mindsets, der muss die Interaktionen ändern – und das ist ein oft langer Prozess, der vor allem eins fordert: Konsequenz und Führungspersonen, die anders denken. Mit dem alten Personal ist das oft nicht möglich. So kommen neue Ideen entweder durch neue Abteilungen, die unter dem Schutz von Vorstand oder Geschäftsführung ein Eigenleben entwickeln dürfen, in Unternehmen. Oder aber die Führungsriege wird ausgetauscht und die Kommunikationsstrukturen umgebaut. Engagierte neue Mitarbeiter, die die anderen mitreißen können, sind hier extrem wertvoll, brauchen aber „Deckung".

3.2   Geänderte Führungsprinzipien in der Digitalisierung

Gibt es eine agile Führung? So wenig wie „Digital Leadership". So wie es ohnehin nicht die eine Art von Führung gibt, sondern viele verschiedene, wenn unsere Definition von Führung die Bestimmung der Bewegung ist. Und alle haben ihre Berechtigung. Dennoch gebe ich denjenigen nicht recht, die sagen, es gäbe gar keinen Unterschied zwischen der Führung in einer digitalisierten und einer nicht digitalisierten Welt. Es gibt sogar erhebliche, ja entscheidende Unterschiede. Diese Unterschiede haben mit veränderten Grundannahmen zu tun. Aus diesen leiten sich veränderte Werte ab, die Handlungsimpulse setzen. Werte sind, das missverstehen einige, nicht in Stein gemeißelt. Sie verändern sich durch soziale, kulturelle, gesellschaftliche Einflüsse. Damit Werte mehr sind als nur Worte, brauchen sie Prinzipien. Erst diese wecken Werte aus der Starrheit des Wortes.

Wenn wir in dieser Kette denken (erst Grundannahme, dann Wert und Prinzip), ergeben sich unterschiedliche Führungsselbstverständnisse. Diese wiederum sollten zu einem veränderten Führungsverhalten führen, welches sich aber eben nicht in ein Raster pressen lässt. Der wesentliche Aspekt dieser „neuen" Führung ist die Konzentration auf das Team statt auf das Individuum sowie Vermittlung von Sinn statt Zielen.

Der wahre Unterschied von heute zu gestern liegt also nicht in einer Führungshandlung oder einem Stil. Der wahre Unterschied liegt darin, an nichts davon gebunden zu sein, denn jede Situation und Herausforderung verlangt etwas anderes. Das in die Köpfe zu bekommen ist schwer, denn Menschen treibt das Verlangen nach einfachen Lösungen und Patentrezepten.

Führung im digitalen Zeitalter ist auch deshalb anders, weil die Umweltbedingungen andere sind. Einige Unterschiede habe ich in Tab. 3.1 festgehalten. Diese ließen sich beliebig erweitern, doch schon diese kleine Gegenüberstellung

Tab. 3.1 Grundannahmen für Führung

Grundannahmen Industrialisierung	Grundannahmen Digitalisierung
Die einzelne Arbeitskraft muss Leistung bringen	Das Team muss innovativ sein
Arbeiten bedeutet Existenzsicherung	Arbeiten bedeutet Sinn
Produktion und Verwaltung sorgen für Wertschöpfung	Innovation und Kommunikation sorgen für Wertschöpfung
Es gilt die Leistung des Einzelnen zu optimieren	Es gilt die Leistung des Teams zu erhöhen
Aufgabenverteilung ist Delegationsprinzip	Verantwortungsübergabe ist Delegationsprinzip
Wissen ist Macht	Können ist Macht
Homogenität schafft Nähe	Heterogenität (des Denkens, der Lösungsansätze) schafft Leistung
Mitarbeiter müssen sich unterordnen	Mitarbeiter sollen querdenken
Leistung = Aufgaben- und Ziel(über)erfüllung	Leistung = Entwicklung
Eindeutigkeit ist die Basis	Ambiguität ist die Basis

verdeutlicht, dass Welten zwischen den Anforderungen liegen. Und deshalb kann auch die Führung im Digitalisierungszeitalter nicht die gleiche sein wie im Industriezeitalter.

Wir fassen zusammen: Führung ist die Bestimmung der Richtung von Bewegung, ob von Einzelpersonen, Teams oder Organisationen. Führung heißt auch, in kritischen Situationen Einfluss zu nehmen. Wie das jedoch geschieht, verändert sich durch die Digitalisierung erheblich.

3.3   Geänderte Kompetenzen in der Digitalisierung

Eine weitere Folge der veränderten Grundannahmen sind neue Anforderungen, die auch andere Kompetenzen, Fähigkeiten und letztendlich Mindsets erfordern. Das zeigt Tab. 3.2.

Die Wertschöpfung in der Industrialisierung lag im Schwerpunkt in Produktion und Verwaltung, unter der Digitalisierung aber liegt sie bei Innovation und Kommunikation. Statt um „die einzelne Arbeitskraft" geht es nun um das Team.

Das fordert Kooperation auf allen Ebenen. Kooperation ist für mich eine erhebliche Weiterentwicklung der Teamarbeit des Industriezeitalters. Teamarbeit war in ihrer fortgeschrittenen Form darauf ausgerichtet, verschiedene Menschen zu motivieren, auf ein gemeinsames Ziel hinzuarbeiten. In der einfachen Variante hatte sie das Arbeitsklima in einer Abteilung im Fokus, in der mehrere Personen individuelle Aufgaben erledigten. Die Teamplayer-Eigenschaft einzelner Mitarbeiter sollte sicherstellen, dass dies friedlich geschah und die wenigen Schnittstellenaufgaben zu einem Ergebnis führen konnten. Kooperation ist erheblich mehr. Sie geht erstens über die Grenze der eigenen Arbeitsgruppe hinaus und hat zweitens nicht nur die Zielerreichung, sondern auch die gemeinsame Weiterentwicklung im Sinne übergeordneter Ziele (und nicht nur Arbeitsziele) im Blick.

Wir können deshalb festhalten:

- Es gibt wenige Führungsprinzipien, die immer gelten: innere Klarheit, eigene Grundannahmen, der Blick auf die Menschen und nicht auf mich.
- Einige Führungsprinzipien sind spezifisch für ein bestimmtes Zeitalter: etwa Kooperation statt Teamarbeit und Verantwortung übertragen statt Aufgaben.
- Einige Führungsprinzipien sind individuell je nach Kontext und Situation. Kontext ist dabei der kulturelle und regionale Kontext, die Branche und Unternehmen. Situation ist die Unternehmensphase (z. B. Wachstum oder Sanierung).

Tab. 3.2 Anforderungen durch die Digitalisierung im Vergleich zur Industrialisierung

Anforderungen	Industrialisierung	Digitalisierung
Ausbildung	Unterschiedlich: niedrig, mittel, hoch, mit Schwerpunkt im mittleren Bereich	Hoch und sehr hoch (was Jobs mit einem Gehalt über dem Niveau eines Grundeinkommens betrifft)
Ambiguitätstoleranz	Nur in höheren Positionen und der Politik wirklich nötig	Auf allen Ebenen hoch
Beziehung Arbeitnehmer-Arbeitgeber	Basiert auf Abhängigkeit	Auf Augenhöhe (zumindest ohne existenzielle Abhängigkeit)
Ich-Entwicklung	E4-E6, je nach Aufgabe	>E6 (Effektiv-Phase) für alle, >E7 (Flexibel-Phase) für komplexe Aufgaben
Lernbereitschaft	Moderat	Hoch
Selbstverantwortung	Oft nicht gewünscht	Überwiegend hoch
Veränderungsbereitschaft	Niedrig	Hoch
Analytische Intelligenz (problemverstehend und -lösend)	Niedrig bis mittel	Hoch
Praktische Intelligenz (handwerklich-technisch)	Hoch	Geringer
Emotionale Intelligenz (andere verstehend)	Berufsbezogen	Durch die Bank hoch
Bereitschaft zur Anpassung an Gesetze und Normen der Bezugsgruppe	Hoch	Es gilt eher, diese auch infrage stellen zu können
Fähigkeit zur abweichenden Meinungsbildung	Nur auf oberer Führungsebene	Auf allen Ebenen
Fähigkeit zur Kooperation	Niedrig (eher Teamarbeit)	Hoch

- Einige Führungsprinzipien sind abhängig von der jeweiligen Persönlichkeit: der eine lauter, der andere leiser.
- Einige Führungsprinzipien sind eher modische Identifikationshilfen und deshalb keine Prinzipien (etwa kooperativer Stil, „Dog Management" etc.).

Es gibt wenige Führungsprinzipien, die immer gelten. Führung ist weder immer zu entscheiden, noch ist es immer zu coachen oder Strategien zu entwickeln. Es ist alles zu seiner Zeit und oft zugleich. Und so geht es stets darum, etwas zu bewegen, und das geht nur aus einer inneren Position der Klarheit, mit Grundannahmen und Blick auf andere.

Braucht die Digitalisierung mehr Leadership? Der Harvard-Professor John P. Kotter hat diesen Begriff seit 1990 immer wieder neu geprägt und publiziert dazu bis heute [3]. Danach sind Manager Verwalter, Leader dagegen Visionäre. Management steht für das Organisieren der Abläufe, für Planen und Kontrollieren. Leadership heißt für Kotter zu inspirieren und zu motivieren.

Schauen wir auf unsere Tabelle, so braucht die Digitalisierung fraglos mehr Leadership als vorher, aber immer noch einen gewissen Anteil an Organisation und Verwaltung. Wichtiger werden auch koordinierende und moderierende Führungstätigkeiten, einfach weil es immer mehr Schnittstellen gibt.

▶ Wir sollten die Annahme, dass Führung ein einheitliches Konstrukt und „mehr Leadership" die Patentlösung ist, aufgeben. Führung ist vielfältig und immer wieder anders.

3.3.1   T-Shape für agiles Arbeiten

Das sogenannte „T-Shape-Modell" wurde ursprünglich von IBM erfunden. Der Konzern wollte seinen Experten verdeutlichen, dass es mehr als Expertise braucht, um am Arbeitsmarkt erfolgreich zu sein. Das Design Thinking, eine sehr verbreitete Methode aus dem Umfeld von Agilität, die den Innovationsprozess in die Gruppe verlegt, hat das als Idee aufgegriffen.

Diejenigen, die bei einem Design-Thinking-Prozess zusammenkommen, sollen nicht nur ihr Fachwissen einbringen, sondern auch ergänzende Skills. Man könnte auch sagen: Thinking, Linking, Doing. „Thinking" ist der lange Balken des „T". Darin verbirgt sich all das, was den Denkapparat von der Expertenseite auf Trab bringt. „Linking" sind Fähigkeiten zum Netzwerken und zur Kooperation. „Doing" beschreibt Umsetzungskompetenz.

Man könnte es auch weiter runterbrechen:

• Thinking = Fähigkeit zum divergenten Denken (also Querdenken). Ideen generieren, beobachten
• Linking = kommunizieren, zusammenbringen, andere ermächtigen, Gedanken zusammenbringen
• Doing = umsetzen, implementieren, spezialisieren

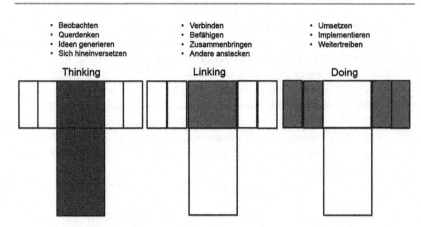

Abb. 3.1   T-Shaping macht Skills für agiles Arbeiten sichtbar

Das T-Shape-Modell ist nicht in Stein gemeißelt, man kann es unterschiedlich auffassen und anpassen. Es hilft auch sehr bei der praktischen Karriereentwicklung. Wenn Sie beispielsweise bei Mitarbeitern Schwerpunkte feststellen und deren „T" verbreitern möchten.

In der Abb. 3.1 sehen Sie ein Modell, das auf dem Design-Thinking-Prozess basiert. Dieses lässt sich aber individuell nach dem Grundgedanken Expertise plus X anpassen.

▶ **Ändern Sie Ihre Personal- und Karriereentwicklung!** Führung ist die Bestimmung von Bewegung, einschließlich des erfolgreichen Eingreifens in kritischen Situationen. Wir haben damit eine Führungsdefinition vorgenommen, nach der jeder Mitarbeiter punktuell und zeitweise Führung übernehmen muss, auch ohne formale Positions- oder Rollenbefugnis: Aus dieser Perspektive muss jeder Führung lernen.

Deshalb sollte Selbstführung Bestandteil von Karriere- und Führungskräfteentwicklung sein, dafür stelle ich ab Seite 125 unseren Ansatz vor. Deshalb sollten Mitarbeiter aber auch methodisch besser befähigt werden, Kommunikation zu gestalten. Kenntnisse in Moderation, aber auch in Konfliktlösung sowie Entscheidungsfindung in der Gruppe sind heute wichtiger, als sie es früher waren.

Überhaupt sollte die Gruppe, das Team, eine viele stärkere Rolle spielen als bisher, wo Entwicklungsmaßnahmen immer auf Einzelne zielten. Karriere war im Industriezeitalter ein Lebensmodell für Individuen. Das ist nicht mehr zeitgemäß. Ich könnte mir vorstellen, dass auch ganze Teams Karriere in unterschiedlichen Unternehmen machen können, weil sie gut eingespielt sind. Sie könnten insgesamt gefördert und entwickelt werden. Wir wissen längst, dass Teams viel mehr leisten können als Individuen und der maximale IQ in einem Team nichts darüber aussagt, wie die Gruppe zusammenarbeitet. Umgekehrt kann eine eingespielte Truppe viel mehr aus sich herausholen, als es ein Einzelner je könnte. Selbst Ich-Entwicklung könnte im Team durch die gemeinschaftliche Herangehensweise eine andere Bedeutung bekommen. Wenige Personen mit Flexibel-Denken könnten für die anderen entwicklungsfördernd sein. Die Produktivität in Teams ist somit etwas ganz anderes als die Leistungsfähigkeit einer Einzelperson.

Karriereentwicklung begann früher mit dem Aufbau von Fachkenntnissen. Prozesskenntnisse kamen durch die praktische Arbeit in einer Branche und einem Bereich dazu. Methodenkenntnisse erhöhten schließlich die Professionalität und untermauerten das fachliche Wissen. Wenig Augenmerk lag bisher auf Methoden der Teamkommunikation, Selbstorganisation und Selbstentwicklung in Gruppen. Das mehr in den Vordergrund zu stellen, könnte eine wichtige Aufgabe einer zukunftsorientierten Personalarbeit sein.

3.4   Vier Führungsrichtungen

Jetzt möchte ich konkreter auf die unterschiedlichen Führungsrichtungen eingehen, um damit zu vertiefen, welches Mindset diese jeweils brauchen. Dieses hilft Ihnen, Anforderungsprofile klarer zu fassen und die Eignung von Personen konkreter zu hinterfragen. Wir gehen dabei davon aus, dass die Grundvoraussetzungen für das Selbstführung, die ich auf Seite 125, beschrieben habe, immer erfüllt sind bzw. dass das eine sinnvolle Entwicklungsrichtung für Selbstorganisationskontexte darstellt.

Die Führungsrichtungen unterstützen dabei, zu analysieren, aus welchen Richtungen Führung kommt oder nicht kommt – und wo diese eventuell verstärkt oder abgeschwächt werden muss. Beispielsweise kann es zu viel Führung von oben und zu wenig von der Seite geben. Wenn Führung von unten gar nicht durch-dringen kann, so besteht hier Handlungsbedarf, könnte dies doch Innovationen verhindern. Oder Selbstführung: Stellt ein Unternehmen fest, dass sich seine Mit-arbeiter nicht selbst führen können, so sollte die Stärkung dieser Führung auf der Mitte erst einmal im Vordergrund stehen.

Führung von oben hat in manchen Unternehmen einen schweren Stand, es ist so etwas wie ein notwendiges Übel. Dieses Denken ist spezifisch für Start-ups und Softwareunternehmen sowie Unternehmen und Institutionen mit einem hohen Anteil intrinsisch motivierter Mitarbeiter, etwa Nichtregierungsorgani-sationen, sofern diese nicht bürokratisch organisiert sind (NGO). Doch Organi-sationen, die auf Führung durch Rangordnung und Positionsmacht verzichten, brauchen neben Teams, die Verantwortung übernehmen, eine visionäre Führung und viele Schnittstellenpositionen. Ich nutze oft das Bild von Vater und Mutter: Einer muss mit Klarheit den Weg weisen und entscheiden, ein anderer mit Für-sorge die Probleme des Alltags lösen. Ob das eine ein Mann und das andere eine Frau ist, ist völlig egal. Aber es gibt hierarchiearmen Unternehmen Ordnung. Das eine ist also mehr ein CEO, das andere ein COO, also ein Operations-Mensch, der für alle Personalfragen und die interne Kommunikation zuständig ist.

Konservativer geprägte Branchen, in denen Führung immer noch zu einem großen Teil das Delegieren von Aufgaben ist, brauchen meist weniger Führung von oben und mehr von der Seite. Da Menschen es hier weniger gewohnt sind, Verantwortung zu übernehmen, gilt es die Selbstführung zu stärken. Regeln, wie sie Scrum bietet, können da am Anfang sehr hilfreich sein, denn Menschen, die solche Freiheit nicht gewohnt sind, brauchen einen Rahmen.

Schauen wir uns das doch einmal genauer an.

3.4.1 Mindset für die Führung von der Seite

Führung von der Seite heißt, dass die führende Person keine formale Befugnis hat, etwas anzuordnen. Vielmehr gilt es, verschiedene Parteien in ein gemeinsa-mes Boot zu holen, das dann Kurs auf ein Ziel nimmt, aber ohne direktiven Kapi-tän. Laterale – also seitliche – Führungskräfte helfen anderen dabei, einzusteigen. Stellen Sie sich das bildlich vor, vor allem, wenn der eine oder andere gar nicht mitwill und lieber sein Auto nehmen würde. Laterale Führung wird oft als servant leadership missverstanden. Das ist ebenso falsch wie die Annahme, dass laterale Führungskräfte, also z. B. Projektleiter oder Scrum Master, keinen Einfluss neh-men dürfen. Bloß nicht manipulieren, pushen, entscheiden … Die anderen sollen das machen, das Selbstverständnis von Coaches ist es meist, Hilfe zur Selbsthilfe zu bieten – doch manchmal ist die beste Hilfe eben doch eine klare Aussage, eine Entscheidung oder ein energisches Einschreiten.

Das größte Hindernis in einem Keine-Machtmenschen-bei-uns-Kontext sind unter den Teppich gekehrte Konflikte. Oft bieten gerade diese Unternehmen besonders viel Sinn, weil sie auf ein großartiges Produkt oder einen Mehrwert für die Gesellschaft ausgerichtet sind. Das macht es noch mal schwerer, durchzugreifen – geht es doch um die Sache. Da passt das sogenannte servant leadership auf den ersten Blick gut ins Denkkonzept.

Laterale Führung und servant leadership werden gern dicht aneinandergerückt, miteinander zu tun haben sie im Grunde nur eins: Es geht bei servant leadership um Führung im Sinne des Guten. Führung, die den Menschen für ein höheres Ziel dient. Die ist immer altruistischer, immer rücksichtsvoller, immer netter als die Führung ohne Sinn (über das Böse lassen Sie uns besser nicht sprechen, es ist ähnlich attraktiv wie das Gute, weil niemand es als böse erkennt).

Wenn Sie sich laterale Führung bildlich vor Augen halten, erkennen Sie wahrscheinlich sofort die Schwierigkeit: Von der Seite kann man an die Hand nehmen, begleiten, unterstützen, ins Boot helfen. Man kann andere motivieren, doch an Bord zu kommen. Das alles ist kommunikationsintensiv. Das fordert entweder eine überzeugende Persönlichkeit oder klare Regeln, die allerdings auch nur dann ernst genommen werden, wenn sie von jemandem vertreten werden, der selbstbewusst auftritt.

Vor allem, wenn widerstreitende Interessen miteinander verbunden werden sollen, braucht es in lateralen Rollen Kommunikationsstrategen, die mit sich selbst im Reinen sind und deshalb für Klarheit sorgen können. Man dient der Organisation und dem Team, also zwei Herren. Das geht nur mit innerem Leitfaden. Servant leadership passt da eigentlich nicht. Es ist zu sehr an Identität ausgerichtet. Jedenfalls in der Bedeutung, die es in der Managementliteratur hat. Für mich gehört es zur Führung von oben.

In lateraler Funktion ist dienende Führung im ursprünglichen Gedanke nach Robert K. Greenleaf, der sich vom Helden Leo aus Hermann Hesses „Die Morgenlandfahrt" inspirieren ließ, nur denkbar, wenn es eine kleine Organisation ist. Laterale Führungskräfte, die verschiedene Interessen koordinieren und team-, abteilungs- oder bereichsübergreifend arbeiten, brauchen andere Instrumente. Wenn sie sich zu sehr als dienend begreifen, zerreiben sie sich zwischen den Fronten. Eine Ich-Entwicklung in der Effektiv-Phase ist für diese Personen Minimalanforderung. Daneben brauchen sie methodische Kompetenzen, etwa in Moderation, Coaching, Konfliktintervention und Teamentwicklung. Überhaupt ist

der Schwerpunkt bei dieser Führung methodisch – anders als bei der Führung von oben.
Für laterale Führungskräfte gibt es fünf Schwerpunktaufgaben:

- Abläufe, Prozesse und Inhalte koordinieren
- Regeln und Strukturen einbringen
- Für Einhaltung von Regeln sorgen
- Teams entwickeln
- Konflikte lösen

Von diesen Aufgaben erkennen Organisationen derzeit meist nur die erste, im agilen Kontext auch die zweite und dritte – selten aber die vierte und fünfte. Sie schauen entsprechend auf die falschen Kompetenzen, wenn sie Bewerber für laterale Aufgaben auswählen. Es geht etwas weniger um Sinngebung und Charisma und viel mehr um methodische Kenntnisse auf Team- und Einzelebene. Der Koffer mit Fachwissen darf auch gern Grundlagen in Systemtheorie, Psychologie und Gruppendynamiken enthalten. Ambiguitätstoleranz ist wichtig. Und ein versöhnliches Verhältnis zur Macht, denn wer das nicht hat, neigt zur Ohn-Macht.

3.4.2 Mindset für die Führung von oben

Eine Managementmode jagt die andere, doch keiner der Experten hat Führung dabei je sauber von anderen Konstrukten, wie etwa Konfliktlösungskompetenz oder Entscheidungsfähigkeit, abgegrenzt. Bisher wurde Führung in der Managementliteratur überwiegend im Sinn einer Vorgesetztenfunktion behandelt. Doch was sagt es über die persönlichen Fähigkeiten aus, wenn jemand durch eine Organisation befugt ist, über etwas und andere zu entscheiden? Nichts. Es sagt lediglich etwas über höchst individuelle Beförderungspolitik aus.

Führung von oben ist in unserer Definition dadurch gekennzeichnet, dass eine Person vorangeht und andere Mitarbeiter mitnimmt, kraft ihrer Position oder Persönlichkeit. Führung von oben kann also formell und informell sein. Mit formeller Macht ausgestattet, fällt es leichter, einen Rahmen auszufüllen. Hinzu kommen die gesetzlichen Erfordernisse – einer muss am Ende ja den „Kopf" herhalten und entscheiden. In Führungsschwachen Umfeldern werden diese Prozesse oft ausgesessen oder outgesourct. Weil beispielsweise die Rechtsabteilung nicht entscheiden will, engagiert man Externe. Genau genommen ist das nicht nur schwache Führung, sondern gar keine. Weil die gezielte Einflussnahme durch

Bestimmen der Richtung von Bewegung nicht an Positionsmacht gebunden ist, kann es vorkommen, dass auch ranghohe Führungskräfte nicht führen.

Die Digitalisierung trägt neue Anforderungen an Führung von oben heran. Wenn wir uns Tab. 3.1 „Grundannahmen der Führung" in Erinnerung rufen, so gab es dort das Thema „Sinn" als Anforderung der Digitalisierung. Führung muss sinnstiftend sein, sofern sie darauf abzielt Menschen intrinsisch zu motivieren oder intrinsisch motivierte Menschen zur Bewältigung der Herausforderungen in nicht planbaren Prozessen braucht. Das erfordert Herangehensweisen, die sich von einigen der bisher gängigen unterscheiden.

Eine davon ist das bereits erwähnte servant leadership. Dieses möchte ich nun konkretisieren, denn es passt besser in den Kontext der Führung von oben als zur lateralen Führung. Der Erfinder des servant leadership, Robert K. Greenleaf, ein ehemaliger Manager von AT&T, hat sich von Hermann Hesse inspirieren lassen. Dem Helden Leo in „Die Morgenlandfahrt" gelang es, eine Gruppe desorientierter Sinnsucher zusammenzuhalten, indem er ihnen diente. Sobald er jedoch weg war, zerfiel die Gruppe. Im Grunde war Leo mehr „spiritual leader", das ist etwa bei einer Versicherung vergleichsweise schwer vorstellbar.

Und er hat dem Team auch keineswegs zur Selbstorganisation verholfen, weshalb dieses Konzept nur an der Spitze inhabergeführter Unternehmen funktioniert oder dort, wo Führungskräfte länger in ihren Positionen und damit auf Sicht einiger Jahre Identifikationsfiguren bleiben. Sie können zu regelrechten Vaterfiguren werden, die Bindung erzeugen. In einem solchen Kontext würde alles zusammenbrechen, wenn eine Führungskraft à la Leo das Unternehmen verließe. Das ist nur wünschenswert für Unternehmen, wenn sie inhabergeführt sind.

Servant leadership im Sinne von Robert K. Greenleaf erinnert stark an die visionäre Führung oder auch das transformationale Führungskonzept. Dieser Nachfolger transaktionaler Führung, die Menschen mit Zielen leiten möchte, stiftet Sinn, kommuniziert und transformiert Menschen, verändert sie also. Das widerspricht zum Beispiel lateralen Aufgaben. Sinn und Visionen liegen eher im Verantwortungsbereich der Unternehmensspitze. Ab Bereichsleiterebene kann das Konzept eigentlich nicht mehr funktionieren, weil hier der Interessenkonflikt im System begründet liegt. Bereichsleiter reichen etwas durch und weiter und sind aus dieser Position fast gezwungen, eigene Interessen zu vertreten.

Servant leadership ist bei näherer Betrachtung kaum anders als transformationale Führung. Ob man sagt „ich diene" oder „ich führe" unterscheidet sich letztendlich nur durch ein Wort und bei genauer Betrachtung durch eine Nuance. Dienstleistung ist Definitionssache. So wie man auch Macht als Dominanzverhalten fehlinterpretieren kann, so lässt sich Dienstleistung als Unterwerfung sowie fürsorgliches Kümmern missverstehen.

Natürlich muss diese Führung auch charismatisch sein. Wir können das ganze Konstrukt auch gern Heldenführung nennen, die Unterschiede zwischen all diesen vermeintlichen Führungsarten sind marginal, weil es im Grunde immer um dasselbe geht: Menschen mitzunehmen und das Beste aus ihnen herauszuholen – im Sinne von etwas, das es „wert" ist.

Der Held Leo in Hesses Roman hatte einen immensen Einfluss auf die Gruppe. Dieser war sogar so stark, dass die Gruppe nach seinem Weggehen zerfiel. Für eine Organisation – wie gesagt, sofern diese nicht an einen Gründer gebunden ist und das auch bleiben soll – ist eine derartige Bindung an eine angestellte Person problematisch. Was auf Teamebene bestens funktioniert, kann auf Organisationsebene zur Bedrohung werden. Charismatische, väterliche oder mütterliche Persönlichkeiten hinterlassen ähnliche Leere wie Autokraten, wenn sie gehen. Das kann nur zu paradoxen Verhältnissen führen: Da ist etwas gewünscht – Menschen Sinn stiften, Halt und Orientierung geben -, was aus Organisationssicht bekämpft werden muss (eine unersetzbare Führungskraft).

„Dem Menschen dienen" ist auch eine Form der Machtausübung. Man könnte sie „gute" Macht nennen, da sie fokussiert ist auf Wohlergehen für alle. Es bleibt Macht, deren Kennzeichen die Einflussnahme ist. Und Einfluss ist nie weit entfernt von Manipulation. Schon die Erscheinung eines Menschen, sein Aussehen, seine Attributierungen beeinflussen. Und erst recht seine bewusst und zielgerichtet vollzogenen Handlungen, so sie denn authentisch sind, also von innen kommen.

Holakratische Modelle versuchen den Menschen auszuhebeln, indem sie eine Persönlichkeit durch Rollenbeschreibungen und Vorschriften „unwichtig" machen wollen. Das kann keine Lösung sein. Denn Leo in Hesses Buch zeigt auch: Solche Führung von oben kann viel mehr Gutes bewirken, als es Regeln je könnten.

Was für eine Person braucht man für eine Führung von oben, nennen wir sie nun servant leadership, visionär, transformational, charismatisch oder Heldenführung? In der Ich-Entwicklung sind das Personen im postkonventionellen Bereich, die bereits über die Flexibel-Phase hinausgekommen und Prinzipien entwickelt haben. Das ermöglicht ihnen auch ein Agieren unter Komplexität und originelles Denken.

Hinzu kommt eine bestimmte Persönlichkeit, die von der Ich-Entwicklung entkoppelt ist – möglicherweise durch ein wenig Größenwahn gekennzeichnet ist, durch Mut und Selbstsicherheit, gesunden Narzissmus. Ganz besonders wichtig ist bei dieser Führung von oben die Fähigkeit, emotional zu berühren. Das muss eine laterale Führungskraft nicht in dieser Form. Und das braucht aus meiner Sicht auch durchaus eine gewisse psychologische Distanz.

3.4.3   Mindset für die Führung von unten

Führung von unten? Das hat nichts mit Revolution zu tun. Führung von unten ist immer dann da, wenn von unten Druck entsteht, der oben für Bewegung sorgt. Da ist eine Menge vorstellbar, wenn wir uns die Subdefinition von Führung als Einflussnahme in kritischen Situationen vorstellen. Dann nämlich ist Führung von unten gegeben, wenn die Basis durch eigenes Engagement etwas verändert. Eine Innovation, die von unten angestoßen wurde und ohne offiziellen Auftrag von oben entwickelt worden ist, gilt in diesem Sinn als Führung von unten. So etwas passiert selbst in Konzernen, wenn zum Beispiel ein Mensch oder Team entscheidet etwas zu tun, das oben eigentlich nicht gewollt ist.

Die Arbeitspsychologie kennt kontra- und extraproduktives Verhalten. Extraproduktives Verhalten hilft dem Unternehmen weiterzukommen. Das ist ein Unterschied zu kontraproduktivem Verhalten, wo Mitarbeiter gegen die Interessen des Unternehmens agieren, etwa durch unethische Aktionen. Führung von unten ist auch die Einflussnahme auf das Denken und Handeln derer, die aus einer Position des formalen „Oben" agieren, beispielsweise durch geschickte Kommunikation und Beeinflussung. Aber auch durch Maßnahmen, die zunächst wie eine Blockade erscheinen, am Ende jedoch das „Oben" zur Aktion zwingen: Leistungsverweigerung etwa kann als Führung von unten gesehen werden, sofern sie eine Bewegung auslöst, etwa eine Umstrukturierung oder auch eine Neubesetzung der bisherigen Führungsposition.

Natürlich fällt hier auch alles hinein, das Umdenken erzeugt, beispielsweise wenn Mitarbeiter Initiativen starten, die neues Denken in ein Unternehmen bringen, ohne dass es die Führung will – oder einfach nur ohne offiziellen Auftrag. Oft wird gesagt, man müsse für Veränderungen ganz oben anfangen. Das ist nicht richtig. Bewegung kann aus allen Richtungen entstehen. Betriebliches Vorschlagswesen, das Gespräch des Lagerarbeiters mit dem Vorstand im Fahrstuhl, all das ist Führung von unten, in dem Moment, in dem es Wirkung zeigt. Wenn also der Vorstand aufgrund der Intervention des Lagerarbeiters etwas veranlasst, so war das Führung von unten, die dann in Führung von oben übersetzt wurde. Es ist Bewegung entstanden!

So geht Untergrund-Arbeit

Ein traditionelles Versicherungsunternehmen hat einen neuen digitalen Bereich aufgebaut, der direkt unter dem Vorstand aufgehangen wird. Immer wieder treffen Welten aufeinander: die jungen und motivierten Spezialisten versus jene Mitarbeiterschaft, die teils schon seit der Lehre im Unternehmen sind. Die einen wollen Veränderung, die anderen nichts verändern. Prozesse sind bürokratisch, ohne Stempel geht nichts. Würde sich der neue Bereich daran orientieren, wäre keinerlei Fortschritt möglich. Von der Bereichsleitung gedeckt, werden also Vorschriften unterlaufen. Das eskaliert häufig und führt zu vielen Auseinandersetzungen, aber durch das „working underground" des neuen Bereichs gibt es kleine Schritte voran. Das alles kann nur funktionieren, weil es vom Vorstand toleriert wird.

Die Wahrscheinlichkeit für produktives Führen von unten steigt, je mehr das Unternehmens-Mindset dies fördert und zulässt. Wenn der Vorstand mit den Mitarbeitern frühstückt, offen kommuniziert wird, Ideen sich Raum bahnen können und sich Teams ohne formalen Akt selbst bilden können, steigt der Einfluss der Basis.

3.4.4 Mindset für die Selbstführung

Selbstführung führt leider ein Schattendasein. Bleiben wir konsequent in unserem Bild, so bedeutet Selbstführung, dass ein Mensch sich selbst in Bewegung setzen und wirksam auf sich selbst Einfluss nehmen kann. Selbstführung wird in der Literatur oft nah an Resilienz gerückt, also Widerstandskraft. In unserem Verständnis ist sie mehr als das. Andererseits: Ohne eine resiliente Persönlichkeit wird sie kaum möglich sein. Insofern lässt sich Resilienz als Voraussetzung von wirksamer Selbstführung sehen. Resilienz als emotionaler Stil nach Richard Davidson [4] ist etwas, das sehr gut trainierbar ist, etwa durch Meditation.

Führung aus der Mitte ist umso wichtiger, je mehr ein Unternehmen Verantwortungsübernahme und Selbstorganisation postuliert. Nur Menschen, die zur Selbstführung fähig sind, können Verantwortung in dieser Art und Weise übernehmen. Beispielsweise kann nur derjenige mit Regeln führen, wie es etwa der Scrum-Kontext erfordert, der vom Mindset her in der Lage ist, sie zu brechen.

Manche meinen, man müsse Menschen Verhalten beibringen, damit sie sich führen lernen. Das ist einseitig und naiv. Nur weil jemand gelernt hat, etwas zu tun, heißt das noch lange nicht, dass er dieses Verhalten selbst produzieren und reproduzieren kann. Er hat ein „Skript" übernommen, ohne zu verstehen, in welchem Zusammenhang es läuft. Wenn beispielsweise ein Scrum Master Regeln erklären und auf deren Einhaltung pochen kann, dann beherrscht er ein angelerntes Verhalten. Er versteht aber nicht notwendigerweise auch den Kontext und die Tatsache, dass Regeln immer individualisiert werden müssen. Für mich zeigt sich die Grenzlinie immer da, wo Menschen Regeln nicht nur einführen und lehren, sondern diese auch mit Blick auf Kontext und Situation brechen können.

Ich habe viele Leute handeln sehen, bei denen dieses Handeln keine Auswirkung auf die Haltung hatte. Die handelten blind, weil sie Regeln folgen, und sie konnten sich eben nicht davon lösen. Conny Dethloff, den sie auf Seite 27 ff. in einem Interview kennengelernt haben, hat in einem Blogbeitrag mit dem Titel „Alle reden über das Mindset" für die Unternehmensdemokraten geschrieben und sich dabei am Kampfsport Shu-Ha-Ri orientiert. Das ist ein sehr schöner Dreischritt, der auch zeigt, wie wichtig es ist, einen Rahmen zu haben und sich an diesen zu halten.

Diesen Dreischritt Shu (Regeln einhalten), Ha (aufbrechen, abweichen) und Ri (verlassen, trennen) zu durchlaufen, verlangt eine Ich-Entwicklungsstufe E6 bzw. Effektiv-Phase bei mir. Rein statistisch finden sich in dieser Phase oder darüber hinaus aber kaum 45 % der erwachsenen Fach- und Führungskräfte. Die Fähigkeit zur Selbstführung erkennt man nämlich daran, dass jemand Shu-Ha-Ri überhaupt befolgen kann. Ohne Wir- oder Richtig-Modus würden Menschen vor allem Shu und Ri können, strukturell sich also an etwas halten oder dieses boykottieren, nicht aber dieses sinnvoll verändern.

Selbstführung geht aus meiner Sicht über verschiedene Stufen, die mit der Ich-Entwicklung Hand in Hand gehen. Wer Menschen auf eine Effektiv-Phase hin entwickeln möchte (oder sich selbst), tut gut daran, bei der Selbstführung zu beginnen. Mein Selbstführungsmodell mit den vier Bereichen (siehe Abb. 3.2 und mein Selbstführungs-Reflexionsbogen, den Sie unter www.teamworks-gmbh. de/agile-toolbox herunterladen können, können Orientierung bieten. Ich unterscheide dort zwischen zwei Polen sowie positiven und übertriebenen Umsetzungen. Dabei ist die eine Seite rezeptiv, an- und wahrnehmend, die andere aktiv-umsetzend.

Die Facetten zwischen „positiv rezeptiv" und „positiv aktiv" sollten mit konkreten Situationen gedacht werden. Nehmen wir das Beispiel Strukturierungsfähigkeit. Aktiv spiegelt diese die Fähigkeit, Regeln auch zu produzieren, rezeptiv die Fähigkeit, diese einzuhalten. Das entspricht also genau dem Shu-Ha-Ri-Prinzip. In beide Richtungen gibt es eine Übertreibung, in der etwas in sein Gegenteil bricht und deshalb starr wird und weniger wirksam oder sogar kontraproduktiv ist.

Meine Erfahrung ist, dass dieser Fragebogen Menschen in früheren Ich-Entwicklungsphasen erst einmal abschreckt, da diese Differenziertheit des Denkens ungewohnt ist. Deshalb empfehle ich in diesem Fall, den Fragebogen auf für den Kontext wesentliche Punkte zu reduzieren. Ganz wichtig ist, es nicht bei der Selbsteinschätzung zu belassen und sehr konkret in Situationen hineinzugehen.

Der Fragebogen orientiert sich an den Glaubenspolaritäten, über die ich einige Seiten zuvor (Seite 105) geschrieben habe: Erkenntnis (Wissen), Ordnung (Struktur) und Bindung (Beziehung) (siehe Abb. 3.2).

3.4.4.1 Meine Grundannahmen

Abb. 3.2 Selbstorganisation in drei Phasen.

Was macht Menschen aus, die sich selbst führen können? Viele sprechen heute von Resilienz. Sicher braucht es Widerstandskraft, aber nicht nur. Je mehr Eigenverantwortung die Arbeitswelt fordert, desto eher müssen Menschen sich selbst ausbalancieren können. Dazu gehört zum Beispiel auch „nein" zu sagen, Dinge einzufordern, die eigene Arbeit aktiv zu gestalten.

Welche Annahmen liegen dem zugrunde? Für mich sind es die Folgenden:

- Ein Mensch, der sich selbst führen kann, ist in Balance mit sich selbst.
- Nur ein Mensch, der sich selbst führen kann, ist außerhalb einer formalen Positionsmacht in der Lage, andere zu führen.
- Deshalb ist Selbstführung für Selbstorganisation eine Grundvoraussetzung.
- Eine Voraussetzung für Selbstführung ist weiterhin die Fähigkeit, die Notwendigkeit einer solchen Balance überhaupt zu erkennen. Das setzt voraus, dass jemand das EINE und das ANDERE als gleichwertig erkennt und gegenseitige Bedingung als Notwendigkeit versteht. Regeln brauchen Regelfreiheit, Freiheit braucht Bindung. Und so weiter.

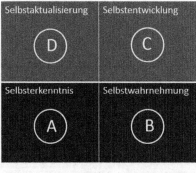

Abb. 3.2 Modell zur Selbstführungsentwicklung

Selbstführung ist ein Spiegel persönlicher Entwicklung und Reife. Da die Arbeitswelt dabei ist, sich komplett zu drehen, wird Selbstführungsfähigkeit immer wichtiger werden. Mit Zeitmanagement hat sie wenig zu tun. Ich bin der Meinung, dass ein Mensch, der sich selbst Ziele setzen kann, höchstens Methoden der Organisation lernen muss, um effektiv und effizient zu sein. Aber ich glaube, dass jemand, der Zweiwertigkeit nicht denken kann, auch an den Methoden scheitert (also am erkenntnisgestützten Handeln, wenn man so will).

Manch einer meint ja, man müsse Menschen nur den Rahmen geben und alles würde schon von alleine gehen. Es liegt aber nicht nur am System. Es reicht nicht, Menschen Möglichkeiten zu geben und zu glauben, sie würden sie nutzen. Es gibt kognitive Unterschiede, verschiedene Reifegrade und auch Wissensunterschiede. Es gibt Mitarbeiter, die dürfen ganz viel und sind trotzdem nicht in der Lage, ein neues Produkt zu entwickeln. Weil sie z. B. gar nicht trennen können zwischen Eigeninteresse und Markt. Oder weil sie das, was sie alles dürfen, nicht betriebswirtschaftlich durchrechnen können und in Folge Bonbons statt Software erfinden. Dazu hilft ein Blick auf unser Modell der Selbstorganisation in drei Phasen. Es zeigt auf, wie Rahmenbedingungen eine Rolle spielen (siehe Abb. 3.3).

Dass im agilen Kontext so relativ viel schiefläuft, hat meiner Meinung nach auch mit dem fehlenden Blick auf diese Selbstführungskompetenz zu tun. Wenn Mitarbeiter nur eigenen Interessen folgen, wenn Egoismen das produktive Arbeiten stören,

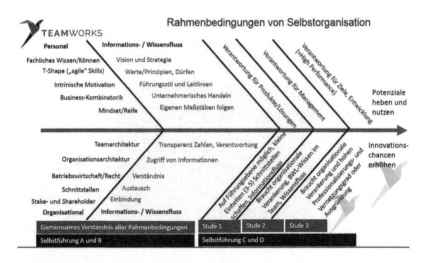

Abb. 3.3 Rahmenbedingungen für Selbstorganisation

wenn der Teppich aufgrund der darunter gekehrten Konflikte nicht mehr ohne Stolpern begehbar ist, sind das Zeichen fehlender Führung, aber auch mangelnder Selbstführung.

Selbstführung interagiert mit seitlicher Führung und Führung von oben. Führung von oben kann Selbstführung konterkarieren, wenn sie keinen ausreichenden Freiraum lässt. Laterale Führung, zum Beispiel eines Scrum Masters, kann Selbstführung behindern, wenn z. B. der Scrum Master enger denkt als die Entwickler. Wenn also Selbstführung nicht funktioniert, liegt es manchmal nicht daran, dass die Personen potenziell dazu nicht in der Lage wären, sondern dass die Führung von oben und/oder von der Seite ihnen die Selbstführung gar nicht ermöglicht.

3.4.5 Selbstorganisation

Eine der Kernideen von Agilität ist die Selbstorganisation von Teams. Selbstorganisation ist dabei nicht gleich Selbstorganisation. Und natürlich ist es ein Irrtum zu glauben, man brauche einem Team nur Verantwortung zu übertragen und schon würde alles rundlaufen. Es müssen mehrere Voraussetzungen erfüllt sein, die ich in Abb. 3.3 darstelle. Ganz wichtig sind die Rahmenbedingungen, und zwar auf der Ebene der Person und auf der Ebene der Organisation. Ein Team ist immer auch eingebettet in seinen Kontext. Da gibt es beispielsweise eine Finanzabteilung, mit der er es zusammenarbeiten muss. Diese will oder muss planen und berechnen können – eine Notwendigkeit, die agile Projektmanagementmethoden wie Scrum nur bedingt vorsehen. Hier entstehen automatisch Interessenkonflikte und Schnittstellenthemen.

Das sollten Unternehmen durchdenken, die Selbstorganisation einführen, tun das oft aber nicht. Sie sollten weiterhin berücksichtigen, dass jede Veränderung erst einmal zu Chaos und Klimaverschlechterung führt. Niemand darf erwarten, dass etwas von Anfang an funktioniert. Inkonsequenz, wenn die Führung aus „Not" durchgreift und die vorherige Freigabe konterkariert, führt zu Irritation bei den Mitarbeitern, auf die diese dann oft mit Unsicherheit und Verharren reagieren.

Je nach Kontext ergeben sich drei verschiedene Selbstorganisationsstufen. Stufe 1 bedeutet, dass das Team gemeinsame Aufgaben löst, die außerhalb der betriebswirtschaftlichen Verantwortung liegen, beispielsweise Produktentwicklung. Stufe 2 bezieht die betriebswirtschaftliche Verantwortung mit ein und setzt das dadurch um, dass die Teams auch ihre Ziele selbst bestimmen. Stufe 3 ist die vollständige Selbstorganisation: Das Team führt sich selbst, setzt sich Ziele selbst und entwickelt sich auch eigenverantwortlich selbst weiter. Dies könnte man auch mit High Performance übersetzen, wobei es zu diesem Begriff unterschiedliche Interpretationen gibt [3].

3.4.6 Unsere Studie Führungswerte

Welche Werte leben Führungskräfte in agiler werdenden Zeiten, unter dem Einfluss der Digitalisierung und stetem Veränderungsdruck? Mein Unternehmen Teamworks GTQ GmbH hat eine Umfrage unter 270 im Internet rekrutierten Führungskräften durchgeführt. Wir wollten herausfinden, an welchen Führungswerten sich Führungskräfte im agilen und nicht agilen Kontext ausrichten. Dabei gingen wir von der Annahme aus, dass Werte Orientierung geben und Handlungsimpulse setzen. Uns war dabei aber bewusst, dass Werte nichts über letztendliche Handlungen und Verhalten aussagen. Sie können sozial erwünscht und gesellschaftlich geprägt sein. Aus psychologischer Sicht kann es sich auch um „Introjekte" handeln. Das bedeutet, die geäußerten Werte sind nicht wirklich als Handlungsimpuls verankert, sondern „eingepflanzt". Jemand denkt nur, dass er so oder so handeln müsse, und meint vielleicht auch, es zu tun. Werte sind letztendlich also wie ein Rahmen zu verstehen, in dem sich Führungskräfte bewegen möchten oder den sie als für Führung angemessen ansehen. Ob sie diesen Rahmen für ihr Handeln im Alltag wirklich als Orientierung heranziehen, ist eine ganz andere Frage.

In der Umfrage widmeten wir uns weiteren Themen, um Querverbindungen herzustellen und Anhaltspunkte einzubauen, die die zuvor gegebene Einschätzung konterkarieren könnten. Unter anderem wollten wir wissen, ob Führungskräfte sich selbst reflektieren und wie oft. Wir gehen davon aus, dass Selbstreflexion und wirksame Führung in Zusammenhang stehen. Das zeigen diverse Studien, etwa Führungskultur im Wandel von 2016 [5]. Auch Mario Vaupel [3] hält Reflexivität von Führungskräften für entscheidend in der Zukunft. Er definiert diese als eine von sieben notwendigen Mindsets, wobei seine Mindset-Definition anders ausfällt als meine. Er sieht diese als Denk- und Gefühlsmuster. Eine Person kann in Vaupels Modell mehrere Mindsets einnehmen [12, 13].

Weiterhin interessierte uns, ob das „Mindset" nach Carol Dweck auf die Führungswerte Einfluss haben könnte. Deshalb sollten im letzten Abschnitt die Mindsets (growth & fixed mindsets nach Carol Dweck) auf einer Skala von 1 (= stimme sehr zu) bis 4 (= stimme gar nicht zu) beurteilt werden. Dahinter steckt die Annahme, dass Menschen mit flexiblem Mindset, die an die Entwicklungsfähigkeit von Menschen glauben, eher „fortschrittliche" Werte haben.

Carol Dweck [9] selbst beschreibt immer wieder einen Zusammenhang. Sie sieht beispielsweise die Enron-Pleite als Folge eines fixed mindset. Auch das talentorientierte Recruiting (Ziel: fertige Talente!) betrachtet sie kritisch. Der Umkehrschluss ist also, dass Menschen mit einem fixed mindset vielleicht eher zu weniger offenen Werteaussagen tendieren und dazu neigen, etwas als richtig oder falsch abzustempeln. Umgekehrt erwarteten wir, dass Menschen mit growth mindset Führung breiter und offener sehen.

Der Fragebogen bestand aus insgesamt vier Seiten und wurde in der Zeit vom 22. März bis zum 8. Juni 2017 über soziale Netzwerke verteilt. Im ersten Abschnitt holten wir allgemeine Daten zu Alter, Geschlecht und höchstem Bildungsabschluss sowie zu Größe der Firma, Führungskultur und Führungsverantwortung ab. Im zweiten Teil des Fragebogens wurden die Werte erfasst. Diese haben wir anhand meines auf Spiral Dynamics [8] beruhenden Modells Worklifestyle® auf fünf Gruppen verteilt. Diese Gruppen beinhalten „Wertesysteme", die Cluster bilden, etwa Hierarchie und Ordnung oder Erfolg und Leistung.

Diese Wertesysteme lassen sich in gewisser Weise auch als Agilitätsgrade verstehen. Eine einseitige Orientierung an Hierarchie und Ordnung etwa verhindert Agilität im Sinne einer Beweglichkeit und beschreibt deshalb einen niedrigen Agilitätsgrad. Sie knüpft an die konventionelle Logik einer Delegation durch Aufgabenübergabe an. Wie schon Frédéric Laloux [6] zeigte, gehen Werte mit einer unternehmerischen Ausrichtung einher, die folgende Cluster bilden:

- Rot: durchsetzungs- und machtorientiert (bei mir dynamic style)
- Blau: konservativ-hierarchisch (bei mir conventional style)
- Orange: messend-leistungsorientiert (bei mir performance style)
- Grün: kooperativ-teamorientiert (bei mir cooperative style)
- Gelb: flexibel-selbstoptimierend (bei mir flexi style)

Dabei waren „gelbe" Fragen stets auf Zusammenarbeit und die Verbindung verschiedener Werte ausgerichtet, spiegelten also eine Sowohl-als-auch-Denklogik. Die anderen Fragen hatten einen klaren und eindeutigen Schwerpunkt. Hier ist also eine Entweder-oder-Logik verhaftet.

Der flexible (gelbe) Wertecluster zeigt, dass unterschiedliche Aspekte von Führung gesehen und präferiert werden. Es geht also nicht nur um Zielerreichung, Prozesse und Regeln sowie Kooperation für sich genommen, sondern darum, alles situativ und kontextbezogen zu integrieren sowie auf eine höhere Ebene zu bringen.

Mein System entspricht bei Spiral Dynamics®, entwickelt von Don Beck und Christopher Gowan [1], den Stufen rot, blau, orange, kooperativ und gelb. Bei

Laloux ist gelb „teal". Wir arbeiten mit unserer Interpretation schon einige Jahre und setzen dazugehörige Fragebögen beispielsweise in Workshops und auf Veranstaltungen ein.

Nicht erfasst haben wir „türkis" aus der Spirale von Spiral Dynamics, bei uns better world style, sowie purpur, bei uns family style. Der Grund: Fragen zu türkis sind nicht vom „Idealismus" zu trennen und lassen sich weniger gut auf Führungswerte im Sinne von Handlungsimpulsen im Umgang mit Menschen übertragen. Man kann aus Idealismus kooperative oder auch durchsetzungsorientierte Werte verfolgen. Purpur ist nicht trennscharf von grün, also cooperative style. Eine Teamfokussierung kann hier wie dort vorkommen. Unterschiede zeigen sich nur in der Führungsleitung: In einem purpurnen Unternehmen gibt der Patriarch den Rahmen vor. Der zentrale Wert ist Sicherheit und Loyalität, wie dieser gelebt wird, ist wieder höchst unterschiedlich. Um Verwirrungen zu vermeiden: Laloux spricht bei gelb von teal, dieses umfasst bei ihm gelb und türkis zusammen.

Es existieren Fragebogen-Versionen für Einzelpersonen-, Führungs-, Team- und Unternehmenswerte. Hier haben wir die Führungswerte-Fragen eingesetzt.

Unsere Erfahrung bisher ist, dass sich in den meisten Unternehmen ein Schwerpunkt zeigt. Das heißt, die Werte tendieren zu einem Werteclustern oder sind Mischungen aus zwei aufeinanderfolgenden Clustern, etwa dynamic oder flexi style.

Die Teilnehmer sollten auch Angaben zu ihren Interessen (Philosophie, Psychologie, Sport usw.) machen. Die Idee war, dass Interessen letztendlich auch Wertvorstellungen zeigen können. Eine Hypothese war, dass diese im Zusammenhang mit bestimmten Führungswerten stehen können. Für die Analyse der Ergebnisse wurden lediglich die Daten derjenigen berücksichtigt, die den Fragebogen vollständig ausgefüllt haben.

Im Folgenden werden die zentralen Ergebnisse zusammengefasst.

3.4.6.1 Demografische Daten der Stichprobe
Für die Auswertung konnten letztendlich die Daten von 227 Teilnehmern berücksichtigt werden. 110 waren weiblich (49 %), 115 männlich (50 %), zwei machten keine Angabe (1 %). Die Altersstruktur war die folgende:

- 5 Personen unter 30 Jahre (2 %),
- 54 Personen zwischen 31 und 39 Jahre (24 %),
- 96 Personen zwischen 40 und 49 Jahre (43 %),
- 52 Personen zwischen 50 und 55 Jahre (23 %),
- 18 Personen über 56 Jahre (8 %).

Der höchste Schulabschluss war am häufigsten Master, Magister, Diplom (60 %), es folgte die kaufmännische Ausbildung (16 %), Bachelor (10 %), Promotion (8 %), technische Ausbildung (3 %) und ohne Abschluss (3 %). Die Frage nach der Führungsverantwortung beantworteten 192 Teilnehmer mit „Ja" (85 %) und 35 mit „Nein" (15 %). Da wir Führung als Bestimmen der Richtung von Bewegung definieren und erfolgreiche Einflussnahme in kritischen Situationen, war Führungsverantwortung im Sinne einer Rangordnung keine Voraussetzung für die Teilnahme Zudem fragten wir auch laterale Führung ab (siehe auch Abb. 3.4).

Wir erhoben, von welcher Führungskultur die Teilnehmer geprägt sind, also ob von einem west- oder nordeuropäischen oder beispielsweise amerikanischen Stil. Unsere Praxiserfahrung sagt, dass es hier erhebliche Unterschiede gibt. Führungskräfte in einem skandinavisch geprägten Unternehmen verfolgen oft klarer die Wertvorstellung von Teamarbeit als Westeuropäer. Amerikaner sind gewöhnlich leistungsorientierter und insgesamt „messfreudiger".

3.4.6.2 Ergebnisse
In der gesamten Stichprobe führten die Wertecluster cooperative und flexi style mit großem Abstand, gefolgt von performance und conventional style und weit abgeschlagen dynamic style. Personen, die Erfahrung mit agilen Methoden haben, wählten diesen Wertcluster nie. Diese Personen sind auch öfter im „flexi style" zu Hause, bevorzugen also Werte, die man als „Sowohl-als-auch-Denken"

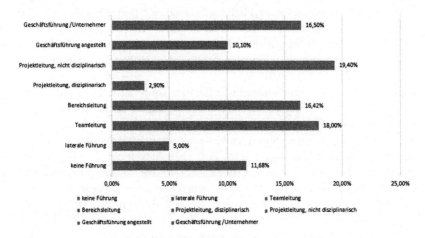

Abb. 3.4 Verteilung von Führungsverantwortung

beschreiben kann. Personen, die keine Erfahrung mit agilen Methoden haben, sind öfter im kooperativen Wertecluster verankert. Personen, die Erfahrung mit agilen Methoden haben, tendieren zum flexiblen Wertecluster.

Weiterhin besteht ein Zusammenhang zwischen Führungserfahrung und Führungswerten. Personen ohne Führungserfahrung bevorzugen den kooperativen Wertecluster noch mehr als den flexiblen. Die Erfahrung mit den agilen Methoden führt also auch dazu, dass weniger „einseitige" Wertecluster wie dynamic, conventional und performance präferiert werden. Der kooperative Wertecluster spiegelt Einseitigkeit und Entweder-oder-Denken – genauso wie die Cluster dynamic, conventional und performance. Die Haltung ist entweder einseitig kooperativ (grün, cooperative), durchsetzungsorientiert (rot, dynamic), an Ordnung (blau, conventional) oder auf Ziele (orange, performance) ausgerichtet.

Wir fragten Werte nicht nur in Form dieser Cluster, sondern auch als Gegensatzpole ab. Das durchschnittliche Ergebnis sehen Sie in Abb. 3.5.

Wir fanden einen Zusammenhang zwischen der Führungsart und diesen Werten. Führungsverantwortung und Ordnung/Flexibilität sind signifikant bei $p < 0,05$. Unternehmer und Teamleiter zur Flexibilität. Bereichsleiter tendieren eher zu Ordnung.

Wir stellten auch Individuum und Team gegenüber. Hier gibt es insgesamt mehr Personen, die das Individuum für wichtiger halten als das Team. Diese Haltung ist bei älteren Teilnehmern und Teilnehmern in höherer Position noch ausgeprägter. Die Erfahrung mit agilen Methoden macht keinen Unterschied.

Wir wollten weiterhin wissen, ob die individuell präferierte Führungskultur im Zusammenhang mit der Landeskultur-Prägung steht. Der Zusammenhang zwischen Landes- und Führungskultur war tatsächlich vorhanden. Es besteht eine schwache, aber signifikante Korrelation zwischen Landesführungskultur und Agilitätsgrad $rSp = 0,145$, $p < 0,01$.

Diese sieht so aus, dass Nordeuropäer häufiger kooperative Werte und danach erst flexible bevorzugen. Das bedeutet, die Neigung zu kooperativ-teamorientiertem und dialogischem bzw. konsensorientiertem Führungsverhalten ist größer bzw. diese Führungswerte werden bevorzugt. Bei den Westeuropäern ist das umgekehrt. Sie sind flexibler, wählen also eher Antworten, die verschiedene Aspekte von Führung kombinieren. In Zahlen sieht das so aus: Teilnehmer, die von der Führungskultur „nordeuropäisch" geprägt sind, haben zunächst kooperative und dann erst flexible Führungswerte. Bei den Westeuropäern herrschen die flexiblen Werte zahlenmäßig vor, gefolgt von den kooperativen.

Aus welcher Erfahrung blicken die Teilnehmer auf diese Werte? Wie intensiv haben sie überhaupt Gelegenheit zur Führung, also können die Werte wirklich

Jeder Mensch kann selbst beeinflussen, wie er ist und auch wie intelligent er ist. *

○ stimme sehr zu

○ stimme zu

◉ stimme nicht zu

○ stimme gar nicht zu

Im zweiten Teil beschäftigen wir uns mit Ihren konkreten Führungswerten.

Wenn ich von heute auf morgen 3 Monate weg wäre... *

○ ...würde alles drunter und drüber gehen.

◉ ...habe ich einen Notfallplan und Maßnahmen vorbereitet.

○ ...kennt das Team seine Ziele und arbeitet weiter daran.

○ ...fehle ich dem Team, aber es wird zurechtkommen.

○ ...organisiert sich mein Team ohne Probleme selbst.

In meinem Team (meiner Abteilung)... *

○ ...bestimme ich, wo es langgeht.

◉ ...halten wir uns an Regeln und Prozesse.

○ ...konzentrieren wir uns auf unsere individuellen und gemeinsamen Ziele.

○ ...arbeiten wir immer an gemeinsamen Lösungen und haben dabei unsere Zusammenarbeit im Blick.

○ ...gilt alles Vorherige ab 3., weiterhin reflektieren wir mindestens 1 x im Monat über uns und unsere Zusammenarbeit.

Abb. 3.5 Werte anhand von Gegensätzen

leben? Wir haben die Zeit erfasst, die Führungskräfte für Führungsaufgaben verwenden. Dazu haben wir zuvor erhoben, wie viel Zeit in Prozent die Personen mit Führungsaufgaben verbringen, und die unterschiedlichen Zeitangaben mit den Hierarchieebenen verglichen.

Ein überraschendes Ergebnis war dabei, dass es keine signifikanten Unterschiede bezogen auf den Einsatz von Zeit gab, die sich aus den Hierarchielevels ableiteten. Die ersten Ebenen – Geschäftsführer, Unternehmer – wenden insgesamt weniger Zeit auf als die anderen Ebenen. Wenig überraschend ist, dass die höchsten Werte bei den Bereichsleitern entstanden.

Die Bereichsleiterebene wird gemeinhin „Lähmschicht" genannt, da sie zwischen den Interessen von oben und unten vermitteln muss. Bereichsleiter verwenden 37,90 % ihrer Zeit für Führung. Sonst liegen alle Werte um die 30 bis 35 %: Die disziplinarischen Projektleiter fallen aus dem Gesamtbild heraus, da sie nur 24 % ihrer Zeit einsetzen. Das könnte damit zusammenhängen, dass bei klassischer Projektleitung Führung oft eine Beigabe ist und Projektleiter noch gewohnt sind, mit Excel und vom Computer aus zu führen. Laterale Führungskräfte, also unter anderem die Scrum Master, verwenden 35,42 %, Projektleiter ohne disziplinarische Verantwortung 32,62 % ihrer Zeit.

Es besteht ein signifikanter Zusammenhang zwischen prozentualem Anteil der Führung im Arbeitstag und Erfahrung mit agilen Methoden χ^2 (26, $N = 227$) $= 39,25$, $p = 0,046$. Die Nutzer von agilen Methoden wenden also mehr Zeit für Führung auf.

Wir haben Projektleiter ohne disziplinarische Verantwortung und laterale Führungskräfte separat abgefragt. Laterale Führung haben wir mit Beispielen, wie z. B. Scrum Master, erläutert. Der Hintergrund für diese Vorgehensweise ist, dass der Begriff laterale Führung vor allem im agilen Kontext bekannt ist, sonst eher weniger. Beide Gruppen, also die lateralen Führungskräfte und die Projektleiter ohne disziplinarische Verantwortung, wendeten mehr Zeit für Führung auf als die anderen Gruppen. Die für Führung eingesetzte Zeit im Durchschnitt: 32,62 %.

Die genauen Ergebnisse lassen sich der Tab. 3.3 entnehmen.

Im Rahmen der Umfrage stellten wir auch vier Fragen zum Mindset nach Carol Dweck. Dabei wollten wir wissen, ob die Teilnehmer eher ein flexibles (fixed) oder eher ein entwicklungsorientiertes (growth) Mindset haben. Die meisten bewegten sich mit ihren Antworten im gemäßigten Bereich. Der Aussage „Jeder Mensch kann neue Dinge lernen, aber Intelligenz und Eigenschaften nicht entscheidend beeinflussen" stimmten rund 40 % zu, während 60 % sie ablehnten.

3.4.6.3 Interpretation der Ergebnisse

Oft werden Werte als Basis für Verhalten missverstanden. Das ist falsch. Werte sind Handlungsimpulse, zwischen Werten und dem konkreten Arbeitshandeln können Welten liegen – oft ohne dass derjenige, der handelt, dies bemerkt. Das heißt, die Tatsache, dass in unserer Studie bestimmten Werten den Vorzug gegeben wurde, heißt nicht, dass die Beteiligten sich auch diesen Werten entsprechend verhalten. Die Werte sind zwar im Bewusstsein und verbal abrufbar, müssen aber nicht handlungsleitend sein. Allerdings zeigen Werte, dass etwas präferiert und

Tab. 3.3 Mittelwerte

Prozent Führung im Arbeitstag

Art von Führungsverantwortung	Mittelwert	H	Standardabweichung
Projektleitung, nicht disziplinarisch	32,65	44	24,558
Projektleitung, disziplinarisch	24,00	5	4,183
Als Unternehmer, auch geschäftsführender Gesellschafter	32,18	44	25,436
Geschäftsführung (1. Ebene)	31,29	24	27,227
Bereichsleiter (2. Ebene)	37,90	39	24,661
Teamleitung	34,46	44	22,582
Laterale Führung	35,42	13	26,596
Keine Führung	16,13	14	24,781
Gesamtsumme	32,62	227	24,707

für gut befunden wird. Ich würde das Wertebewusstsein nennen. Es sagt etwa „so will ich sein" oder „das finde ich erstrebenswert". Dieses Wertebewusstsein ist bestimmten Clustern zuzuordnen, die auf bestimmte zentrale Themen ausgerichtet sind, etwa Kooperation oder Flexibilität. Agilität verlangt einen Mix von Werten, da es Struktur, Kommunikation und Zielorientierung verbindet – es ist also am ehesten in einer Sowohl-als-auch-Wertehaltung abgebildet.

Aber: Menschen, die mit agilen Methoden vertraut sind, neigen mehr als andere zu einem Entweder-oder-Wertebewusstsein. Im Vergleich zu den nicht agilen Teilnehmern wird weniger oft der Sowohl-als-auch-Wertecluster gewählt. Das ist das wohl interessanteste Ergebnis, das zunächst irritiert, zumal es dabei keine Unterschiede nach Führungsebene gibt. Wie kann das sein? Eine mögliche Erklärung ist, dass in einem agilen Umfeld weniger Sowohl-als-auch möglich ist, weil die Methoden Scrum oder Kanban einen Prozessrahmen geben. Möglicherweise ist auch der Handlungsspielraum in einem agilen Kontext geringer – oder die soziale Erwünschtheit höher. Der kooperative (grüne) Wertecluster bekommt hier nämlich die höchste Zustimmung, aber auch der zielorientierte (orange) kann punkten. Das entspricht der Vorstellung, dass agile Frameworks als Prozessrahmen eine Art „Gehhilfe" zu mehr Selbstverantwortung und Kommunikation sind und also im grünen Wertecluster liegen. Eigentlich tangieren agile Prozessrahmen von ihrem „grünen" Schwerpunkt aus aber drei Wertecluster: Struktur und Regeln (blau) organisieren Kommunikation und Informationsfluss (grün). Dieser birgt den Rahmen für eine andere und in kleinere Schritte zerlegte Form der Zielerreichung (orange).

Teilnehmer, die weniger mit agilen Methoden vertraut sind, haben offenbar öfter das Bild von der Vielfalt der Führung im Blick und weniger das Ideal einer Führung auf Augenhöhe. In unserer Studie gab einen überdurchschnittlichen Anteil an Unternehmern und höheren Führungskräften, was sicher auch mit dem Netzwerk der Autorin korreliert und diese flexible Wertehaltung teilweise erklären könnte. Während in der Bevölkerung insgesamt kaum 10 % selbstständig sind, waren es bei uns 16,5, über 10 % waren auf erster Führungsebene tätig. In diesem Fall haben Führungskräfte oft schon verschiedene andere Erfahrungen gesammelt und deshalb möglicherweise auch erlebt, dass man unterschiedlich führen muss und nicht nur das eine oder andere, sondern beides zum Erfolg führt.

Erhellend ist, wenn man sich Antwortprofile insgesamt anschaut und dabei die Perspektive des Teilnehmers mit seinen Antworten vergleicht. Dabei werden Tendenzen erkennbar, die auch auf das Mindset Rückschlüsse zulassen. Ich habe dazu zwei widersprüchliche Profile ausgewählt, die die Perspektive eines Unternehmers und die eines agilen Coaches zeigen (Abb. 3.6 und 3.7).

Das Unternehmerprofil (Abb. 3.6) zeigt, dass die Person eher festhaltend und traditionsorientiert denkt. Sie stellt Routine und Prozesse in den Vordergrund und glaubt nicht, dass sich Menschen wirklich ändern können. Das Profil Laterale Führung (Abb. 3.7) zeigt eine offenere Haltung, aber auch, dass offenbar noch nicht alle Möglichkeiten zur entwicklungsorientierten Führung genutzt werden oder das Umfeld das nicht anbietet. Wir hatten hier die Zusammenhänge mit Führungspositionen gerechnet und ermittelt, dass vor allem Bereichsleiter und höhere

Was ist Ihnen wichtiger? *

	sehr wichtig	wichtig	beides mit Tendenz links	beides mit Tendenz rechts	wichtig	sehr wichtig	
Routine	○	◉	○	○	○	○	Abwechslung
Tradition	○	◉	○	○	○	○	Veränderung
Bewahren	○	◉	○	○	○	○	Erneuern
Ordnung	◉	○	○	○	○	○	Flexibilität
Ziele	◉	○	○	○	○	○	Wege
Der einzelne Mensch	◉	○	○	○	○	○	Das Team

Abb. 3.6 Unternehmerprofil

Was ist Ihnen wichtiger? *

	sehr wichtig	wichtig	beides mit Tendenz links	beides mit Tendenz rechts	wichtig	sehr wichtig	
Routine	○	○	○	●	○	○	Abwechslung
Tradition	○	○	○	○	●	○	Veränderung
Bewahren	○	○	○	●	○	○	Erneuern
Ordnung	○	○	○	○	●	○	Flexibilität
Ziele	○	○	●	○	○	○	Wege
Der einzelne Mensch	○	○	○	●	○	○	Das Team

Abb. 3.7 Profil laterale Führung

Führungskräfte mehr Richtung Ordnung tendieren. Die agil Erfahrenen tendierten weiterhin mehr zu Flexibilität. Hier spiegeln sich Verhaltenspräferenzen, die in der Praxis immer wieder zu Problemen führen. Wir erleben es, dass agil arbeitende Mitarbeiter schnelle und flexible Abläufe erwarten und immer wieder an Grenzen stoßen, etwa wenn sie mit Abteilungen wie Recht oder Finanzen zu tun haben, die selten agil arbeiten.

Ein weiteres Ergebnis ist, dass Teilnehmer ohne Führungserfahrung öfter den kooperativen Stil bevorzugen, während die mit Erfahrung den flexiblen Stil häufiger nennen. Dies könnte darauf zurückzuführen sein, dass die unerfahrenen Teilnehmer sich diese menschenorientierte Teamführung eher aus der eigenen Erfahrung heraus wünschen, möglicherweise als Kontrast zu der jetzigen Führung. Unsere praktische Erfahrung sagt, dass Mitarbeiter ihre Chefs überwiegend für „zu irgendetwas" halten, meist für zu autoritär, seltener für zu weich. Der Wunsch nach mehr Kooperation scheint da als Gegenbewegung konsequent.

Überraschend war, dass es bei der Werteorientierung nach gegensätzlichen Polen insgesamt eine Tendenz Richtung „der einzelne Mensch" gab (siehe auch Abb. 3.5) – in agilen Zeiten sollte allerdings ganz klar das Team im Mittelpunkt stehen. Alle Studien zeigen auch in diese Richtung. Hier ist ein Unterschied zwischen west- und nordeuropäisch geprägten Teilnehmern festzustellen.

Wir definierten Werte als Handlungsimpulse. Es lässt sich von ihnen kein Handlungsmuster ableiten. Deshalb haben wir gefragt, wie sehr die Teilnehmer ihre Werte auch leben und ob sie sich selbst hinterfragen – und wie oft. Es ist davon auszugehen, dass Menschen, die behaupten, ihre Werte immer zu leben, sich in die Tasche lügen. Nur 50 % der Teilnehmer hinterfragen sich „immer wieder", fast 9 % sogar selten. 55 % behaupten, ihre Werte sehr zu leben, 45 % geben zu, dass sie es nicht immer tun oder es nicht wirklich wissen.

Das ist erstaunlich wenig, sollte Selbstreflexion doch für eine Führungskraft selbstverständlich sein und steht Selbstreflexion doch im Zusammenhang mit Führungserfolg, wie diverse Studien nahelegen. Und dabei muss doch eigentlich auffallen, dass es Entweder-oder nicht gibt: Wer Werte hat und lebt, müsste ständig Paradoxien spüren, sofern er diese nicht ausblendet. Es gibt keinen Kontext, in dem geäußerte Werte immer eindeutig und klar verfolgt werden. Es kann nur ein dauerhafter Versuch sein, sich an etwas zu orientieren.

Führungskräfte sind laufend mit Paradoxien konfrontiert. Jemand, der sich dessen wirklich bewusst ist, kann deshalb eigentlich nur zu verbindenden Werten tendieren, wie sie am ehesten in „gelb" abgebildet sind. Allerdings kann auch das verbindende Sowohl-als-auch zum Dogma werden.

Moderne Wertvorstellungen, aber das entwicklungsbezogene Denken fehlt

In diesem Kapitel haben wir uns die Mindsets für Führung angesehen. Dabei war es mir wichtig, vom Modell der vier Führungsrichtungen ausgehend darzulegen, dass jede Richtung eine andere „Grundeinstellung" des Denkens braucht. Diese ist natürlich nicht nur durch Ich-Entwicklung, sondern auch durch Persönlichkeit, Erfahrung und die Möglichkeiten und Begrenzungen des Umfelds bestimmt. Wir haben mit unserer Studie gezeigt, dass immer mehr Führungskräfte sich bewusst sind, dass Führung nicht von bestimmten, festen Werten aus gedacht werden sollte, sondern von den Erfordernissen des Kontextes. Gerade unter Digitalisierungsbedingungen verlangt Führung Sowohl-als-auch-Denken-Handeln und situative Anpassungen an den Kontext. Gerade unter dem Einfluss neuer Ideen wie New Work und Augenhöhe geben viele aber den kooperativen Werten den Vorzug – und sehen offenbar nicht, dass diese ohne korrespondierende (etwa Zielerreichung) und manchmal eben auch scheinbar widersprüchlichen Werten (z. B. klare Entscheidungen treffen) kein wirksames Führungshandeln erlaubt. Gerade in Veränderungssituationen, die immer auch von unangenehmen Maßnahmen begleitet sind, führt die starke Orientierung an kooperativen Werten oft zu Erstarrung oder mündet in endlose Diskussionen.

In unserer Studie haben wir festgestellt, dass viele Führungskräfte trotz scheinbar moderner Werte noch ein *fixed mindset* besitzen und dass viele sehr wenig über sich selbst reflektieren. Das ist ein eklatanter Widerspruch. Aus unserer Perspektive ist eine zeitgemäße Führung, die Selbstorganisation und Verantwortungsübernahme fördert, nicht aus einem fixed mindset und keinesfalls ohne tiefe Selbstreflexion denkbar. Eine solche Führung muss auch sehen, dass nicht nur sie sich selbst, sondern auch ihre Mitarbeiter sich entwickeln müssen und dass dabei keine Tools helfen, sondern vor allem das offene Reflektieren über sich und das eigene Verhalten im Kontext der Organisation. Das setzt Feedback voraus, allerdings auf eine andere Art und Weise als wir dies gewohnt sind – nicht im Sinne von Wertung à la „das hast du gut gemacht", sondern im Sinne von Wahrnehmung und Ermunterung, andere Aspekte einzubeziehen.

3.4.7 Interview mit Anne M. Schüller

Anne M. Schüller ist Managementdenker, Keynote-Speaker, Bestsellerautorin [7] und Businesscoach. Die Diplom-Betriebswirtin gilt als Europas führende Expertin für das Touchpoint Management und eine kundenfokussierte Unternehmensführung. Website: www.anneschueller.de.

Agiles Arbeiten – gekennzeichnet z. B. durch mehr Selbstorganisation – verlangt auch, dass Menschen in Widersprüchen agieren. Da gibt es Teamarbeit, aber dann muss auch mal jemand entscheiden. Damit kommen viele schwer zurecht. Wie ist Ihre Erfahrung?
Schüller: Ich denke, dass etablierte Unternehmen noch eine ganze Weile lang in „Sowohl-als auch"-Szenarien agieren müssen. Das betrifft die Geschäftsmodelle genauso wie die Organisationsstrukturen, die Arbeitsweisen und das Führungsverhalten. Sie müssen auf der einen Seite Start-up-Qualitäten entwickeln, sich also innovativ, agil und risikobereit am Markt bewegen. Auf der anderen Seite gilt es, die Ertragskraft ihrer Kernaktivitäten zu sichern, um ihren vielfältigen Verpflichtungen nachkommen zu können. Das laufende Geschäft muss die Innovationen mitfinanzieren, solange man nicht von Letzteren leben kann. Intern gilt im Prinzip das Gleiche: Verschiedene Einheiten sind komplett selbst organisiert, andere agieren noch mehr oder weniger klassisch.

Und was bedeutet das für die Mitarbeiterführung?
Schüller: Für die Mitarbeiterführung bedeutet „sowohl als auch": so viel Selbstorganisation wie möglich, so viel zentrale Steuerung wie nötig. Dazu werden Hierarchien zwar verflacht, sie sind aber minimal noch vorhanden, vor allem dann, wenn es um strategische Entscheidungen geht. Wer versucht, Hierarchien mit Gewalt einzuebnen, sorgt für ein Vakuum, in dem sogleich wieder Hierarchien entstehen. Gemeinschaften brauchen Ordnungssysteme, das muss auch jedes

Start-up lernen, sobald es größer wird. Doch niemand braucht einen Wasserkopf. Bürokratie macht ein Unternehmen langsam und dumm, weil alles einem vordefinierten Weg folgen muss und in starren Verfahrensweisen versinkt. In Zeiten exponentiellen Wandels ist so etwas tödlich.

Wie geht man eine zunehmende Selbstorganisation am besten an?
Schüller: Selbstorganisation wird am besten in Zwischenetappen oder Teilbereichen eingeführt. Erprobungsphasen sind wichtig, damit sich sowohl die Führungskräfte als auch die Mitarbeiter in die neue, noch ungewohnte Situation einfinden können. Aus dem Stand heraus klappt so etwas nicht. Unser Hirn muss üben, um zu brillieren. Was nicht trainiert wird, verwildert wie Trampelpfade im Wald. Quick wins, also erste Erfolgserlebnisse, sind am Anfang sehr wichtig. Eine fehleroffene, sanktionsfreie Lernkultur begleitet den Weg. Etappensiege werden gefeiert. Keinesfalls darf das Pendel zu abrupt oder zu radikal in Richtung Selbstorganisation schlagen, weil das vor allem ältere Generationen schnell überfordert.

Gibt es dafür so etwas wie ein 10-Punkte-Programm?
Schüller: Keine zwei Unternehmen sind gleich. Blaupausen, die einfach kopiert werden könnten, sind sogar gefährlich. Die Geschäfts- und Aktionsfelder sind ja jeweils verschieden. Größe, landestypische Gegebenheiten und Eigentumsverhältnisse spielen auch eine Rolle. Allenfalls kann man sich an Pionieren orientieren. Positive Erfahrungsberichte mit sich selbst steuernden Strukturen gibt es mittlerweile aus kleinen, mittleren und großen Organisationen in vielen Ländern und Branchen. Sie können wertvolle Denkanstöße liefern. Doch blind hinterherlaufen und gedankenlos nacheifern sollte man ihnen nicht. Was bei dem einen großartig funktioniert, kann anderswo grandios scheitern. Jedes Unternehmen muss seinen eigenen Weg finden, experimentieren und ausprobieren.

Sie haben viel über die Gen Y geschrieben, mit einem Vertreter dieser Millennium-Generation sogar ein gemeinsames Buch. Wie beeinflusst deren Mindset die Führung?
Schüller: Ambitionierte Millennials sind die idealen Helfershelfer für alle, die sich auf den Transformationsweg begeben. Wenn man sie nur stärker einbinden würde! In einem digital transformierten Kosmos leben sie längst. Wenn sie Arbeitswelten schaffen, dann sind diese daran adaptiert. Vielseitig interessiert,

lernbereit und global geprägt erkennen sie Potenziale blitzschnell, können Markt-differenzen identifizieren und Lösungen ganz neu kombinieren. Mit ständiger Veränderung selbst organisiert umzugehen, darin sind sie erprobt. Das alles und noch viel mehr für sich zu nutzen, sich von jungen Gedanken, frischen Ideen und zukunftsfähigem Vorgehen inspirieren zu lassen, genau das macht den Unter-schied zwischen den zukünftigen Überfliegern der Wirtschaft und dem Rest.

Literatur

1. Svenja, Hofert. 2009. *Jeder gegen Jeden*. München: Redline.
2. Hofert, Svenja. 2016. *Agiler führen*. Wiesbaden: Springer Gabler.
3. Kotter, John P. 2012. *Leading change*. Boston: Harvard Business Press.
4. Davidson, Richard. 2016. *Warum regst du dich so auf?* München: Goldmann.
5. Forum gute Führung/Bundesministerium für Arbeit. 2016. Führungskultur im Wan-del. Führungskultur im Wandel, Erhebung aufgrund von 400 Tiefeninterviews. https://www.inqa.de/SharedDocs/PDFs/DE/Publikationen/fuehrungskultur-im-wandel-moni-tor.pdf. Zugegriffen: 30. Juli 2017.
6. Laloux, Frédéric. 2016. *Reinventing Organizations*. München: Vahlen.
7. Schüller, Anne M. 2017. *Fit für die Next Economy: Zukunftsfähig mit den Digital Nati-ves*. Weinheim: Wiley.
8. Beck, Don E., und Christopher C. Cowan. 2007. *Spiral Dynamics - Leadership, Werte und Wandel: Eine Landkarte für das Business, Politik und Gesellschaft im 21. Jahr-hundert*. Bielefeld: Kamphausen Mediengruppe.
9. Dweck, Carol. 2001. Test Mindset sowie verschiedene Artikel rund um das Mindset, u. a. „Mindset for Business and Leadership". https://mindsetonline.com/howmind-setaffects/businessleadership/index.html. Zugegriffen: 5. Okt. 2017.
10. Kanning, Uwe-Peter und Philipp, Fricke. 2013. Führungserfahrung: Wie nütz-lich ist sie wirklich? https://www.dgfp.de/hr-wiki/F%C3%BChrungserfahrung__Wie_n%C3%BCtzlich_ist_sie_wirklich_.pdf. Zugegriffen: 5. Okt. 2017.
11. Kibéd, Matthias Varga. 2008. *Basics der Systemischen Strukturaufstellungen: Eine Anleitung für Einsteiger und Fortgeschrittene*. München: Kösel.
12. Vaupel, Mario. 2011. Rising Stars. Welche Mindsets zukünftige Führung braucht. *Wirtschaftspsychologie aktuell* 2011(1). http://www.wirtschaftspsychologie-aktuell.de/rising-stars.pdf. Zugegriffen: 30. Juli 2017.
13. Vaupel, Mario. 2008. *Leadership Asset System: Von den Herausforderungen der Füh-rung zur Steuerung der Führungsperformance*. Wiesbaden: Gabler.

Mind-Change: die Art, zu denken und zu handeln verändern

4

Wir wissen jetzt: Die Entwicklung des Denkens folgt einer Logik. Der Radius des Denkens wird dabei immer größer. Erst orientiert man sich am Gegenüber – schließlich an der Gesellschaft. Die Handlungsmöglichkeiten steigen, das Verhaltensrepertoire füllt sich. Es ist, als würden Menschen mit einem ausgereiften Mindset immer mehr Aspekte und Kontextbezug sehen. Für die Bewältigung organisationaler Herausforderungen und vor dem Hintergrund der Digitalisierung ist es gut, wenn wir mehr sehen, erkennen, Verbindungen ziehen und verarbeiten können. Das führt aber nun zu einer praktischen Frage: Wenn wir Menschen mit flexiblem Mindset nicht in ausreichender Zahl vorfinden und rekrutieren können – was dann? Lässt sich dieses Denken durch bewusste Einflussnahme und Schaffung und Veränderung von Rahmenbedingungen wandeln? Welche Ansätze es dazu gibt, das beschreibe ich in diesem Kapitel. Dabei trenne ich die Ebene der Organisation (Abschn. 4.1.) und die des Individuums (Abschn. 4.2), obwohl beide am Ende natürlich zusammenspielen.

Kann man Mindset schulen? Ist es also möglich, die Denk- und Handlungslogik zu verändern? Wer im Sinne Carol Dwecks an die eigene Veränderbarkeit glaubt, wird dafür offener sein als jemand, der das nicht tut. Dabei reicht es allerdings nicht, „Wissen" über die Veränderbarkeit zu schulen. Es gibt eine Reihe von Menschen, die etwas wissen, weil sie es gelernt haben. Aber davon können sie keine Handlung ableiten. Sie würden jede theoretische Prüfung bestehen, aber in der praktischen Umsetzung fallen sie durch. Das meine ich. Etwas zu wissen, heißt nicht, eine darauf aufbauende Handlung abzuleiten. Die Logik des Denkens ist nicht notwendigerweise die des Handelns. Umgekehrt auch nicht.

© Springer Fachmedien Wiesbaden GmbH 2018
S. Hofert, *Das agile Mindset*,
https://doi.org/10.1007/978-3-658-19447-5_4

Wissen kann also gelernt, aber nicht internalisiert sein. Gespräche und Interviews können deshalb täuschen. Jemand, der sehr eloquent und belesen wirkt, geht da schnell als passender Mindset-Kandidat durch. In freier assoziativer Erzählung, angeregt durch strukturierte Fragen, erkennt ein geschulter Interviewer viel eher, wie jemand denkt. Dazu stelle ich Ihnen im letzten Kapitel zwei Fragebögen vor. Sie haben außerdem bereits zuvor Textbeispiele erhalten, die Denken spiegeln. Nun möchte ich Ihnen darauf aufbauend konkrete Ansätze aufzeigen, um ein agiles Denken bei sich und anderen zu fördern. Viele Experten sind der Meinung, Unternehmen hätten nicht die Aufgabe, Menschen zu entwickeln. Ich sehe das anders. Schon jetzt beeinflussen Unternehmen ihre Mitarbeiter in ihrer Entwicklung. Mitarbeiter widmen ihrem Unternehmen Aufmerksamkeit. Unternehmen lassen Möglichkeiten, begrenzen, messen, geben Feedback. Das alles wirkt auf das Gehirn. Vor diesem Hintergrund ist es illusorisch, davon auszugehen, dass ein Mitarbeiter in einem Unternehmen in einem statischen Sinn so bleiben kann, wie er ist. Schon der zeitliche, räumliche und finanzielle Rahmen, den Unternehmen geben, formt. Das Unternehmen prägt das Emotionserleben seiner Mitarbeiter. In ihm wiederholen sich familiäre Muster und Beziehungen, zum Beispiel wenn ein Manager sich immer den gleichen Typ Assistentin sucht oder die Assistentin immer den gleichen Typ Chef. Hier lösen sich auch „Schatten" auf, wenn einem diese Dinge bewusst werden.

Ja, ich würde noch weitergehen: Wenn Menschen andere Menschen so akzeptieren, wie sie sind, beeinflussen sie sie genauso, als würden sie es nicht tun. Ich will Ihnen ein Beispiel nennen: Sie als Personalentwickler entscheiden sich, mit einem Mitarbeiter ein Entwicklungsgespräch zu führen. Sie zeigen dem Mitarbeiter Möglichkeiten auf, die dieser bisher nicht für sich gesehen hat. Dadurch wird die Aufmerksamkeit des Mitarbeiters auf neue Aspekte gelenkt. Hätten Sie diese Entscheidung nicht getroffen und das Gespräch nicht geführt, wäre der Mitarbeiter an diesem Tag vielleicht auf eine Veranstaltung gegangen, die ihm die Augen für etwas ganz anderes geöffnet hätte. In jedem Fall haben Sie den Mitarbeiter beeinflusst – durch aktives Handeln genauso wie durch Nichtstun. Es ist illusorisch zu glauben, nur direktes Handeln beeinflusst. Auch indirektes Nicht-Handeln tut das. Wir sind also nie davon freigesprochen, uns immer wieder zu entscheiden (oder auch zu führen, heißt das doch, erfolgreich Einfluss zu nehmen). So wie auch unser Gegenüber sich immer wieder entscheiden muss und verantwortlich ist, ob eine Einflussname erfolgreich ist oder nicht. Auf eine Aktion kann er mit „Enter" oder „Delete" reagieren. Er kann diese auch ignorieren oder in den Zwischenspeicher für „abwarten" schieben. Aber in jedem Fall beeinflusst JEDE Aktion wie auch die Nicht-Aktion. Etwas anzunehmen beeinflusst den weiteren Verlauf des Lebens genauso wie etwas abzulehnen. Annehmen oder ablehnen oder ignorieren ist wie links und rechts. Möglicherweise kommt man am Ende beim gleichen Ergebnis an. Vielleicht aber kann es bessere Ergebnisse geben, indem Sie das Wechselspiel aus Beeinflussen und Laufenlassen bewusster gestalten.

Möglicherweise ist es aber auch nicht relevant, ob man links oder rechts geht, wenn das Leben in Kreisen verläuft. Dann kommt man durch die eine wie die andere Entscheidung letztendlich an der gleichen Stelle heraus. Wie ich es deshalb auch drehe und wende, ich komme immer wieder zu dem gleichen Punkt: Wir werden andere immer wieder beeinflussen, auch durch Nicht-Beeinflussen. Es ist deshalb an uns zu entscheiden, welches Prinzip wir anwenden, um Entscheidungen zu treffen – wie etwa die Entscheidung aktiv zu treffen, also durch bewusste Handlungen auf das Denken anderer und deren Entwicklung Einfluss zu nehmen, deren Denken zu weiten und zu öffnen. Wir sollten aber, wie auch immer wir uns entscheiden, bei uns selbst anfangen.

Und uns dabei fragen: Was leitet uns?

4.1 Die Organisation als Mind-Changer

Organisationen geben den Takt vor. Sie steuern, bis wohin jemand denken kann. Teilweise tun sie das ohne formale Regeln – einfach durch die Kultur. In dieser ist Quer- und Andersdenken beispielsweise verpönt. Dabei ist es gut möglich, dass ein Unternehmen sich Querdenken auf die Fahnen schreibt, Querdenker aber dennoch unbewusst aussortiert. Das gehört zu den ganz normalen Widersprüchen der Unternehmenswelt. Deshalb sollten Sie nie auf das schauen, was ausgesprochen und nachlesbar ist, sondern auf das, was beobachtbar ist. Es geht nicht darum, Widersprüche auszuräumen oder die gewünschten Werte den gelebten anzupassen. Das wird nie gelingen. Es geht vielmehr darum, das zu kommunizieren, was da ist, einschließlich systemimmanenter Widersprüche. Und diese gibt es nicht nur im einzelnen Menschen, sondern auch in der Organisation. Aus systemischer Sicht gibt es immer sich überschneidende Erwartungskontexte, etwa zwischen Team und Organisation. Die Person, die sich in beiden Kontexten bewegt, steckt in einem Mehrfachkontext. Sich dessen bewusst zu sein, ist hilfreich für den Umgang damit. Und auch für den Umgang mit organisationalem Feedback.

Das Umfeld bestimmt die Sichtweise

Harald wurde mir von der Personalabteilung als völlige Niete beschrieben. Er sei zufällig ins Führungskräfteprogramm geraten und, vom heutigen Standpunkt aus gesehen, nicht als Führungskraft geeignet. Maximal der Referentenstatus stehe ihm zu, er solle das Unternehmen verlassen. Ich arbeitete mehrere Jahre mit Harald, er wurde Abteilungsleiter in einer anderen Firma und ist dort heute Vorstand. Sein Denken entsprach beim Rausschmiss dem Flexibel-Modus. Er entwickelte sich zu Flexibel-Plus. In der Ursprungsfirma war er mit seiner relativierenden und analysierenden Art sowie seiner Art der einbindenden Kommunikation am falschen Platz gewesen. Führung war dort ganz anders belegt. Eine starke Führungskraft entschied, ohne viel zu fragen. Fragen war ein Zeichen von Schwäche. In dem neuen Unternehmen war das anders. Mit seiner Art war er dort sehr erfolgreich.

Dieses Beispiel zeigt, dass es keineswegs so ist, dass ein reifes Denken als solches auch erkannt wird und andocken kann. Im Gegenteil, es kann als Schwäche interpretiert werden. Es ist deshalb fast unmöglich, dass sich dieses Denken in Systemen entfaltet, in denen die maßgeblichen Entscheider einer früheren Logik folgen. Erst Manager im gut ausgebildeten Effektiv-Modus können Sowohl-als-auch nicht nur denken, sondern auch umsetzen. Hinzu kommt die kulturelle Prägung. Es gelten weiterhin Gesetze der Gruppendynamik. Eine Gruppe ist etwas ganz anderes als die Summe ihrer einzelnen Persönlichkeiten. Sie kann sowohl deutlich mehr leisten, als ein Individuum das könnte, als auch deutlich weniger. Für unser Thema heißt das:

- Menschen mit einem flexiblen Mindset sind oft gar nicht als solche zu erkennen.
- Teams können ein flexibles Mindset ausbilden, das die einzelnen Mitarbeiter gar nicht haben.

Das ist ähnlich wie mit dem IQ. Eine Gruppe kann Leistungen erzielen, für die ein hoher IQ notwendig wäre, obwohl die einzelnen Teammitglieder alle Durchschnitts-IQs haben. Ein Team kann postkonventionelle Gedanken produzieren, obwohl die einzelnen Mitglieder nicht postkonventionell denken.

Die Wahrscheinlichkeit aber, dass ein von der Gruppe akzeptierter und im Unternehmen sozialisierter Vordenker deren Logik beeinflusst, ist groß – wenn dies von der Organisation unterstützt wird, offiziell oder informell. Es hilft auch, wenn die Organisation sich agiles Denken auf die Fahnen schreibt, indem sie sich als lernende Organisation aufstellt und Metakommunikation einführt. Am besten von oben, durch die Geschäftsführung, aber auch aus der Mitte heraus, etwa durch Kulturwandelteams. Auch von unten kann etwas entstehen, wenn Mitarbeiter sich zusammenschließen, um Neues zu entwickeln.

Bei allem Mühen verbleibt ein erhebliches Beharrungsvermögen des Unternehmens-Mindsets, bisherige Logiken bahnen sich nach Anfangserfolgen oft wieder den Weg zurück. Ganz besonders gilt das für Unternehmen, die keinen oder nur geringen Wettbewerbsdruck haben. Deren Beharrungsvermögen ist häufig größer, da die unmittelbare Bedrohung fehlt.

Es braucht sehr viel Konsequenz und eine starke Führung, damit ein Wandel gelingen kann. Hat die Führung häufig gewechselt und immer wieder einen neuen Kurs eingebracht, ist dies noch einmal erschwert. Wer die Erfahrung gemacht hat, dass etwas heute so und morgen so ist, wird sich schnell in eine verharrende Haltung geben.

Die treibenden Veränderungskräfte, allen voran die oberste Führung, müssen sich als Personen im System etablieren können. Sie müssen als „Helden" gesehen und akzeptiert werden, dürfen nicht als Windhauch wahrgenommen werden, der über etwas streicht, ohne wirklich zu berühren.

Sichtbarkeit ist wichtig. Zeigt sich eine Führungskraft oft und ist sie nahe, erreicht sie mehr. Der Faktor Zeit spielt ebenso eine erhebliche Rolle: Veränderungen brauchen Zeit, die des Denkens noch mehr als andere: zwei bis drei Jahre. Das ist ein Problem für Konzerne mit wechselndem Topmanagement. Typischerweise leitet dieses in Krisen einen neuen Kurs ein, während die systemprägenden Personen weiter im Unternehmen bleiben. Diese tragen die Veränderung inkonsequent weiter, oft weil sie wissen, dass in wenigen Jahren wieder ein neuer Kurs kommen wird, oder weil sie nicht das passende Mindset haben oder schlichtweg nicht motiviert sind. Teure Schulungsmaßnahmen verpuffen so, weil das System einen Weg finden wird, weiter nach seiner Logik zu agieren, auch wenn diese durch neue Regeln vielleicht eingeschränkt wird.

Ein Familienunternehmer hat es insofern leichter, einen Wandel anzustoßen. Jedenfalls, wenn er konsequent handeln kann und nicht von anderen Familienmitgliedern gebremst wird. Ich will in den nächsten Kapiteln drei unterschiedliche Beispiele für die Einführung eines agilen Mindsets bringen:

- Der Konzern Broba (5000 Mitarbeiter) will agiler werden, um auf Kundenbedürfnisse schneller reagieren zu können. Für ihn ist das eine Überlebensfrage.
- Das Softwareunternehmen Musmore (250 Mitarbeiter) ist scheinbar agil, die Mitarbeiter aber wünschen sich Struktur und Regeln. Es geht vor allem um die Mitarbeitergesundheit.
- Der Pflege-Dienstleister Helpme (120 Mitarbeiter) will mehr Selbstorganisation in das Unternehmen bringen. Nur durch mehr Effektivität kann die Firma konkurrenzfähig bleiben.

Ich beschreibe Vorgehensweisen bei diesen drei Unternehmen. Möchten Sie davon lernen, rate ich Ihnen, zunächst mit dem Fragebogen zu arbeiten, den ich auf Seite 89 f. abgedruckt habe, um zu ermitteln, wie groß der Veränderungsdruck überhaupt ist. Anschließend sollte der Reifegrad betrachtet werden (ab Seite 156).

4.1.1   Gemeinsames Verständnis definieren

„Wir wollen agiler werden" – dieser Satz kursiert seit einiger Zeit in vielen Unternehmen. „Agiler" lässt sich dabei durch andere „buzzwords" austauschen, etwa durch „digital leadership". Auch das Wort vom „Mindset" hören wir oft.

Doch immer stoßen wir dabei auf dieselben Probleme und Themen: Die Unternehmen, die uns beauftragen, suchen „Methoden", sehen aber nicht, dass Sie zunächst einmal definieren müssen, um was es eigentlich geht. Deshalb empfehle ich Ihnen als allererste Maßnahme sich mit dem gemeinsamen Verständnis von Begrifflichkeiten zu beschäftigen. Was bedeutet es, wenn wir von Agilität verstehen? Welche Erwartungen knüpfen wir daran? Denken wir, damit würde alles schneller und flexibler? Dann denken wir falsch. Das Thema gemeinsames Verständnis ist unendlich wichtig. Und das gilt auch für das Mindset. Wenn Sie sich entscheiden mit meinem Modell zu arbeiten, so muss das allen transparent sein. Wenn Sie sich entscheiden, Mindset anders zu definieren, so ist das auch in Ordnung – es muss nur sonnenklar sein. Da kann man einen einfachen Test machen: Wenn ein Berater eine Stichprobe von 10–12 Mitarbeitern im Unternehmen befragt, welche Antworten bekommt er dann auf die Frage, wie ein Unternehmen ein „agiles Mindset" (oder Mindset allgemein) definiert. Nur wenn alle das Gleiche antworten, sollten Sie über weitere Maßnahmen im Kulturwandel nachdenken. Das gemeinsame Verständnis kann zusammen mit der Erfahrung von etwas Neuem einhergehen, aber es darf auf keinen Fall vergessen werden. Es sollte auch nicht theoretisch vermittelt werden, sondern eingebettet sein. Am besten gelingt das, wenn man konkrete Verhaltenserwartungen definiert, etwa „für uns zeigt sich das passende Mindset daran, das die Führungskraft aktiv Feedback einholt und über ihre eigene Entwicklung offen reflektiert." Ein gemeinsames Verständnis ist auch nichts, das in Stein gemeißelt sein sollte, im Gegenteil. Verknüpft man es mit Agilität so kann es kein „Produkt" sein, das irgendwann fertig ist, sondern nur ein Projekt, das sich entwickelt.

▶   **Wortwolken und ihr Sinn** Ich spreche gern von Wortwolken, wenn es um buzzwords geht. Das ist positiver, denn diese haben durchaus auch etwas Gutes. Die Tatsache, dass nicht alle dasselbe unter einem Begriff verstehen, verbindet auch. Es schafft emotionalen Zusammenhalt. Das ist vor allem für die erste Phase im Kulturwandel wichtig, denn es bringt in eine Aufbruchstimmung. Ja, da kommt etwas Neues und für dieses Neue gibt es einen Begriff! Doch so wichtig diese Phase ist, die darauffolgende Konkretisierung ist mindestens genauso wichtig. Und sie setzt vertieftes Wissen voraus. Wer wenig über Agilität weiß, kann sich auch wenig vorstellen und damit auch wenig zur

Konkretisierung beitragen. Für mich haben sich drei Phasen bewährt: 1) Die Wortwolkenparty schweißt Mitarbeiter zusammen, 2) die Lernphase vertieft Wissen, 3) die Definitionsphase konkretisiert und formuliert ein gemeinsames Verständnis.

4.1.2 Feedback als zentraler Baustein für alles

Der zweite Punkt ist ebenso grundlegend und wird oft genauso konsequent ausgeblendet. Immer wieder sehe ich, dass die Feedbackkultur in Unternehmen brachliegt – die Führungskräfte das aber überhaupt nicht so sehen. Das ist selbst in agilen Umfeldern der Fall, wo z. B. mit Kudu-Karten (bunte Vordrucke aus dem so genannten „Management 3.0" - oft „Danke" gesagt wird und Wertschätzung verankert ist. Aber Wertschätzung ist eben nicht gleich Feedback. Ich finde es toll, wenn Teams mit solchen Karten arbeiten und die Atmosphäre ist dort auch oft gleich drei Mal besser als anderswo – aber wenn man Mitarbeiter und Führung entwickeln will, dann reicht das nicht.

Dann muss es auch darum gehen, sich selbst immer wieder infrage zu stellen, neue Perspektiven einzunehmen und gegebenenfalls in sich zu integrieren – die schon öfter erwähnte Selbstaktualisierung. Das muss in aller Wertschätzung passieren, aber es darf keine falsche Rücksicht da sein – die ist es aber fast immer, wenn ein System auch „bewertet". Der erste Schritt bei der Einführung einer guten Feedbackkultur ist also das Bekenntnis zur Entwicklung – und das ist durchaus revolutionär, wenn wir unseren Gedanken von Mindset zugrunde legen. Die traditionelle Personalentwicklung arbeitet so: Es wird ermittelt, welche Kompetenzen das Unternehmen oder die Position braucht und dann daraufhin vermessen, wer dies bestmöglich erfüllt. Gibt es Abweichungen zwischen Anforderung und „Ist-Kompetenzen" finden Trainingsmaßnahmen statt.

Aus Sicht mancher Vertreter der neuen „Augenhöhe"-Bewegung ist Personalentwicklung überflüssig, denn jeder ist ja wie er ist und soll in seinem So-Sein wertgeschätzt werden. Beide Sichtweisen sind richtig, aber einseitig. Menschen sind nicht fertig und sie bleiben stehen, wenn sie nicht gefordert werden. Entwicklung hat aber eben nicht nur mit Kompetenzen zu tun. Wenn Unternehmen sich dazu bekennen „wir wollen auch persönliche Entwicklung fördern" dann hat das Konsequenzen für alle Maßnahmen und natürlich für die Führung, vor allem aber für die Art des Feedbacks, die dann gegeben werden muss – dieses muss entwicklungsfördernd sein.

Meine Feedbackebenen helfen Unternehmen die Unterschiede zu fassen und den eigenen Standort zu erkennen. Ich orientiere mich hier an den Farben von Spiral Dynamics. Sie können den Feedbackebenen aber auch meine Mindsets zuweisen: Orange ist Effektiv mit dem Fokus Zielorientierung, Grün ist Effektiv mit

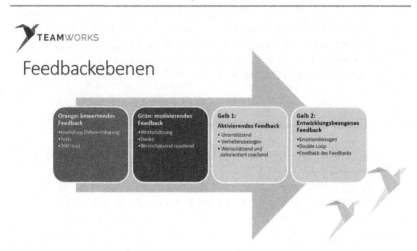

Abb. 4.1 Feedbackebenen

Fokus Kooperation (strukturell auf einer Ebene, bei Loevinger wäre es E6). Gelb 1 ist Flexibel und Gelb 2 Flexibel Plus. Man kann es auch als aufeinander aufbauend betrachten, wobei ich in einem solche Prozess die Reihenfolge ändern würde: Am Anfang stünde „grün", also wertschätzendes Feedback, gern kombiniert mit etwas Messbarkeit. Erst wenn das etabliert ist, steht die gelbe Ebene an, wobei „Gelb 2" nur mit sehr reifen und reflektierten Menschen möglich und sinnvoll ist (Abb. 4.1).

Also, wenn Sie wirklich am Mind-Change interessiert sind, dann schauen Sie sich zuallererst an, wie in Ihrem Unternehmen mit Feedback umgegangen wird. Entwicklungsförderndes Feedback setzt ein growth mindset voraus und beinhaltet nie Bewertung, sondern immer nur Beobachtung und Ausblick.

Beispiel

„Ich habe wahrgenommen, dass Sie sehr viel mehr fragen und auch zuhören. Das empfinde ich als sehr hilfreich. Ich denke, dass Sie noch etwas mehr auf die nonverbalen Zeichen achten könnten. So ist mir aufgefallen, dass Herr X. neulich etwas erschrocken aussah als Sie ihn zu seiner familiären Situation befragt haben. Erinnern Sie sich?"

Wenn Bewertung integriert wird, so sollte diese nur skaliert werden und diese Skalierung als Selbsteinschätzung vorgenommen werden – und das möglichst konkret. Entwicklungsbezogenes Feedback kann diese Selbsteinschätzung aber durchaus infrage stellen.

> **Beispiel**
>
> „Wie würden Sie Ihre Fähigkeit, nonverbale Signale aufzunehmen und zu beschreiben einschätzen?" Mitarbeiter A: „Auf einer Skala von 0 bis 10 vielleicht bei 3." Sie: „Woran würde sich eine 10 denn zeigen?" Mitarbeiter A: „Ich würde öfter innehalten und meine Beobachtung offen aussprechen. Das würde bedeuten, dass ich weniger auf mich selbst konzentriert wäre… Davor habe ich etwas Angst." In diesem Beispiel hätten Sie also direkt auch eine „Coaching-Vorlage". Was löst diese Angst aus? Welcher Glaubenssatz steht dahinter? Darüber zu sprechen verlangt viel Vertrauen, aber Sie können sicher sein, dass es die wirksamste Methode ist, Veränderungen herbeizuführen. Aber: Wenn auf Unternehmensebene so gearbeitet wird, geht das nur in einer entsprechenden Kultur und wenn Entwicklung explizit verankert ist – auch was Entwicklung bedeutet, nämlich den tiefen Blick auch in sich selbst.

Feedback fördert die Reflexion, vor allem wenn es klar und tief gehend ist. In unseren Ausbildungen haben wir deshalb das „Feedback des Feedbacks" eingeführt, um die eigene Feedbackkompetenz zu fördern. Richtiges Feedback hilft eigene Impulse besser wahrzunehmen und gleichzeitig das Verhalten zu reflektieren. Es ordnet deshalb auch Prozesse im Gehirn wie die Abb. 4.2 verdeutlicht.

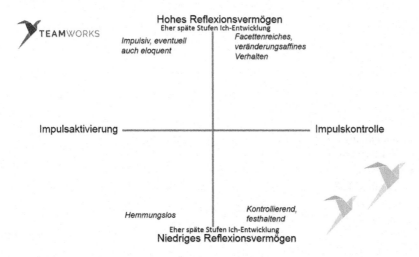

Abb. 4.2 Gutes Feedback verbessert die Impulskontrolle und erhöht die Reflexion

4.1.3   Standort bestimmen mit den Glaubenspolaritäten

Der dritte Schritt ist die Beschäftigung mit dem Unternehmens-Mindset. Im Kapitel über „Führung" habe ich die Glaubenspolaritäten bereits aufgegriffen, um systemisches Denken einzuführen. Hier möchte ich das Ganze praktisch ableiten, denn die Glaubenspolaritäten in ihrer Triade eignen sich auch sehr gut, um einen Mind-Change einzuleiten. Auch lassen sie sich auf der Ebene des Individuums, des Teams und der Organisation gleichermaßen einsetzen. Sie lassen sich auch speziell auf den agilen Kontext ausrichten.

Dabei wird ein Dreieck im Raum gebaut, etwa mit Klebestreifen oder einfach nur durch Markierung der Ecken mit Moderationskarten. Die Ecken symbolisieren die Pole Ordnung, Wissen und Beziehung. Hier können auch andere Begriffe gewählt werden, mit denen sich eine Organisation identifiziert. Es geht immer um Wortfelder, die weitere, verwandte Begriffe umfassen. Statt Pol nutze ich gern den Begriff Tür, da man sich gut vorstellen kann, durch Türen zu gehen, um etwas zu entscheiden. Darum sollte es gehen – die Art, wie ein Unternehmen seine Entscheidungen trifft, informell wie formell, und welche Entscheidung am Ende dominiert.

Steht Agilität im Vordergrund der Betrachtung, etwa in der Frage „Wie leben wir agile Ideen?", lasse ich die Gruppe diese selbst finden, unterstütze nur mit Ideen, falls nichts von der Gruppe selbst kommt.

Beispiele für Ordnung/Agilität:

- Regeln
- Visualisierung
- Rollenklarheit
- Abläufe

Beispiele für Bindung/Agilität:

- Socializing
- Retrospektiven
- All-Hands
- Feedbackkultur

Beispiele für Erkenntnis/Agilität:

- Informationsaustausch
- Professionalität

- Anregung von außen
- Lernendes Unternehmen

Wie gesagt, das sind Wortfelder, die ganz individuell zu belegen sind. Ziel ist zum einen, zu ermitteln, durch welche Eingangstür ein Team bevorzugt geht, ob eine Balance an dieser Tür besteht und ob auch die drei Seiten ausgewogen sind. Ziel ist zum anderen zu erkennen, was fehlt und verstärkt oder abgeschwächt werden sollte. Liebe ist auch Vertrauen, Ordnung auch Regulierung, Erkenntnis praktisches und/oder theoretisches Wissen. Und natürlich noch viel mehr!

Der Kontext entscheidet über die genauen Begriffe. So könnte ein Unternehmen oder ein Team z. B. auch die Triade Vertrauen, Struktur und Wissen wählen.

Ein Unternehmen, das sich galant zwischen diesen Polen bewegt, ist ein Unternehmen in Balance. Jedoch gibt es meiner Erfahrung nach keine solch ausbalancierte Firma. Es gibt immer eine kulturell bedingte „Haupteingangstür". Das, was an dieser Tür liegt, kann gesund und positiv sein oder übertrieben. Jeder der Pole kann also noch einmal zweigeteilt werden: Er wird positiv gelebt oder ist erstarrt.

Wenn Wissen erstarrt ist, dann diskutieren sich Experten ins Leere und bewegen sich keinen Schritt mehr nach vorne. Wenn Ordnung festgefroren ist, dann verhindert die Formalisierung jede Bewegung. Wenn Beziehung erstarrt ist, geht es vor lauter Geklüngel nicht mehr weiter.

Diese Glaubenspolaritätenaufstellung nach Matthias Varga von Kibéd [1] ist als systemische Triade besonders geeignet, Gegensätze deutlich zu machen und Perspektiven zu verbinden. Ein freies Element steht über den Gegensätzen und kann diese überwinden: Es nennt sich Weisheit. Und was führt dahin? Erkenntnis. Also die lernende Organisation.

Mit der Aufstellung lassen sich offene und auch manche versteckten Werte aufdecken und Glaubenssätze sichtbar machen und modifizieren. Man kann z. B. weitere Elemente aufstellen, die Hindernisse darlegen und mit dem einen oder anderen Pol zu tun haben. So ein Element könnte etwa das fehlende Vertrauen sein oder aber die starre Regulierung. Elemente können durch Kissen oder Hocker oder auch andersförmige Moderationskarten symbolisiert werden.

Jedes System hat seine Grundannahmen, das, was es für gut und richtig hält. Diese Grundannahmen spiegeln sich in den Polen der Triade. Jeder Aspekt kann weiterhin durch Überbetonung in eine negative Prägung kippen. Aus Ordnung wird dann Starrheit, aus Erkenntnis Wissens-Prinzipienreiterei und aus Bindung entstehen zum Beispiel Seilschaften oder Cliquen.

Wird eine Ecke der Triade vernachlässigt, entstehen Schwierigkeiten und Probleme. Ein System kann sogar außer Kontrolle geraten, wenn etwas überdominiert. Die Art der Darstellung kann das erlebbar machen.

4.1.3.1 Wann durchführen?

Die Glaubenspolaritätenaufstellung eignet sich für den Anfang eines Veränderungsprozesses. Sie könnte sich beispielsweise aus einem Kickoff-Workshop ableiten. Sie macht deutlich, was derzeit ist, zeigt den Standort. Sie verdeutlicht auch, welche Eingangstüren (Pole) ein Unternehmen nutzt – und was fehlt, wenn man zusätzliche Elemente aufstellt. Das hilft nicht nur Missbalancen, sondern auch nächste Schritte konkreter zu sehen. Durch das Gehen und Stehen im Raum ist das Ganze emotional. Mit einer Einzelperson kann man diese Aufstellung auch mit Holzfiguren und einem systemischen Brett durchführen.

4.1.3.2 Mit wem durchführen?

Sie sollten ein wenig Erfahrung in systemischer Aufstellungsarbeit haben. Die Glaubenspolaritätenaufstellung können Sie mit dem Führungskreis, sofern es die Mitarbeiterzahl zulässt, mit dem ganzen Unternehmen oder mit einzelnen Abteilungen oder Teams machen. Wer den Anfang macht, ist offen: Es kann für den Führungskreis interessant sein zu sehen, wie sich die Mitarbeiter positionieren, bevor sie sich selbst aufstellen. Es kann aber auch hilfreich sein, erst einmal die Verteilung bei den Entscheidern zu erkennen.

4.1.3.3 Wie durchführen?

Beschriften Sie drei große runde Moderationskarten in verschiedenen Farben mit den drei Polen (Türen) Ordnung, Erkenntnis und Bindung oder agilen „Alternativen". Beziehen Sie die Gruppe in die Wortwahl ein. Eröffnen Sie gegebenenfalls Wortfelder, also ordnen Sie den Oberbegriffen weitere zu.

Legen Sie die Moderationskarten als Dreieck im Raum aus. Positionieren Sie Karten in der gleichen Farbe dazu sowie Stifte. Legen Sie in die Mitte eine vierte, runde Karte, die Sie umdrehen, damit die Teilnehmer nicht lesen können, was darauf steht („Weisheit"). Diese sollte eine weitere Farbe bekommen, damit sie sich abhebt.

Moderieren Sie nun die Triade an, indem Sie deren mathematische und philosophische Bedeutung erläutern. Erklären Sie vor allem auch, dass in einem gleichseitigen Dreieck beliebig viele weitere Dreiecke sind, die andersherum aufgestellt sind.

Fragen Sie nun, durch welche Tür das Unternehmen geht, wenn es:

- die alltägliche Arbeit erledigt,
- sich (wie jetzt) verändert,
- seine Visionen entwickelt,
- seine Strategien aufstellt,
- Ziele definiert,
- neue Mitarbeiter einstellt,
- Mitarbeiter entwickelt,
- für Zusammenhalt sorgt
- usw.

Variieren Sie diese Fragen, wenn es um Agilitätsverständnis geht:

- Wie führen wir unsere Stand-ups durch?
- Wodurch sind die Retrospektiven geprägt?
- Wie laufen unsere All-Hands-Meetings ab? Welcher Pol dominiert?
- Usw.

Durch welche Tür geht das Unternehmen normalerweise, um etwas zu tun? Die Liste ist beliebig erweiterbar und kann sich auch auf einzelne Abteilungen beziehen. Während Sie die Bereiche vorstellen, können die Mitarbeiter von einer Ecke zur anderen gehen, wahrscheinlich wird sich aber ein Schwerpunkt finden, der möglicherweise auch zwischen zwei Türen liegt.

Lassen Sie die Mitarbeiter darüber sprechen, wie genau das im Alltag aussieht und warum z. B. ein Pol weniger gesehen bzw. diese Eingangstür seltener genutzt wird. Welches Feld fehlt, was muss erschlossen werden, als nächstes kleines Dreieck mit umgekehrten Polen? Welcher Ecke sollte das Unternehmen zuwinken, damit es sich zu mehr Balance erschließt? Welche Entscheidungen müssen dafür getroffen werden? Wie gesagt, all das ist auch auf Team- und Einzelebene machbar.

Nun können Sie zu konkreten Maßnahmen kommen. Vielleicht muss die Ordnung die Bindung heranholen. Eine Maßnahme könnte dann z. B. ein Tag des Netzwerkens sein. Vielleicht muss die Bindung auch an die Erkenntnis herantreten. Eine sich daraus konkret ableitende Maßnahme könnte dann sein, durch eine Reihe von Fachvorträgen und neue Mitarbeiter mehr Wissen ins Unternehmen zu bringen. Wichtig ist, dass die Maßnahmen am Ende gesammelt werden und über die Realisierung gesprochen wird. Eventuell können sich Tandems oder Trios bilden, die die Ideen weiterentwickeln. Vielleicht ist das aber auch der zweite Teil eines Workshops. Besprechen Sie mit den Mitarbeitern, ob die Pole im Gleichgewicht oder bereits in ihre Übertreibung gekippt sind, also zum Beispiel aus

Struktur Starrheit geworden ist. Was bedeutet das für das Unternehmen, die Abteilung, das Team?

Am Ende weisen Sie auf das Dreieck in der Mitte hin und fragen, was das sein könnte, das alles in eine positive Balance bringt. Wahrscheinlich kommt niemand auf Weisheit, durch das Umdrehen verankert sich der Begriff nachhaltiger.

Diskutieren Sie, wie ein weises Unternehmen, eine Abteilung oder ein Team aussehen könnte und was die nächsten Schritte dahin sind. Idealerweise entsteht aus so einem Format eine Arbeitsgruppe, die die gewonnenen Gedanken weiterentwickelt. Eventuell ist das auch ein nächster Workshop, der nun geplant werden sollte.

4.1.4 Kommunikationsarchitektur erkennen

Ob Agilität funktionieren kann oder nicht ist vor allem auch von der Kommunikationsarchitektur eines Unternehmens abhängig. Dieser Punkt kann auch noch vor der Standortanalyse stehen; er kann auch als Teil davon gesehen werden.

Mit Kommunikationsarchitektur meine ich den „Bau" und das Zusammenspiel aller Interaktionen, die in einem Unternehmen stattfinden: Zwischen den Bereichen, Abteilungen und Teams und alle Schnittstellen. Wie werden hier Entscheidungen getroffen, welche Prozesse gehen damit einher? Das kann man sich aufzeichnen, sollte dafür aber mit vielen Mitarbeitern sprechen, denn sie sind die, die die Interaktionen mit Leben füllen. Es sollte zudem immer auch die informelle Ebene betrachtet werden. Die Kommunikationsarchitektur muss mit dem Organigramm rein gar nichts zu tun haben. Sie ist es, die zählt. Man kann dazu auch User Storys erzählen, wie sie aus Scrum bekannt sind. Was tun Personen, wenn Entscheidungen getroffen werden? Das macht das Bild sehr viel klarer. Beispiel: „Immer wenn wir eine rechtliche Begutachtung haben möchten, verlangt die Rechtsabteilung eine schriftliche Anforderung. Telefonische Anfragen blockt sie ab. Sie gibt keine rechtsgültige Einschätzung ohne zuvor eine externe Anwaltskanzlei beauftragt zu haben."

Oft werden so auch Schnittproblematiken deutlich. Entsteht eine regelrechte Landkarte der Interaktionen, wird das für Gesprächsstoff sorgen, doch auch die Augen öffnen. Nun kann man gemeinsam darangehen, diese Interaktionen zu verändern, in dem man die Entscheidungsprämissen revidiert. Wenn die Rechtsabteilung ohne Formular agieren muss und keine externe Kanzlei mehr beauftragen, außerdem verpflichtet wird innerhalb eines bestimmten Zeitraums mündlich zu reagieren, so wird dies zu Protesten führen – aber es ändert die Kommunikationsarchitektur nachhaltiger als jeder Kommunikationsworkshop.

In vielen Unternehmen ist Kommunikation fehlgerichtet. Sie bezieht sich auf die Verteidigung von Bereichen und Budgets und weniger auf das gemeinsame Produkt Erzeugnis oder Dienstleistung. Wenn das durch so eine Landkarte sichtbar wird, so können die Kommunikationen auch neu „gebaut" werden. Allerdings erfordert dies, dass es von oben gewollt wird und konsequent umgesetzt. Vor und zurück – hier funktioniert das nicht.

▶ **Conways Gesetz** Der Informatiker Melvin Edward Conway formulierte sein Gesetz erstmals 1968. Es besagt, dass ein Produktdesign die internen Systeme und die Zusammenarbeit spiegele. Wenn also Produkte wie aus einem Guss erscheinen, so haben intern höchstwahrscheinlich viele Menschen intensiv zusammengearbeitet. Dahinter steht die Annahme, dass etwas Einheitliches auf fruchtbarer Kommunikation und Interaktion beruhen muss, während Produkte, die aus verschiedenen Elementen bestehen oder verschiedenartige Produkte eines Unternehmens höchstwahrscheinlich Ergebnis von weniger kommunikationsintensiver Zusammenarbeit sind.

Die Harvard Business Review bestätigte die ursprünglich rein auf Beobachtung beruhende Annahme. Weitere Studien folgten und konkretisierten die Annahmen. Conway sagt, dass die Veränderung eines Produkts auch die Veränderung der Kommunikationsarchitektur erfordert. Das gilt auch, wenn voneinander unabhängige Bestandteile entwickelt werden, die aber voneinander abhängig sind. Komplikationen können hier entstehen, wenn die Schnittstellen nicht richtig funktionieren – und das gilt im technischen wie im kommunikativen Sinn. Wobei die fehlende Kommunikation verantwortlich für Fehler oder technologische Disharmonien ist und nicht umgekehrt.

Daraus kann man vor allem folgende Lehre ziehen: Teamarbeit braucht besonders viel Kommunikation, wenn ein gemeinsames Produkt entstehen soll. Je komplexer dieses ist, desto mehr muss in die Schnittstellen-Kommunikation investiert werden. Die Empfehlung ist eine Kommunikationsarchitektur zu schaffen, die die Produktarchitektur spiegelt.

4.1.5 Agilen Reifegrad bestimmen

Welcher Logik folgen Führungskräfte, Teams und Mitarbeiter? Unser Reifegradmodell hilft bei der Einschätzung, vor allem auch der Selbsteinschätzung. Auch hier handelt es sich um eine Form der Standortbestimmung, die den anderen Punkten auf vorausgehen kann.

Für den Reifegrad der Belegschaft – also von Führung und Mitarbeitern – ist die Organisation als System „zuständig", jedoch können sich in ein und demselben Unternehmen Teams und Abteilungen sehr unterschiedlich entwickeln. Zuständig heißt dabei sowohl bewusst als auch unbewusst verantwortlich, planvoll – etwa durch Personalentwicklung – gestaltet oder aufgrund von Zufällen und verschiedenen Zusammenhängen entstanden.

Eine Folge davon ist, dass es in einer Organisation reife und unreife Teams sowie Bereiche geben kann. Sie sollten also auf die kleineren Einheiten schauen. Die Organisation gibt den Rahmen. Die Logik dieses Rahmens ist prägend für alle Bereiche. Der Rahmen kann ermöglichen und begrenzen. Deshalb ergründe ich diesen gewöhnlich in strukturierten Interviews vor einer Maßnahme.

Das Reifegrad-Grid habe ich bereits in „Agiler Führen" [2] vorgestellt, hier erweitere ich die Darstellung auf das Thema Selbstorganisation und gebe konkretere Anwendungshinweise sowie Leitfragen. Der agile Reifegrad offenbart ebenso Denk- und Handlungslogiken in einem übergreifenden Kontext. Er ist nicht identisch mit der Ich-Entwicklung: Eine Einzelperson, auch in Führung, kann sich abwärts kompatibel verhalten, also durch die Umgebung bedingt „weniger" Mindset zeigen.

Das Grid eignet sich unserer Erfahrung nach gut für die Arbeit in einem Workshop, sofern Vertrauen vorhanden ist. Dabei hat es sich bewährt, dass Teilnehmer zunächst schriftlich eine Einschätzung vornehmen und das z. B. auf ein Raster auf einen Flipchart oder einer Moderationswand übertragen.

Falls die Unternehmenskultur offenes Feedback (noch) nicht zulässt, können Sie auch anonym Fragebögen ausfüllen lassen. Mitarbeiter bzw. das Team sollten dabei die Führung einschätzen, die Führung die Mitarbeiter individuell oder das Team insgesamt beurteilen. Wir haben dazu zwei unterschiedliche Fragebögen: Der eine passt, wenn es sich um wirkliche Teamarbeit handelt, bei der am Ende ein gemeinsames Produkt steht. Der andere eignet sich, wenn die Mitarbeiter weitgehend eigene Verantwortungsbereiche haben und kein gemeinsames Produkt erschaffen wird.

Abb. 4.3 zeigt, wie das Reifegrad-Grid in seiner Rohform aussieht. Sie kombinieren jeweils die Einschätzung zur Führung mit der Einschätzung zu Mitarbeiter(n) oder Team.

TEAMWORKS

		niedrig		**Führung**				hoch		
		1	2	3	4	5	6	7	8	9
hoch	9	9/1	9/2	9/3	9/4	9/5	9/6	9/7	9/8	9/9
	8	8/1	8/2	8/8	8/4	8/5	8/6	8/7	8/8	8/9
	7	7/1	7/2	7/3	7/4	7/5	7/6	7/7	7/8	7/9
Mitarbeiter	6	6/1	6/2	6/3	6/4	6/5	6/6	6/7	6/8	6/9
Team	5	5/1	5/2	5/3	5/4	5/5	5/6	5/7	5/8	5/9
	4	4/1	4/2	4/3	4/4	4/5	4/6	4/7	4/8	4/9
	3	3/1	3/1	3/3	3/4	3/5	3/6	3/7	3/8	3/9
	2	2/1	2/2	2/3	2/4	2/5	2/6	2/7	2/8	2/9
niedrig	1	1/1	1/2	1/3	1/4	1/5	1/6	1/7	1/8	1/9

Bewertungs-Raster

Tragen Sie die Werte pro Person oder pro Team ab, ergibt sich eine Streuung. In dem unwahrscheinlichen Fall des Gesamtwertes = 0 (alle Fragen mit 0 beantwortet) liegt der Wert außerhalb des Rasters.

Abb. 4.3 Reifegrad-Grid

4.1.5.1 Ebene Führung

1. Kann Ihre Führungskraft für Ziele, Positionen und Vorgehensweisen begeistern und dabei sowohl Einzelne als auch die Gruppe mitnehmen?
2. Redet Ihre Führungskraft offen über ihre eigene Entwicklung und Veränderung, thematisiert sie auch eine Veränderung zu früheren Positionen und Überzeugungen?
3. Hat Ihre Führungskraft keine Probleme, Fehler einzugestehen, auch eigene, ohne nachträgliche Rechtfertigung?
4. Gibt Ihre Führungskraft offenes und entwicklungsorientiertes Feedback, hat also in erster Linie Ihre Entwicklung im Blick?
5. Kann Ihre Führungskraft nachvollziehbar erklären, warum im Unternehmen manchmal widersprüchliches Verhalten und auch Kurswechsel notwendig sind, d. h., thematisiert sie Paradoxien?
6. Sucht Ihre Führungskraft starke und andersdenkende Persönlichkeiten für ihre Teams aus, ohne Angst vor Machtverlust und Gegenpositionen?
7. Geht es Ihrer Führungsperson bei allen Entscheidungen spürbar um das Unternehmen und nicht um sich selbst?
8. Pflegt Ihre Führungskraft Kontakte zu verschiedenen Stakeholdern und anderen Personen im Unternehmen?
9. Fördert Ihre Führungskraft Ihre Autonomie und strebt sie danach, möglichst viel Verantwortung zu übertragen?

Geben Sie pro Frage Punkte. Hierbei gilt:

- 0 = nichts ist zutreffend
- 1 = trifft weitestgehend nicht zu
- 2 = trifft teilweise zu
- 3 = trifft überwiegend zu
- 4 = trifft alles stark zu

Addieren Sie alle Punkte. Dann teilen Sie die Punkte durch 4. Es ergibt sich eine Ziffer zwischen 0 und 9 (wobei 0 ein unwahrscheinliches Ergebnis ist, was sich fast nach „abstrafen" anhört; denken Sie sich hier eine „1") Suchen Sie sich das passende Kästchen dazu im Reifegrad-Grid und kombinieren Sie es mit der Team-Sicht oder der Sicht auf Individuen. Die maximale Punktzahl ist 36. Beispiel: Sie haben 24 Punkte. Durch 4 geteilt, ergibt sich 6,5.

Die Fragen brauchen die Fremdbeschreibung, da Führungskräfte sich die Aussagen erfahrungsgemäß selbst gewöhnlich stärker zuschreiben als Mitarbeiter. Allerdings kann der Fragebogen auch eine gute Grundlage für die Führungskräfteentwicklung sein.

Als Berater können Sie auch einen Querschnitt an Personen suchen, die die Fragen beantworten. Die Fragen richten sich an Führungskräfte, die von oben führen, also in der Regel disziplinarische Vorgesetzte. Der Katalog ist weniger für laterale Führung geeignet. Wird das Team lateral geführt, wären die Fragen 1 bis 5 relevant.

Die maximale Punktzahl ist dann 20. Das entspricht einer 9 Grid. Danach gehen Sie im Abstand von jeweils 2 Punkten zurück:

- 20–19 = 9
- 18–17 = 8
- 16–15 = 7
- 14–13 = 7
- 12–11 = 6
- 10–9 = 5
- 8–7 = 4
- 6–5 = 3
- 4–3 = 2
- 2–1 = 1

4.1.5.2 Ebene Mitarbeiter

Die Fragen zum Mitarbeiter statt der Fragen zum Team sollten gestellt werden, wenn Mitarbeiter ihre Aufgaben alleine lösen, gleich ob als Experte oder Sachbearbeiter.

Arbeiten Teams an einem Produkt fest zusammen, wählen Sie bitte die Team-Fragen:

1. Zeigt der Mitarbeiter eine breite Palette möglicher Verhaltensweisen und passt er sein Verhalten kontext- und situationsbezogen an?
2. Sucht der Mitarbeiter aktiv Feedback und will er lernen? Kann er Feedback ebenso positiv und wachstumsorientiert geben?
3. Kann der Mitarbeiter sein Verhalten überdenken und neu bewerten?
4. Versteht der Mitarbeiter die organisationalen Paradoxien?
5. Zeigt der Mitarbeiter extraproduktives Verhalten, agiert er also im Sinne des Unternehmens?
6. Pflegt der Mitarbeiter Kontakte zu verschiedenen Stakeholdern und anderen Personen im Unternehmen, um Informationen auszutauschen?
7. Fällt der Mitarbeiter nachvollziehbare Entscheidungen und bindet er Kollegen angemessen ein?
8. Kann der Mitarbeiter sich gleichzeitig an kurz-, mittel- und langfristigen Zielen ausrichten?
9. Ist der Mitarbeiter fähig zur Kooperation, in dem Sinne, dass er unter Beachtung und Erkennung gegenseitiger Stärken und Kompetenzen im Sinne des Unternehmenszieles mit anderen zusammenarbeitet?

Geben Sie pro Frage Punkte. Hierbei gilt:

- 0 = nichts ist zutreffend
- 1 = trifft weitestgehend nicht zu
- 2 = trifft teilweise zu
- 3 = trifft überwiegend zu
- 4 = trifft alles stark zu

Am Ende teilen Sie die Punkte durch 4. Es ergibt sich eine Ziffer zwischen 0 und 9. Suchen Sie sich das passende Kästchen dazu im Reifegrad-Grid und kombinieren Sie es mit der Führungssicht. „0" ist als Punktzahl sehr unwahrscheinlich, hierfür denken Sie sich bitte die „1" im Grid. Beispielsweise ergeben sich 18 Punkte, also am Ende 4,5. Zusammen mit der Führung ergäbe sich in diesem Fall

TEAMWORKS

Bewertungs-Raster Beispiel

Tragen Sie die Werte pro Person oder pro Team ab, ergibt sich eine Streuung. In dem unwahrscheinlichen Fall des Gesamtwertes = 0 (alle Fragen mit 0 beantwortet) liegt der Wert außerhalb des Rasters.

Mitarbeiter *niedrig* Team

niedrig **Führung** *hoch*

hoch

	1	2	3	4	5	6	7	8	9
9	9/1	9/2	9/3	9/4	9/5	9/6	9/7	9/8	9/9
8	8/1	8/2	8/3	8/4	8/5	8/6	8/7	8/8	8/9
7	7/1	7/2	7/3	7/4	7/5	7/6	7/7	7/8	7/9
6	6/1	6/2	6/3	6/4	6/5	6/6	6/7	6/8	6/9
5	5/1	5/2	5/3	5/4	5/5	5/6	5/7	5/8	5/9
4	4/1	4/2	4/3	4/4	4/5	4/6	4/7	4/8	4/9
3	3/1	3/1	3/3	3/4	3/5	3/6	3/7	3/8	3/9
2	2/1	2/2	2/3	2/4	2/5	2/6	2/7	2/8	2/9
1	1/1	1/2	1/3	1/4	1/5	1/6	1/7	1/8	1/9

Hier sehen wir eine einzelne Führungskraft (FK) mit „4", deren Mitarbeiter über 1-8 streuen. Die Reife der FK ist hier geringer als die der Mehzahl der Mitarbeiter (MA). Die Empfehlung lautet, wenn die Praxis diesem Bild entsprich: Austausch oder Coaching. Eventuell kann der MA mit 8 „laterale" Führungsaufgaben übernehmen.

Abb. 4.4 Reifegrad-Grid mit Beispiel-Markierung

also eine Kombination von 6,5 für die Führungskraft zu 4,5 für den Mitarbeiter, siehe Abb. 4.4.

Sie können auch mehrere Mitarbeiter auf diese durchgehen und am Ende einen Durchschnittswert ermitteln.

4.1.5.3 Ebene Team

Die Fragen zum Team empfehle ich, wenn es ein in der Zusammenarbeit erzeugtes gemeinsames Produkt gibt. Wenn also mehrere Personen an etwas Gemeinsamem arbeiten. Sofern jeder seinen abgegrenzten Bereich hat, sollten eher die Individuen betrachtet werden. Es gibt Graubereiche und Überschneidungen: Kundenservice ist einerseits die Tätigkeit von einzelnen Personen, andererseits ist das gemeinsame Ergebnis die Qualität des Kundenservices. Je weiter fortgeschritten Selbstorganisation ist, desto deutlicher wird das. Es entsteht eine Art Kontinuum zwischen Fokus auf das Individuum und auf das Team. So werden Sie manchmal auch beide Bereiche beantworten und kommen dabei vielleicht zu unterschiedlichen Bepunktungen.

Geben Sie die Antworten bitte insgesamt für ein Team. Es muss z. B. nicht jeder betriebswirtschaftliche Kenntnisse besitzen, aber die vorhandenen Kenntnisse einer Person sollten bekannt und genutzt sein. Bitte denken Sie dabei daran, dass das, was wir hier Mindset nennen, immer Denken und Handeln beinhaltet. Es reicht also nicht, dass Verständnis für etwas da ist (Denken), es müssen sich auch konkrete Handlungen davon ableiten. Die Fragen sind auch eine gute

Grundlage für die gemeinsame Metareflexion, geleitet von der Frage, woran sich etwas zeigt und woran nicht. Ist ein Team beispielsweise nicht paradoxiebewusst, könnte der erste Schritt darin liegen, sich die Paradoxien vor Augen zu halten, beispielsweise: „Einerseits sollen wir eigenverantwortlich handeln – andererseits uns abstimmen."

1. Ist das Team paradoxiebewusst und kann es sich angemessen bewegen, auch wenn die Situation nicht immer eindeutig ist?
2. Besitzt, erkennt und nutzt das Team Handlungsspielräume für eigene Entscheidungen?
3. Sieht sich das Team als Gemeinschaft von Lernenden und kommuniziert es das Lernen? Ist das Lernen dabei auf fachliche Inhalte und die Zusammenarbeit insgesamt bezogen?
4. Ist das Team fachlich kompetent und auch betriebswirtschaftlich in der Lage, Entscheidungen zu treffen, und nutzt es angemessene und unterschiedliche Methoden zur Entscheidungsfindung?
5. Kann jeder im Team situativ die Führung (im Sinne des Bestimmens der Richtung von Bewegung und des Einflussnehmens in kritischen Momenten) übernehmen und tut dies auch von sich aus oder in Abstimmung mit den anderen?
6. Sucht das Team nach der besten Lösung mit Blick auf den Organisationskontext und nicht nach dem, was richtig und falsch ist?
7. Ist das Team in der Lage, sich selbst Ziele zu setzen und diese sachlich und angemessen zu begründen, anzupassen und zu optimieren?
8. Kann das Team organisationale und teambezogene Regeln einhalten, Regeln modifizieren oder begründet brechen?
9. Ist das Team im aktiven und fruchtbaren Austausch mit anderen Stakeholdern im Unternehmen, um sich und andere weiterzuentwickeln?

Geben Sie pro Frage Punkte. Hierbei gilt:

- 1 = trifft alles gar nicht zu
- 2 = trifft teilweise zu
- 3 = trifft überwiegend zu
- 4 = trifft alles stark zu

Am Ende teilen Sie die Punkte durch 4. Es ergibt sich eine Ziffer zwischen 1 und 9. Suchen Sie sich das passende Kästchen dazu im Reifegrad-Grid und kombinieren Sie es mit der Sicht auf die Führung.

So entsteht eine Stellung im Raster, die Anhaltspunkte dafür gibt, was eine mögliche Herangehensweise und Maßnahmen sein könnten. Die Abstände sind dabei aber als grobe Orientierung und nicht als feste Größe zu betrachten. Es ist möglich, dass soziale Erwünschtheit bei den Antworten einspielt. Sind Sie als Berater mit dem Grid betraut, so stellen Sie Fragen nach der STAR-Technik: Situation, Task, Action und Results. Hier sollten genügend Beispiele zur Illustrierung auf den Tisch kommen.

4.1.5.4 Mindset für Selbstorganisation

Mit dem Reifegrad können Sie ermitteln, inwieweit ein Team reif für Selbstorganisation ist. Wir unterscheiden drei Stufen der Selbstorganisation. In der ersten Stufe übernehmen die Teammitglieder Verantwortung für ihr Produkt, aber noch nicht den betriebswirtschaftlichen Rahmen. Das heißt, das Team übernimmt Fachaufgaben, jedoch noch kein Management.

Das macht in Kontexten Sinn, in denen noch recht klassische Strukturen herrschen und die Teammitglieder auch nicht über das notwendige betriebswirtschaftliche Wissen verfügen bzw. es keine crossfunktionalen Teams gibt (in denen Teammitglieder dieses Wissen beisteuern). Um eine Selbstorganisation der Stufe 1 einzuführen, sollte der Reifegrad des Teams entsprechend sein. Vielfach erlebe ich, dass Teams zu früh zu viel Verantwortung übertragen wird, z. B. auch für Einstellungen und Urlaubsplanungen. Bei unreifen, wenig reflektierten Mitarbeitern kann das dazu führen, dass sich schnell die dominanten Alphatiere durchsetzen (Alphas brauchen keine formale Macht) und Egoismen sich Raum bahnen.

Stufe 2 setzt voraus, dass das Team auch in der Lage ist, sich selbst Ziele zu setzen, wobei es auch die Vergleichsgrößen festlegt. Das geht nur bei crossfunktionalen Teams oder wenn neben dem Fach- auch das nötigen Managementwissen im Team ist.

Stufe 3 ist die Stufe High Performance. Diese Teams sind der Lage, sich selbst herauszufordern und daran zu arbeiten, immer besser zu werden. Das setzt eine sehr hohe Professionalität voraus und meist auch sehr viele Berufsjahre. Solche Teams brauchen meiner Erfahrung nach auch keine festen Rahmen durch agile Methoden mehr. Diese sind eher für Stufe 1 und vielleicht noch 2 relevant, da sie entsprechende Strukturen schaffen.

Unser Modell zur Orientierung kennen Sie ja bereits von Seite 126. Wir greifen hier die Wertecluster auf, die wir auch schon in unserer Studie verwendet haben. Je mehr Selbstorganisation, desto eher sollten wir eine gelbe (flexi style) Kultur voraussetzen.

In dem Modell habe ich das Selbstführungs-ABC verankert, das ich anschließend vorstelle.

4.1.5.5 Selbstführungs-ABC

Im Kapitel über Führung (Seite 125) habe ich Selbstführung als zentrales Mittel zur Mindset-Entwicklung eingeführt. Nun erhalten Sie ergänzend ein praktisches Modell, das wir Selbstführungs-ABC nennen (Abb. 4.5). Es baut auf dem Reifegrad-Modell auf und fußt auf dem Gedanken, dass wirksame Selbstorganisation Menschen voraussetzt, die sich selbst führen können. Das sind hier jene Personen, die in diesem Modell der Selbstführung das „C" spielen können.

Wir haben in Verbindung mit der Ich-Entwicklung gelernt, dass Selbstführung Denken in der Stufe 6 oder der Effektiv-Phase voraussetzt. Das ABC zeigt, wie man Menschen über Entwicklungsmaßnahmen näher an dieses Denken und damit zu Selbstführung bringt.

Der erste Schritt ist dabei die Selbsterkenntnis. Dazu gehört es z. B. zu verstehen, wie ich selbst bin – und wie andere. Wenn Menschen wenig reflektiert sind, kann die Erkenntnis „Ich bin anders als" schon bahnbrechend sein. „Ja, Unterschiede sind normal, gewünscht, die Welt braucht sie!" Das nicht nur zu verstehen, sondern auch anzunehmen, kann sehr helfen.

Die Beschäftigung mit Stärken kann in dieser Phase ein wichtiger Schritt sein. Die Entwicklung im „A" entspricht – sehr grob gesprochen – der Entwicklung von der Stufe 4 (Wir-Phase) auf eine 5 (Richtig-Phase). Je mehr Menschen noch gemeinschaftsorientiert denken, desto schwerer fällt es ihnen, Merkmale zu sehen, die sie selbst von den anderen abgrenzen. Nachdem erkannt ist, dass es diese Unterschiede gibt, geht es um die Stärkung der Individualität. Damit wird auch Abgrenzung, Nein-Sagen leichter möglich.

TEAMWORKS

ORGANISATIONS- UND TEAMANALYSE MIT LÖSUNGSANSATZ

Schritte	Beispiel
Welches A gilt?	Wir sind innovativ.
Welches B gilt auch?	Wir halten fest am Alten.
Was war die Lösung?	Werte-Workshop, Leitbild
Was ist der Preis?	Verwirrung, Desorientierung, Heimlichkeiten
Was fehlte der Lösung? (fast immer)	Metakommunikation Organisationales Lernen
Was fehlte der Lösung? (oft)	Klare Führung von oben (Helden-Kommunikation)

Abb. 4.5 Beispiel für ein Paradox in einer Organisationsanalyse

Selbstwahrnehmung ist ein nächster Schritt. Er setzt voraus, dass man seine Bedürfnisse wahrnehmen und diese in seinen Handlungen berücksichtigen kann. Wer in sich spürt, lernt Bedürfnisse zu artikulieren, aber auch Grenzen zu ziehen und zu kommunizieren. Das kommt – natürlich sehr vereinfacht – in der Ich-Entwicklung einer Stufe 5 (oder Richtig-Phase) nahe, die sich zur 6 (Effektiv-Phase) entwickelt. In diesem Schritt können Bedürfnisse fokussiert werden, die eng mit Emotionen verknüpft sind. Was nehme ich wahr? Was möchte ich tun, wenn ich auf mich höre?

Selbstentwicklung ist das, was in Stufe 6 stattfinden kann. Nun kommt entwicklungsbezogenes Feedback zum Tragen – um selbst besser zu werden und eigenen Maßstäben zu folgen. In diesem Schritt hilft es sehr, sich die eigenen Paradoxien bewusst zu machen und zu reflektieren. „Ich bin kein Machtmensch, ich bin ein Machtmensch", solche einseitigen Selbstwahrnehmungen waren bei A und B hilfreich und stehen jetzt dem nächsten Schritt im Weg. Nun geht es darum, dies zu verbinden. „Ich bin ein Machtmensch und auch nicht" ist kein Widerspruch mehr, wenn man es aus einer integrierenden Perspektive betrachtet. Vorher als negativ betrachtete und vielleicht sogar abgespaltene Anteile können nun leichter angenommen werden.

Selbstaktualisierung bedeutet auch, einen Schritt ins postkonventionelle Mindset zu unternehmen. Die Differenziertheit in der Wahrnehmung steigt durch den Blick nach außen. „Heute bin ich so, morgen so. Ich bin Machtmensch, aber auch Dienstleister" – die Vielfalt der Selbst-Interpretationen steigt und damit wahrscheinlich auch die Vielfalt möglicher Verhaltensweisen.

Zum Mindset-Training eignet sich auch der Fragebogen zur Selbstführung, den Sie unter der folgenden Adresse downloaden können: https://teamworks-gmbh.de/agile-toolbox/.

4.1.5.6 Paradoxien

Da in meinem Fragekatalog der Begriff Paradox mehrfach auftaucht, ist es hier an der Zeit, diesen näher zu erläutern. Ein Paradox ist ein Begriff aus der Logik, der auch in der systemischen Organisationsberatung eine wichtige Funktion hat.

Ein Paradox ist immer zweiwertig.

Man kann es auf einer abstrakten Ebene einfach so beschreiben:

- Es gilt <u>A.</u> (A ist unterstrichen, weil es z. B. der ausgesprochene Wert/das gewünschte Verhalten/die gültige Entscheidungsprämisse ist.)
- Es gilt B. (B ist nicht unterstrichen, weil es der Wert/das gewünschte Verhalten/die gültige Entscheidungsprämisse ist, der/das/die unterschwellig auch gelebt wird.)

Damit können Organisationen, Teams und Individuen nun unterschiedlich umgehen:

- Wenn A, dann nicht B (wegleugnen, verdrängen, bekämpfen).
- A und B gilt zugleich, verteilt sich aber z. B. unterschiedlich (sowohl als auch).

Gemeinsam ist allen Paradoxien der Widerspruch zwischen dem Behaupteten einerseits und den Erwartungen und Beurteilungen andererseits. A ist also das Behauptete. „Ich weiß, dass ich nichts weiß" (Sokrates). Es gilt aber auch B: „Ich weiß, dass ich etwas weiß." Ein Paradox lässt sich teilweise auflösen, auch wenn es auf den ersten Blick nicht so scheint. Viele naturwissenschaftliche Probleme wurden so gelöst. Bisweilen geht das jedoch auch nicht; dann müssen sie einfach so bestehen bleiben oder in Verbindung gebracht werden. Das verlangt das, was man so schön Ambiguitätstoleranz nennt.

Die Begriffe Dialektik, Dilemma und Paradoxie sind eng miteinander verwoben. Ein Dilemma ist eine scheinbar ausweglose Situation, in der Paradoxien auftreten.

In Abgrenzung zur dialektischen Zweiwertigkeit, die eine Synthese als These und Antithese oft erlaubt, ist dies beim Paradox mitunter nicht der Fall.

Je stärker der gefühlte oder reale Widerspruch ist, desto größer oft der Widerstand in der Belegschaft. Wenn A = „Wir sind modern und innovativ" heißt, kann B schlecht „Wir sind traditionsbewusst und setzen auf unsere Traditionsprodukte" sein – jedenfalls würde jeder Kommunikationsexperte davon abraten, diese Verbindung herzustellen. Der Widerspruch lässt sich dennoch nach innen auflösen.

Nach innen könnte nämlich beides gelten, ein Leben in A und B möglich sein. Ein Unternehmen stellt Dieselmotoren her. Dieselmotoren haben keine Zukunft. Sie sichern dem Unternehmen aber aktuell das Überleben. Es wäre also „lebensmüde", diesen Zweig aufzugeben. Um aber in Zukunft überlebensfähig zu sein, benötigt das Unternehmen dringend Innovationen. Das Thema braucht einen großen Stellenwert im Unternehmen. Der Widerspruch muss nicht nur kommuniziert, sondern auch von jedem einzelnen Mitarbeiter gelebt werden.

Jede Entscheidung für A oder B verlangt zudem ein Opfer. Man muss etwas aufgeben. Sich dessen bewusst zu sein, hilft sehr.

Drei Unternehmen, drei typische Herausforderungen

Bei *Musmore* ist eine Paradoxie, dass agile Konzepte Hierarchien überflüssig gemacht haben und das Unternehmen eine dynamische und flexible Struktur aus crossfunktionalen Teams besitzt. Gleichzeitig wird jedoch Struktur und Ordnung verlangt.

Das Softwareunternehmen stellt Kunden im Internet eine Plattform bereit, über die sie selbst produzierte Musik vertreiben können. Es ist eine wesentliche Einnahmequelle für das Unternehmen. Durch neue Cloudlösungen wird dieses Modell jedoch obsolet, es ist einfach für die Kunden geworden, eigene Shops aufzubauen und externe Zahlungsanbieter einzubinden. Das Unternehmen muss sich neu positionieren und kreative Weblösungen bieten. Dadurch findet im Unternehmen eine Neubewertung der Mitarbeiter statt. Waren bis vor kurzem Entwickler die „Stars", sind es nun die Designer. Dabei ist es immer verpönt gewesen, Einzelnen eine herausragende Stellung einzuräumen. Das passt nicht zur Agilität, denken viele. A ist also Gleichheit, B ist Unterschiedlichkeit nach Berufsstatus. A wird kommuniziert, B wird gelebt. Indem dieser Gegensatz bewusst in die Kommunikation gehoben wird, wird er leichter ausgehalten. Das, was die Mitarbeiter tagtäglich erleben, ist so integriert und nicht mehr unter den Teppich gehalten. Es wird auch zugelassen, dass besonders gute Design-Teams ausgezeichnet werden. Entgegen der bisherigen Tradition werden „Ränge" eingeführt. Besonders erfahrene Kollegen werden Senior-Designer, die in Teams den Design-Lead übernehmen. Daran sind bestimmte Aufgaben gekoppelt, etwa das Mitwirken im Design-Kreis, der regelmäßig Designer aus anderen Unternehmen einlädt, um Anregungen von außen zu bekommen. Der „Grad" wird dabei für ein Jahr verliehen.

Bei *Broba* ist eine Paradoxie, dass Stabilität und Tradition betont werden, gleichzeitig aber Veränderung und Modernität. Die Mitarbeiter sollen Verantwortung übernehmen, sich aber auch den Prozessen und Vorschriften unterwerfen. Es gibt Abteilungen, die sehr schnell auf Kundenanfragen reagieren müssen, während andere diese mit Informationen unterstützen oder Dienstleistungen erbringen. „Das kann nicht so schnell gehen, da wir Qualitätskriterien erfüllen müssen" trifft auf „Das muss schneller werden, weil wir den Kunden zufriedenstellen müssen".

Bei *Helpme* ist eine Paradoxie, dass sich die Mitarbeiter selbst organisieren sollen, aber im Laufe der Jahre auch immer wieder gelernt haben, dass sich jeder der Nächste ist und Freizeit einen hohen Stellenwert hat. Deshalb gibt es einerseits die Freiheit und Selbstverantwortung durch Selbstorganisation, andererseits Ausbeutung und Manipulation, etwa bei der Urlaubsplanung. Mehrarbeit bleibt so bei den Gutmütigen hängen, während die anderen aus dem System maximalen Nutzen ziehen. Einige arbeiten sogar immer weniger.

Sie können Ihr eigenes Unternehmen oder Unternehmen, die Sie beraten, nach diesen Mustern analysieren. Was ist A? Was ist B? Welches davon wird nach außen betont, ist also unterstrichen? Welche Lösung hat das Unternehmen für das Paradox? Was ist der Preis dafür?

Indem Sie so vorgehen, haben Sie ein Framework oder Raster, durch das Sie auf ein Unternehmen blicken. Es ist auch klar und eindeutig, was im ersten Schritt zu tun ist: Das Muster ist zu thematisieren. Das bedeutet, es geht immer darum, eine Metakommunikation einzuführen. Dies kann natürlich nicht aus der Mitte heraus geschehen oder gar in eine Kommunikationsabteilung verlagert sein. Es muss von oben umgesetzt werden, auch wenn der Impuls von unten kommt.

Abb. 4.5 zeigt ein Beispiel für ein solches Paradox und eine Lösung.

4.1.5.7 Unterschiede nach Unternehmensgröße

Sie können sich sicher lebhaft vorstellen, dass in einem Konzern, der 16 verschiedene Führungsebenen und mehrere tausend Mitarbeiter hat, ein anderes Denken herrschen muss als in einem 50-Leute-Unternehmen. Auch die Paradoxie-Muster sind andere.

Das liegt allein schon in der Größe begründet. Bis etwa 150 Personen kennt sich noch jeder, danach steigt der Anonymitätsgrad. „Wen muss ich ansprechen, wenn …?" – auch die Entscheidungsstrukturen werden komplexer und Paradoxien sichtbarer. In einem Konzern gibt es noch sehr viel mehr Erwartungskontexte als in einem kleinen Unternehmen: die Abteilung so, jene anders, in der Landesgesellschaft so und dann auch noch diese ständig wechselnden Chefs! Einerseits soll gestaltet werden und andererseits sind die ganzen Vorschriften zu erfüllen!

In kleineren Unternehmen ist dieser Paradoxie-Druck auch da, aber anders. Beispielsweise erwarten Unternehmen in manchen agilen Umfeldern, dass jeder Verantwortung übernimmt, gleichzeitig gilt das dann wieder nur eingeschränkt. Sie wollen Dienstleistung und keine Macht, ummanteln „Macht" mit Wortkosmetik oder durch Schweigen. Und entscheiden heimlich im Hinterzimmer. Einer muss es ja machen. Aber bitte nicht darüber reden. So wollten wir das ja eigentlich nicht.

▶ Es hilft, bei der konkreten Arbeit mit der Formel „Leistung = Wollen × Können × Dürfen" zu agieren und bei Veränderungen beim Dürfen anzufangen. Alles andere macht wenig Sinn.

4.1.5.8 Tetralemma

Das Tetralemma ist eine logische Figur. Danach kann man mit Bezug auf ein Objekt A gelten lassen, B gelten lassen, A und B gelten lassen, weder A noch B gelten lassen. Das ist ein sehr einfaches Instrument zur Analyse von personalem und organisationalem Denken und Handeln:

- Denke ich A oder B?
- Was passiert, wenn ich beides denke?
- Welche Folgen hätte ein Weder-noch?

Das alles lässt sich auf Einzel-, Team- und Organisationsebene durchführen, wo eine Systematisierung wie in Abb. 4.6 hilft, auf Ideen und neue Gedanken zu kommen.

Je nachdem, wie sich die Haltungen in einem Team oder Unternehmen verteilen, ergeben sich Kommunikationsmuster, Abb. 4.7 zeigt das Muster Spaltung. Hier treffen zwei Richtig- und Falsch-Haltungen aufeinander. Typisch sind Muster, bei denen man sich scheinbar darauf einigt, alles zu vereinen (A und B), ohne sich aktiv mit der Unvereinbarkeit auseinanderzusetzen. So entsteht Scheinharmonie. Im Chaosmuster wiederum zeigt sich ein Beharren auf den Positionen: Die einen so, die anderen so, jeder macht was er will.

Das Bewusstmachen solcher Muster kann helfen, auf neue Gedanken zu kommen, und trägt deshalb zur Entwicklung des Mindsets bei.

Das eine	Das eine und das andere
Das andere	Weder noch (das Neue)

Abb. 4.6 Tetralemma

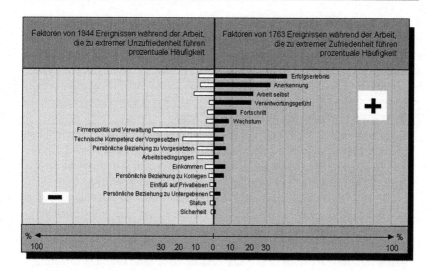

Abb. 4.7 Herzbergs Faktoren Von Grap – Grap, CC BY-SA 3.0, https://de.wikipedia. org/w/index.php?curid=2724.298

Was wäre wenn…?

Ein Unternehmen denkt darüber nach, Coaches auszubilden, um mehr laterale Führung zu ermöglichen. Diese sollen in die Teams gehen und dort bei Bedarf unterstützen. Das ist A. Es spielt auch mit dem Gedanken, Führungskräfte in agilen Methoden zu schulen. Das ist B. Geht A und B zusammen? Was wäre, wenn wir weder das eine noch das andere täten? Wenn Unternehmen und Teams sich solche Fragen stellen, öffnen sie ihr Denken für neue Ideen.

Im Grunde schult das Tetralemma genau das, was ein Mensch mit flexiblem Mindset automatisch macht oder eben bereits gelernt hat. Ansätze aus der Logik fördern flexibles Denken. Allerdings kann das gleiche Analyseraster zu ganz unterschiedlichen Gedanken führen. Das macht die Anwendung von solchen logischen Gedankenexperimenten in Teams so wertvoll. Sie sollten berücksichtigen, dass leicht Gruppendenken entsteht, wenn die Gruppenalphas diese Übungen „vormachen". Wie auch beim Brainstorming gilt es, die Übung in Einzelarbeit bezogen auf eine Aufgabenstellung vorzubereiten und dann die unterschiedlichen Ideen einzusammeln und zu clustern. Dabei darf es kein Richtig und kein Falsch geben. Ziel muss es sein, den Pool möglicher Ideen zu vergrößern.

4.1.5.9 Opferanalyse

Es gibt keine Lösung ohne Opfer. Jede Handlung fordert einen Preis. Wenn ich zwei Möglichkeiten habe und mich für die eine entscheide, so verzichte ich auf die andere. Wenn man die Dinge so betrachtet, werden sie greifbarer und Schritte handhabbarer.

Mehr Führung, aber bitte nicht mehr Vorgaben

Bei *Musmore* ist eine Paradoxie, dass agile Konzepte Hierarchien überflüssig gemacht haben, gleichzeitig aber Struktur und Ordnung verlangt wird.

Werden nun Hierarchien aufgebaut, nimmt das dem Unternehmen den bisherigen Charme der schnellen Wege bis zu einem gewissen Grad.

Bleibt es, wie es ist, steigt die Unzufriedenheit und die Handlungsfähigkeit und Schnelligkeit sinken. Eine Lösung könnte es nun sein, ein Ordnungssystem für einen Teilbereich auszuarbeiten und das zwei Jahre auszuprobieren. Dabei müssen sich alle darauf einlassen. Die „Time-Box" des Experiments ist extrem wichtig, da sonst die Gefahr besteht, dass ohne konkrete Erfahrungen zurückgerudert, der Schritt nach vorne also schnell wieder korrigiert wird.

Bei *Broba* ist eine Paradoxie, dass Stabilität und Tradition betont werden, gleichzeitig aber Veränderung und Modernität. Ein Opfer könnte es sein, auf Stabilität zu einem gewissen Prozentsatz zu verzichten und diese fehlenden Prozente mit konkreter Umsetzungsarbeit in Veränderung und Innovation zu füllen. Ein anderes Opfer könnte es sein, eine Gruppe von Mitarbeitern in einem anderen Gebäude mit Innovationsaufgaben zu betrauen – also eine Trennung von Tradition und Modernität.

Bei *Helpme* ist eine Paradoxie, dass sich die Mitarbeiter selbst organisieren sollen, aber im Laufe der Jahre auch immer wieder gelernt haben, dass sich jeder der Nächste ist. Ein Opfer könnte der Rückbau der Selbstorganisation in Stufe 1 sein. Das könnte bedeuten, dass die Mitarbeiter sich Freizeit und Urlaub wieder genehmigen lassen müssen. Es werden striktere Regeln für Ansprachen aufgestellt.

4.1.5.10 Reflecting Team

Ein weiterer für die Praxis sehr nützlicher Ansatz aus der systemischen Schule ist das „Reflecting Team". Es eignet sich ebenso für das Öffnen des Denkens und das Finden neuer Lösungen, vor allem auch auf Individualebene. Dabei schildert eine Person ein Problem und formuliert eine Frage oder auch einen Gedanken. Der Rest des Teams unterhält sich nun über diese Fragestellung. Der Fragensteller hört nur zu oder macht sich Notizen. Am Ende bedankt er sich und nimmt Stellung zu dem Gehörten. Reflecting Team ist eine besondere Form des Feedbacks. Die reflektierenden Teammitglieder diskutieren aus ihrer eigenen Perspektive über den anderen. Es wird also kein „kluger" oder „dummer" Rat erteilt, sondern bewusst die jeweils höchst individuelle Sicht in den Mittelpunkt gestellt. Diese Übung erfordert, dass die Teammitglieder respektvoll miteinander umgehen können.

Eine Abwandlung dieser Übung ist das sogenannte Feedforward, das ich auf Seite 51 vorgestellt habe.

4.1.6 Prozesse gestalten

Wenn Menschen ihr Mindset ändern, so dauert das Jahre. Zwei bis drei Jahre etwa braucht es beispielsweise, bis sich eine neue Entwicklungsstufe ausprägt. Kleine Veränderungsschritte sind jedoch manchmal schon nach einem halben Jahr sichtbar. Wollen Sie Veränderung gestalten und dabei beim Mindset anfangen, empfehle ich, sich zunächst den Reifegrad Ihrer Mitarbeiter anzusehen und sich dann mit neurobiologischen Grundlagen zu beschäftigen, die ich gleich zusammenfasse. Diese sagen viel darüber aus, wie Maßnahmen gestaltet sein müssen, damit sie etwas bewirken. Wir entwickeln Führungskräfte beispielsweise über mindestens ein Jahr.

▶ Die Reihenfolge der Veränderung kann sich ebenfalls an der bereits zitierten Leistungsformel orientieren: Erst Dürfen ermöglichen, also den Rahmen erweitern; dann Wollen aktivieren und schließlich Können vertiefen.

4.1.6.1 Neurobiologische Grundlagen für Veränderung

Was passiert im Kopf, wenn sich das Denken ändert? Eine ganze Menge! Stellen Sie sich den Kopf als Landkarte des Denkens vor. Es gibt dort verschiedene Orte, an denen bei der Veränderung ganz schön was los ist. Gleichzeitig sind die Gebiete miteinander verbunden. Oft feuert es also im Gehirn an verschiedenen Stellen. Das, was wir Mindset nennen, liegt im präfrontalen Cortex, vor allem im Hippocampus, dem Seepferdchen. Dort findet auch das statt, was Psychotherapeuten mit psychoanalytischem Background „Mentalisierung" nennen. Mentalisierung ist die Fähigkeit, das eigene Verhalten oder das Verhalten anderer Menschen zu interpretieren.

Oder anders ausgedrückt: Durch Mentalisierung erklären wir uns die Welt. Und diese Erklärungen speichern wir zu einem großen Teil im Hippocampus ab. Er ist so etwas wie das zentrale Gedächtnis, das abgleicht, ob wir etwas schon kennen oder etwas noch neu ist. Der präfrontale Cortex ist stark beeinflusst vom limbischen System, dem Gefühlszentrum. Das agiert vereinfacht so: Ein Reiz löst ein Gefühl aus und dieses wird dann in das, was wir kennen, eingeordnet und „erklärt". Das kann man sich in einem Fadenkreuz vorstellen zwischen

Impulsen und Reflexion. Oben steht „hohes Reflexionsvermögen" versus „niedriges Reflexionsvermögen". An den Seiten haben wir „Impulsaktivierung" versus „Impulskontrolle" (siehe Abb. 4.2). In dem Raster können Sie auch sehen, wo sich die Ich-Entwicklung ablegt. Ein gut entwickelter, reifer Mensch ist aus neurobiologischer Sicht reflektiert und kontrolliert – hat dabei einen Bezug zu seinen Impulsen, d. h. spaltet diese nicht ab oder unterdrückt Affekte oder Emotionen, wenn es nicht angemessen ist. Er kann das vielmehr seinen Rollen und den Situationen entsprechend „dosieren", mal rauslassen, mal nicht.

Auch hier ergeben sich konkrete Entwicklungsansätze. Oft begegnen mir z. B. Menschen, die Schwierigkeiten haben, sich in unterschiedlichen Rollen auch unterschiedlich – eben rollenadäquat – zu verhalten. Wie man hier sieht, ist das eine Frage der Balance zwischen Impulsen (z. B. „jetzt bin ich wütend!") und Impulskontrolle (diese Wut eben jetzt nicht herauszulassen). Je mehr das reflektiert wird, desto mehr sollte es auch die Handlungsmöglichkeiten verbreitern. Und genau das ist ja das Ziel (siehe auch Abb. 4.1).

Ein in unserem Sinne agilfähiges Mindset bewegt sich auf der Seite hohes Reflexionsvermögen und zwischen Impulsaktivierung und Impulskontrolle.

Nun kann man den präfrontalen Cortex aber nicht vom limbischen System trennen. Damit sich im Cortex neue Aktivität zeigt und der Zeiger Richtung hohes Reflexionsvermögen weiter ausschlagen kann, braucht es eine Befeuerung: oder genauer chemisch-elektrische Signale – Gefühle.

Die meisten von uns werfen Affekte, Emotionen und Gefühle in einen Topf. Der Einfachheit halber mache ich das meistens auch. Affekte sind unmittelbare Gefühlszustände, die den ganzen Körper erfassen. Gefühle und Emotionen sind in ihrem Unterschied schwerer zu fassen. Für den Neurowissenschaftler António Damásio sind Emotionen nach außen sichtbar, etwa im Gesicht. Gefühle hingegen entstehen, wenn das Gehirn die Reaktionen des Körpers analysiert, bewusst wahrnimmt und in Worte übersetzt.

Diese Sicht scheint inzwischen überholt. Die Neuroforscherin Lisa Feldman Barrett [3] hat die Forschung zu Emotionen revolutioniert. Eine ihrer wesentlichen Erkenntnisse ist, dass alle Emotionen konstruiert werden – sehr wesentlich durch Sprache. Gefühle sitzen auch nicht nur im Kopf, sondern ziehen sich durch den ganzen Körper. Sie seien nicht in allen Kulturen gleich und auch bei einzelnen Menschen unterschiedlich. Es gibt dabei sogar kulturelle Emotionskonzepte. Die Sprache und die umgebende Kultur spielen beim Emotionenlernen eine erhebliche Rolle. Lisa Feldman Barrett verdeutlicht das etwa am deutschen Wort „Schadenfreude". Je mehr dieses Gefühl konzeptionalisiert ist, desto mehr kann es auch erlebt werden. Das heißt, erst wenn jemand ein Wort für etwas hat, kann er es auch empfinden. Das verändert bisherige Sichtweisen auf Emotionen.

So stritten sich Forscher vor Lisa Feldman Barrett darüber, ob ein Gefühl gleichzeitig mit einem Reiz entsteht oder erst danach. Wahrscheinlich ist es am Ende so: Es gibt körperliche Reaktionen, doch deren Interpretation ist abhängig von dem, was wir soeben als Mentalisierung bezeichnet haben, die eben sehr zentral durch Sprache und Kultur geprägt ist. Auch individuelle Faktoren spielen eine Rolle. Diese neue Sicht hat weitreichende Konsequenzen, auch für die Entwicklung von Menschen in Veränderungsprozessen. Bisher ist man davon ausgegangen, dass es einheitliche Konzepte geben könnte – etwa Freude auslösende Events. Nun muss man erheblich kontextbezogener und individueller denken. Was der eine gut findet, kann den anderen langweilen.

When you know an emotion concept, you can feel that emotion. In our culture we have 'sadness,' in Tahitian culture they don't have that. Instead they have a word whose closest translation would be 'the kind of fatigue you feel when you have the flu.' It's not the equivalent of sadness, that's what they feel in situations where we would feel sad [3].

Emotionen spielen auch in der Ich-Entwicklung eine zentrale Rolle. Mit steigender Ich-Entwicklung nimmt die Differenzierungsfähigkeit für eigene Bedürfnisse und Emotionen zu. Jemand in einer postkonventionellen Phase kann z. B. eher benennen, wie sich eigene Emotionen nach einem Ereignis ändern („erst Ärger, dann Freude") – auch ohne das zu bewerten oder sich dafür zu rechtfertigen. Das spricht noch einmal mehr für Metakommunikation – diese fördert letztendlich auch sprachliche Differenzierung.

Emotionen verändern das Gehirn. Starke Gefühle lösen elektrische Impulse aus, die sich in chemische verwandeln und dadurch in der Lage sind, den sogenannten synaptischen Spalt zwischen zwei Neuronen zu überbrücken.

Ein Großteil dieser Entwicklung vollzieht sich im Hippocampus, der zum präfrontalen Cortex gehört, also dem Bereich des Gehirns, der erst in den letzten drei bis vier Millionen Jahren entstanden ist. Dieser besitzt ein hohes Maß an Plastizität. Diese sogenannte Neuro-Plastizität ist die Fähigkeit, sich selbst zu verändern und anzupassen. Viel genutzte Verbindungen verstärken sich durch Langzeitpotenzierung. Wenig genutzte schwächen sich ab. Das ist die Langzeitdepression. Diese wenig genutzten Verbindungen verkümmern geradezu. Das ganze Leben lang kann sich das Gehirn verändern, immer sind neue Verbindungen möglich. Nach dem gleichen Prinzip bilden sich neue Verbindungen zwischen Nervenzellen aus und werden nicht mehr benutzte Verbindungen abgebaut. Durch Langzeitpotenzierung wachsen neue Verbindungen, „Straßen" im Kopf, die erst noch ganz dünn sind und dann immer stärker werden – wenn man denn weiter konsequent am Wachstum arbeitet. So ist es möglich, das Gehirn zu verändern, wenn man täglich daran arbeitet und über längere Zeiträume dabeibleibt.

Anschließend möchte ich ein Modell einführen, das hilft zu verstehen, wo man dabei ansetzen kann. Es ist das „Modell der vier limbischen Ebenen" nach Gerhard Roth [4]. Das limbische System ist eine Funktionseinheit des Gehirns, die Emotionen verarbeitet. Die limbischen Ebenen sind wie Schichten zu verstehen. Je tiefer die Schicht, desto schwerer erreichbar und schwerer veränderbar. Je weiter oben, desto eher ist die Ebene zugängig für Einfluss von außen, etwa durch Coaching.

Untere limbische Ebene

Diese unbewusste Ebene ist genetisch und epigenetisch vorbestimmt. Epigenetisch heißt durch die Aktivität von Genen. Hier liegt das Temperament, finden sich die elementaren affektiven Verhaltensweisen und Empfindungen. Affekte sind auch bei Lisa Feldman Barrett etwas Tieferes, eher Angeborenes als die verbal-kulturell geprägten Emotionen. Sie lösen unmittelbare körperliche Reaktionen aus: Impulse wie Angriff und Verteidigung, Flucht und Erstarren, Aggressivität, Wut und das Sexualverhalten.

Mittlere limbische Ebene

Diese Ebene ist die Ebene der sozialen Prägung (im Prinzip also der oben erwähnten Mentalisierung). Hier verknüpfen sich motivationale und emotionale Ereignisse mit angeborenen Gefühlen wie Angst, Wut, Trauer, Freude. Das Erkennen von Emotionen und Mimik, Gestik und Körperhaltung – das alles findet hier statt. Auf dieser Ebene bildet sich das grundlegende und individuelle Motivationssystem aus, das durch die Emotionen handlungsrichtungsleitend ist.

Unser Selbstbild und unser Verhältnis zu Mitmenschen – all das liegt hier auf der mittleren Ebene. Diese Ebene ist das Ergebnis unbewusster und bewusster Prozesse, die teils erinnerungsfähig sind, teils nicht. Wenn sie nicht erinnerungsfähig sind, dann haben prägende Ereignisse vor der Sprachentwicklung stattgefunden.

Obere limbische Ebene

Diese Ebene beinhaltet die bewussten, überwiegend sozial vermittelten Antriebe und Erfahrungen. Hier entwickeln sich Impulshemmung, Risikowahrnehmung sowie die Regeln moralisch-ethischen Verhaltens. Im Grunde also die Mentalisierung Teil 2. Auf dieser Ebene verschmelzen gesellschaftliche Erwartungen mit der mittleren und unteren limbischen Ebene – man erweitert also sein Portfolio als Mensch. Entsprechend ist diese Ebene erst mit 18 bis 20 Jahren ausgereift.

Die kognitiv-sprachliche Ebene

Die kognitiv-sprachliche Ebene bereitet Handlungen vor und ist Teil des Arbeitsgedächtnisses sowie Grundlage von Intelligenz, Verstand, Einsicht und planvollem sowie kontextangemessenem Verhalten. Also Mentalisierung Teil 3, wenn man so will. Nimmt man Lisa Feldman Barretts Erkenntnisse hinzu, so spielen sich Emotionen auf allen Ebenen ab und werden auf der vierten Ebene entsprechend komplexer.

In Wahrheit sind diese Ebenen natürlich nicht so fein trennbar und miteinander verzahnt. Je tiefer die Ebene, desto schwerer ist sie zu erreichen. Gleichzeitig sind Veränderungen grundlegender, wenn diese auf den unteren Ebenen stattfinden.

Für uns wichtig: Es gibt keinen Verstand ohne Gefühl und auch kein Gefühl ohne Verstand. Es gehört alles zusammen. Es gibt aber auch keine pauschalen Regeln, wie man Gefühle auslöst. Was dem einen Freude macht, kann den anderen ärgern. Klar ist nur eins: Je stärker ein Mensch auf etwas reagiert, desto größer die Wahrscheinlichkeit für Veränderung.

Veränderung tut weh

In unserer Weiterbildung hatten wir eine Teilnehmerin, die im zweiten Modul genervt war. Sie wollte sich nicht so viel mit diesen psychologischen Themen beschäftigen. Sie persönlich hätte ein Problem damit, alles zu analysieren. Aber ganz offensichtlich war sie tief berührt. Sie begann über sich selbst und andere zu reflektieren und zwei Monate später war sie wie verwandelt. Sie sei durch einen schmerzhaften Prozess gegangen, aber sie hätte zum ersten Mal auch darüber nachgedacht, warum sie so empfindlich auf Kritik reagiere – und wie dadurch eine Wechselwirkung entstanden sei [12]. Weil sie selbst nicht kritisiert werden wollte, sei sie immer übervorbereitet. Zugleich hätte sie sich gescheut, Dinge klar auszusprechen, weil sie dachte, andere seien genauso verletzlich wie sie. Jetzt habe sie begriffen, dass das so gar nicht ist, sondern sie sich ihre Wirklichkeit ja selbst konstruiert. Dabei habe sie blinde Flecken gehabt.

Das ist eine häufige Reaktion: Menschen reagieren negativ, wenn sie aufgefordert werden, den bisherigen Radius des Denkens zu verlassen. Als Entscheider müssen Sie das wissen und auch einkalkulieren. Eine erste negative Reaktion lässt keinen Rückschluss auf die weitere Entwicklung zu. Irgendetwas wehrt sich, aber das kann auch gut und wichtig sein. Wenn Berater, Personaler und Führungskräfte aufhören, positive erste Reaktionen und immer wohlwollendes Feedback zu erwarten, können sie oft mehr bewirken. Denn Veränderung ist eben immer auch ein schmerzhafter Prozess.

4.1.7 Beginnen Sie Veränderung mit Metakommunikation über den Change

Wollen Sie also das Mindset der Menschen in Ihrem Unternehmen ändern, so fragen Sie sich zunächst, welches Denken und Handeln die Organisation prägt. Was tut man? Was tut man nicht? Worüber spricht man? Worüber spricht man nicht? Welche Menschen befördert man? Welche nicht? Diese Analyse sollte transparent werden für alle. Paradoxien müssen sichtbar werden und ausgesprochen. Wer die Denk- und Handlungslogik eines Unternehmens ändern will, sollte deshalb mit Metakommunikation beginnen – sofern alle anderen Themen geklärt sind. Das heißt: Das Unternehmen hat einigermaßen klare Ziele, Visionen sind da und die Dysfunktionen in einem Rahmen, der nicht alles behindert. Voraussetzung ist außerdem, dass die Offenheit ganz von oben mit aller Klarheit gewünscht und vorangetrieben wird. Hier darf es kein Vor und Zurück geben.

Ein System ist wie ein Organismus. Bisher kam es in seiner Umwelt gut zurecht, aber nun verändert sich die Umwelt und es stößt auf Probleme. Dazu muss das System lernen, wie mit dieser neuen Umwelt zurechtzukommen ist. In diesem Lernprozess wird es zwangsläufig Widersprüche geben. Die Umstellung von einer Führung durch Aufgabenübertragung zu einer Führung durch Verantwortungsübergabe kann Verwirrung auslösen. Was sollen wir denn nun tun? Ist das ernst gemeint? Oder reden die nur?

Es kann Mitarbeiter geben, die spüren, dass einerseits Kreativität, andererseits aber auch Routinearbeit von ihnen verlangt wird, übersetzt bedeutet dies ja Querdenken und Anpassung zugleich. Wohin die Mitarbeiter auch immer schauen: Im Wandel werden ihnen noch viel mehr Widersprüche begegnen als je zuvor. Manager werden Visionen vermitteln wollen und doch im Alltag Zweifel säen. Über diese Widersprüche muss man sprechen. Auch über die damit verbundene Unsicherheit, die Klimaverschlechterung, die Unmöglichkeit, Zukunftsprognosen für längere Zeiträume zu geben. Man muss offen sein, kann aber ab einer gewissen Unternehmensgröße gleichzeitig nicht mehr alles sagen, sondern muss auswählen. Wie viele good und wie viele bad news? Was ist wichtig?

Eine Lösung ist Metakommunikation auf verschiedenen Ebenen:

- Das Unternehmen als System berichtet über sein Lernen und die gemachten Erfahrungen.
- Das Topmanagement erzählt von Erfolgen und Niederlagen.
- Die Abteilungen (oder Kreise) berichten über für sie relevante Themen.
- Die Teams haben ein eigenes Learning-Metaboard.

Unternehmen, die sich als lernendes Unternehmen aufstellen, legen eine gute Basis für Metakommunikation und bleiben in Bewegung.

„Unsere Kultur lässt das nicht zu"

„Frau Hofert, in unserer Kultur geben wir kein offenes Feedback. Wir können die Mitarbeiter nicht fragen, wie sie ihren Vorgesetzten sehen. Das schwächt sie. Das funktioniert bei uns nicht." Das war die Aussage einer Geschäftsführerin, als ich vorschlug, Feedback einzuführen. Ich war etwas vorschnell gewesen und hatte die Denk- und Handlungslogik des Unternehmens zu wenig beachtet. Wenn irgend möglich starten wir unsere Beratungen und Trainings mit Interviews und Artefakte-Checks. Artefakte sind manifestierte Werte. Mit Fragebögen, die unterschiedliche Schwerpunkte setzen, versuchen wir der Denk- und Handlungslogik der Unternehmen auf den Grund zu kommen. So lässt sich spezifischer ansetzen. Die Verantwortlichen entscheiden selbst über Maßnahmen. Dabei ist es allerdings immer wieder eine Herausforderung, die Balance zwischen der Fokussierung auf Selbstlösungskräfte und Anregung des Denkens zu wahren. Zudem ist die Frage, wo man ansetzt. In dem genannten Beispiel habe ich schließlich ein entwicklungsbezogenes Coaching mit der Geschäftsführerin gestartet. Sie musste bei sich anfangen, bei der eigenen Haltung zu Feedback. Natürlich ist diese maßgeblich für die Aussage und auch das Verhalten gewesen. Veränderung wurde möglich, als sie verstand, dass Feedback keine Schwächung bedeuten muss, sondern Stärkung ist, wenn man es entsprechend klar und deutlich kommuniziert und vorlebt.

Bei vielen Unternehmen sind es nicht mehr zu bewältigende Herausforderungen des Marktes, die ein Umdenken verlangen. Dieses Umdenken ist mehr als ein Lernprozess, eine Transformation der Denk- und Handlungslogik. Diese Denk- und Handlungslogik zeigt sich auf organisationaler Ebene am ehesten an den Entscheidungsprämissen. Wie entscheidet man in dieser Organisation? Welche Voraussetzungen haben Entscheidungen? Wer Entscheidungsprämissen ändert, verändert auch das Unternehmen. Da werden z. B. Menschen nach anderen Kriterien eingestellt als zuvor, neue Auswahlinstrumente installiert und Ziele nicht mehr auf Jahressicht, sondern für drei Monate aufgestellt.

▶   Wir halten fest: Jede neue Lösung braucht ein altes Problem. Größere Veränderungen brauchen Probleme, die sich nicht mehr mit dem bisherigen Denken lösen lassen. Das gilt sowohl für Organisationen als auch für Individuen. Unternehmen werden geprägt von ihrer Leitung. Deren Denk- und Handlungslogik muss sich zuerst ändern. Hier anzusetzen ist bei kleinen Unternehmen leichter als bei größeren. Bei Konzernen ist es weniger das Topmanagement, das die Kultur prägt (da dieses typischerweise alle paar Jahre wechselt), es sind vielmehr diejenigen, die lange mächtige Positionen bekleidet haben. Deren Mindset ist häufig sehr „festgefahren". Dieses aufzubrechen ist oft nur durch Umstrukturierung und Neubesetzung möglich. Hier gilt es querzudenken und die bisherigen Strukturen zu ändern: Bereichsleitungen könnten auch neue Verantwortungsgebiete bekommen, wenn sie beispielsweise gemeinsam als Team Veränderung gestalten sollen.

Wir haben gesehen: Das zentrale Instrument, Veränderungen voranzutreiben, sind neue Entscheidungen oder revidierte und zurückgenommene frühere Entscheidungen. Entscheidungen brauchen Entscheidungsprämissen, also Voraussetzungen, damit sie getroffen werden. Diese können formal sein oder auch emotional, aufgrund von Erkenntnissen getroffen oder als Regel übersetzt werden (wenn … dann …). In Unternehmen müssen Entscheidungsprämissen deutlich sein. Es muss darüber gesprochen werden, welche es gibt. Auch paradoxe Entscheidungen gehören als Thema in die Metakommunikation. Veränderte Entscheidungsprämissen müssen ebenso kommuniziert werden. Vor allem aber muss die Art, wie Entscheidungen nach einer Veränderung getroffen werden sollen, konsequent gelebt werden. Denken wir an die anstrengenden ersten Schritte: Wenn die damit einhergehende Verschlechterung der allgemeinen Stimmung zu einer allzu schnellen Zurücknahme führt, macht es die Situation nicht besser.

Interner Kommunikation kommt in diesem ganzen Komplex eine ganz besondere Bedeutung zu. Das schätzen viele Unternehmen, die interne Kommunikation entweder kaum oder nur auf das Intranet begrenzt nutzen oder mit Feelgood Management verwechseln, falsch ein. Ich erlebe viele Unternehmen, in denen dem Scrum Master die Aufgaben der internen Kommunikation zufallen. Ist dieser in verschiedenen Teams tätig, kann das tatsächlich eine Lösung sein. Nur sollte klar sein, wie diese erfolgt und auf welche Themen sie sich bezieht. Und dass es so ist.

Veränderungen brauchen neue Entscheidungen

Bisher hat das Unternehmer *Musmore* Teamarbeit präferiert. Alle neuen Mitarbeiter wurden von den Teams ausgewählt und eingestellt. Diese haben entschieden, ob jemand „passt". Auf diese Weise entstanden aber auch homogene Machtbereiche. Man neigte dazu, immer nur Mitarbeiter einzustellen, die einem sympathisch waren. Das wirkte negativ auf die Innovationstätigkeit. In seinem Veränderungsprozess setzte das Unternehmen unter anderem auf mehr Individualität. Bereichsübergreifende Expertenteams wurden aufgerufen, sich mit bestimmten Themen wie Personalauswahl zu beschäftigen, Know-how aufzubauen und andere zu beraten. Die letztendliche Entscheidung über neue Mitarbeiter sollte zwar immer noch das Team treffen, jedoch wurden die Teams verpflichtet, nach Kollegen mit komplementären Stärken zu suchen und sich bei der Auswahl beraten zu lassen.

Ob wir die Ebene des Unternehmens oder des Individuums betrachten: Die Denk- und Handlungslogik kann und wird sich nur ändern, wenn Probleme auftauchen, Grenzen erreicht sind, etwas nicht mehr funktioniert wie bisher. Deshalb verändern sich viele Menschen erst, wenn sie etwas Gravierendes erlebt haben, einen Burn-out, Kündigung, Trennung, Grenzerfahrungen eigener Art, eine ganz andere Firmenkultur, ein neues Umfeld. Die Denk- und Handlungslogik entwickelt sich selten in einem Kontext, der „passt" und keine eigenen Grenzen zeigt.

Das lässt sich auch auf Unternehmen übertragen. Bedrohung durch disruptiven Wandel, Fachkräftemangel, starkes Wachstum oder Umstrukturierung haben den Nebeneffekt, dass durch sie leichter Neues entsteht. Es geht einem ja bereits nicht so gut, Veränderungen sind dann möglich. Wenn alles „happy" ist, dann ist das deutlich schwieriger – es sei denn, der Gründer oder das Führungsteam treiben diese Veränderungen mit visionärer Kraft und im Bewusstsein, dass das Widerstand erzeugen und die Mitarbeiterfluktuation erhöhen wird.

Deshalb verändern sich Unternehmen, die unter Druck stehen, leichter. Ein Beispiel ist die Firma Otto, deren Fall ich später noch einmal skizziere. Sie ist von Amazon und Zalando in den Grundfesten ihrer Existenz bedroht und musste handeln.

Was nehmen wir mit in die Praxis? Eine Zusammenfassung:

- Ergründen Sie als Berater die Denk- und Handlungslogik des Unternehmens, mit dem Sie arbeiten. Als Interner holen Sie sich Berater, die eine gute Wahrnehmung dafür haben. Berater sollten nicht bereits Teil des Systems geworden sein (weil sie schon seit Langem als Berater für dieses Unternehmen tätig sind), können aber durchaus mit diesen Hand in Hand arbeiten. Interviews und Artefakte-Checks sind eine Möglichkeit für einen ersten Schritt. Woran sieht man, wie eine Firma tickt? Was zeigt sich, wenn man durch deren Räume geht? Wie und wo manifestieren sich Werte? Das alles bringen Artefakte-Checks zutage.
- Fokussieren Sie sich auf die unterschiedlichen Ebenen und Elemente Topmanagement, Mittelmanagement und unteres Management und betrachten Sie zusätzlich immer auch die Ebene System. Die Ebene System ist alles, was die

Gesamtkultur beschreibt, eben auch die Artefakte, die übrigens auch Grundannahmen spiegeln wie „Arbeit ist Arbeit" oder „Arbeit muss Spaß machen".

▶   **Metakommunikation** sollte auf das „Dürfen" in der Leistungsformel abzielen. Was ist Mitarbeitern erlaubt? Was dürfen diese jetzt? Was ist gewünscht? In manchen Kontexten nehmen Mitarbeiter Veränderungen nicht ernst bzw. trauen dem Braten nicht. Auch das sollte thematisiert werden. Und bitte nicht in Form von werblichen oder an Scripted Reality erinnernden Heldengeschichten … Das nehmen Mitarbeiter nicht ernst.

4.1.8   Menschen für neues Denken motivieren

Kommen wir nun vom Dürfen zum Wollen. Die schönsten Veränderungsvorhaben scheitern, wenn Mitarbeiter blockieren. Motivation ist also eine Voraussetzung für Unternehmen, die sich verändern wollen. Aber was ist Motivation überhaupt? Erst wenn wir uns den Begriff genauer anschauen, können wir greifen, worüber wir sprechen.

Motivation ist ähnlich wie Agilität oder auch Führung ein abstrakter Begriff, dem jeder seine eigene Bedeutung gibt. So erklären sich auch oft widersprüchliche Umfragen. Da sind die Mitarbeiter laut der Umfrage des einen Instituts total demotiviert und laut einem anderen zufrieden. Wie passt das zusammen? Oft liegt es an völlig unterschiedlichen Deutungen von Motivation. Die einen werfen sie in einen Topf mit beruflicher Zufriedenheit, die anderen mit Arbeitgeberidentifikation, wieder andere mit Leistungsfreude.

Leistungsmotivation etwa ist etwas ganz anderes als berufliche Zufriedenheit. Was wollen Sie als Arbeitgeber? Glückliche oder leistungsmotivierte Mitarbeiter? Das ist ein erheblicher Unterschied. Und die Annahme, dass Glück die Voraussetzung für Leistungsmotivation ist, ist schlicht falsch. Im Gegenteil kann es durchaus sein, dass Menschen mehr Leistungsmotivation in einem wettbewerbsintensiven Umfeld entwickeln.

Ich erinnere mich an einen Klienten, der in einem solchen Umfeld „groß geworden" war und dann in ein Unternehmen wechselte, in dem nicht Leistung, sondern Zufriedenheit und Sicherheit der Mitarbeiter betont wurden. Seine Motivation fiel in sich zusammen und Ambitionen verlagerten sich auf das private Umfeld.

Es geht also um grundsätzliche Fragen, die erst einmal geklärt gehören. Welche Art von Motivation brauche ich? Und wie fügt diese sich in die Unternehmenskultur ein?

Wir haben gesagt, dass ein Mensch mit einem Mindset, das für einen agilen Selbstorganisationskontext passt, über folgende Fähigkeiten verfügen sollte:

- Er/sie sollte den Kontext und Rahmenbedingungen einbeziehen können.
- Er/sie sollte eine Situation aus verschiedenen Blickwinkeln betrachten und diejenigen, die sein/ihr Fachgebiet betreffen, auch beurteilen können.
- Er/sie sollte eine eigene Haltung haben (die mehr ist als angelesene Meinung) und Position beziehen können.
- Er/sie muss sich selbst entwickeln können und dabei Feedback wirklich wollen.
- Er/sie sollte kooperieren, also mit anderen eng zusammenarbeiten können.
- Er/sie sollte offen für andere und neue Perspektiven sowie alternative Wahrheiten sein.
- Er/sie muss Regeln einhalten, anpassen und begründet brechen können.
- Er/sie sollte ein entspanntes Verhältnis zu Autorität mitbringen und Dinge hinterfragen, egal von wem sie kommen.
- Er/sie sollte ein respektvolles Verhältnis zu anderen Menschen haben und zeigen.

In diesem Kapitel sprechen wir über Mind-Change, also darüber, wie man Denken auch dahin gehend verändern kann. Wenn man die Liste weiterspinnt, so beinhaltet sie auch dialektisches Denken, also die Fähigkeit, die Zweiwertigkeit von etwas zu erkennen, und zwar auch in sich selbst: Autorität ist eben nicht nur so oder so, sondern auch so. Menschen, deren Logik bereits weiter greift, werden das automatisch sehen. Als ich die Liste das erste Mal vorgestellt habe (Seite 81 ff.), habe ich diesen Aspekt noch nicht genannt. Aber wenn Sie, als Personalverantwortlicher, sich ein Bild machen wollen, was im Denken eines Menschen steckt, so achten Sie in den Antworten auf diesen Aspekt. Jemand mit höherer Ich-Entwicklung würde z. B. sagen: „Autorität? Was meinen Sie damit? Was stellen Sie sich denn darunter vor? Den Begriff kann man so oder so interpretieren. Für mich sind Autoritätspersonen jene, die eine Haltung haben, die auf etwas basiert." Das bedeutet, eine Antwort enthält mehrere Aspekte.

Menschen mit einem agilen Mindset in diesem Sinn sind oft anspruchsvoller und weniger leicht durch Autorität in einem „einfachen" Sinn zu führen. In unserer Studie war ein Ergebnis, dass höhere Führungskräfte eher zum Wertecluster Ordnung tendieren. Das wäre für diese Menschen keine adäquate Orientierungsgröße, sofern dies einseitig geschieht.

Wollen Sie solchen Menschen Raum geben, so sollten Sie den Rahmen dafür schaffen – und danach Motivation zur Selbstentwicklung auch der Führungskräfte fördern. Die Kunst dabei ist, solche stetige Weiterentwicklung nicht in ein kaltes Leistungsprinzip umkippen zu lassen oder in blinden Fortschrittsoptimismus. Ein gesundes Mischungsverhältnis ist das Ziel und gleichzeitig der Weg – es wird sich immer wieder verändern müssen.

Bevor Sie sich diesen Themen widmen, gibt es aber noch andere „Hausaufgaben". So müssen die sogenannten Hygienefaktoren stimmen, damit Maßnahmen zum organisationalen Lernen greifen können. Denn wenn Grundlegendes im Argen liegt, braucht man damit gar nicht erst anzufangen.

Hier hilft ein Blick auf Frederick Herzbergs etwas betagte, aber immer noch aussagekräftige Zweifaktorentheorie (Abb. 4.7). Die Hygienefaktoren tragen nicht zur Motivation bei. Es ist vielmehr so, dass Menschen demotiviert sind, wenn diese nicht stimmen. Wenn also Demotivationsfaktoren da sind – und wir sehen viele Unternehmen, in denen das so ist –, fangen Sie erst einmal hier an.

Zu den Demotivationsfaktoren gehören:

- Ein gerechtes und angemessenes Gehalt. Menschen, die wissen oder spüren, dass es ein Gefälle gibt, die sich ausgenutzt fühlen, werden weniger Motivation zeigen, zudem eher auf dem Absprung sein oder innerlich gekündigt haben. Das gilt auch für eine Ungleichbezahlung von Mann und Frau.
- Arbeitsbedingungen. Menschen, die ihre Arbeit nicht optimal ausüben können, weil sie nicht dem Stand der Technik entsprechend ausgerüstet sind, werden kaum motiviert sein.
- Persönliche Beziehung zu dem Vorgesetzten. Ist diese schlecht, wird das demotivieren.
- Technische Kompetenz des Vorgesetzten.

Motivierend dagegen sind folgende Faktoren:

- Erfolgserlebnisse: Menschen, die Erfolg haben, werden sich mehr engagieren.
- Anerkennung und Wertschätzung für die Arbeit, egal wie anspruchsvoll sie ist. Menschen, die spüren, dass sie zu einer zweiten oder dritten Klasse gehören, werden sich weniger einsetzen. Sie werden sich tendenziell auch eher illoyal verhalten und kontraproduktives Verhalten zeigen, also z. B. eher stehlen.
- Eigenverantwortlichkeit. Menschen, die einen Gestaltungsspielraum haben und eigenverantwortlich handeln dürfen, sind motivierter.

Für Veränderung motivieren

Zusammengefasst ergibt sich daraus, dass zunächst die Bedingungen geschaffen werden müssen, damit Menschen motiviert sein können. Da haben viele Firmen Baustellen, denn Einkommensungerechtigkeit ist immer noch sehr verbreitet. Auch Anerkennung und Gestaltungsspielraum bieten längst nicht alle Firmen. Das sind so etwas wie die Grundeinstellungen für Veränderung. Wenn diese nicht stimmen, greifen auch andere Maßnahmen kaum.

4.1.9 Menschen für neues Denken trainieren

Der organisationale Mind-Change sollte auf unterschiedlichen Ebenen stattfinden. Ein Teil ist die Metakommunikation auf System-, Abteilungs- und Teamebene, ein anderer die Führungskräfteentwicklung. Hier sollten Sie Konzepte entwickeln, die möglichst viele unterschiedliche Impulse geben. Der Fokus aber sollte im Gegensatz zur Vergangenheit auf dem „Wir" liegen und nicht mehr nur auf der individuellen Ebene.

Ganz zentral sind Reflexionsformate und Begegnungen mit „anderem" Denken. Das heißt, Führungskräfte müssen rauskommen und erleben! Das kann bedeuten, dass sie zeitweise in anderen Unternehmen arbeiten, in sozialen Einrichtungen tätig werden oder auch den Job intern tauschen. Eine Mischung aus Impulsen, gezieltem entwicklungsbezogenem Coaching, Training und Workshop sollte individuell gewählt sein. Auf einige Formate gehe ich im nächsten Kapitel ein. Dies ist aber eine Auswahl, ohne Anspruch auf Vollständigkeit. In „Agiler Führen" [2] finden Sie weitere Anregungen für mögliche Formate, etwa den Tiefen Dialog oder Dragon Dreaming.

4.2 Ein beispielhaftes individuelles Veränderungskonzept

Dieser Abschnitt beschreibt eine mögliche Abfolge von Mind-Change-Ansätzen mit dem Ziel der Veränderung der Denk- und Handlungslogik. Dies hat sich für uns bewährt, ich kann mir aber auch ganz andere Herangehensweisen vorstellen. Wichtig sind der Prozess, eine längere Maßnahmendauer und eine Orientierung am Reifegrad. Die folgenden Maßnahmen richten sich an Menschen ab dem Effektiv-Modus. Menschen im Richtig-Modus brauchen noch sehr viel mehr individuelle Führung. Coaching muss hier entwicklungsbezogen und individuell sein, da sich diese Menschen in einer Gruppe weniger „outen". Sehen Sie dazu auch Abschn. 4.1, vor allem die Aussagen über das Feedback auf Organisationsebene.

Die Frage ist auch, ob diese Personen – falls sie bereits in Führung sind – wirklich für agiles Denken in unserem Sinn entwickelt werden können. Möglicherweise könnten auch Tandems Lösungen sein, die Personen mit unterschiedlichen Denk- und Handlungslogiken verbinden. Diese sollten unbedingt begleitet und moderiert werden.

4.2.1 Grundannahmen aufstellen

Die folgenden Schritte gelten sowohl auf der organisationalen als auch auf der individuellen Ebene. Ich werde immer wieder Unterschiede formulieren und aufzeigen, wenn das sinnvoll ist. Damit wir Veränderung denken und umsetzen können, brauchen wir ein gemeinsames Verständnis von den Grundannahmen, die einer Veränderung zugrunde liegen. Woran glaube ich? Woran glauben wir? Das sollte schriftlich formuliert sein. Es kann auch in eine feierlich verabschiedete Rahmenerklärung des Inhabers einfließen, mit der dieser beschreibt, wie sein Unternehmen geführt werden soll, was er festlegen will und wo Freiheitsgrade bestehen [5].

Ein Beispiel für Grundannahmen und praktische Ableitungen daraus (siehe auch S. 17 ff.):

- Wir formen unsere Sicht der Dinge selbst. Es gibt keine unabhängige Wirklichkeit. Das Denken ist nicht von demjenigen zu trennen, der denkt. Das bedeutet praktisch für uns: Wir müssen genau ergründen, was der jeweils andere möchte, und jeden Gedanken ernst nehmen.
- Wir wissen, die menschliche Wahrnehmung ist ein neuronaler Konstruktionsprozess im Gehirn, der in jedem Moment neu entsteht. Das ermöglicht ständige Aktualisierung und Anpassung. Wir Menschen neigen dazu, diese Anpassung zu vermeiden (Veränderungsresistenz) und uns selbst zu bestätigen und andere Informationen auszublenden; wir Führungskräfte müssen uns dessen jederzeit bewusst sein.
- Wir sind als Unternehmen ein geschlossenes System, in dem ganz natürlich auch Paradoxien auftauchen. Diese respektieren, wertschätzen und kommunizieren wir offen.
- Wir sind als Unternehmen eingebettet in Region, Umwelt, Gesellschaft: Das führt automatisch zu widerstrebenden Interessen, über die wir offen sprechen.
- Wir wissen, dass ein Team genialer sein kann als seine einzelnen Mitglieder, und fördern die Zusammenarbeit und den Einzelnen. Im Zweifel aber hat das Team Vorrang.

4.2.2 Die eigene Erkenntnistheorie formulieren

Was ist wirklich existent? Warum lebe ich? Was gibt mir Sinn? Das sind Fragen, denen viele Führungskräfte ausweichen. Doch wie soll jemand, der sich über seinen eigenen Sinn nicht klar ist, Menschen führen, die sich solche Fragen stellen? Unsere Gesellschaft verändert sich in dieser Hinsicht sehr. Menschen wollen nicht nur einen sicheren Job, sie wollen Sinn.

Eine Erkenntnistheorie des eigenen Lebens zu formulieren, kann hier sehr hilfreich sein. Die folgenden Fragen lassen sich auch im Führungskreis diskutieren:

- In welchen größeren Kontext ordnet sich das, was ich tue ein?
- Wie verändert sich das Bild, wenn ich die eigene Endlichkeit dazu denke?
- Was leitet mich?
- Wie leite ich andere?
- Was ist gelungene Führung?
- Was ist eine gute Entscheidung?
- Woran erkenne ich eine gute Entscheidung?

Dabei sollten Sie dem auf den Grund gehen, was wirklich ist. Nehmen wir Immanuel Kant zu Hilfe. Seine Philosophie versucht auf drei zentrale Fragen Antwort zu geben:

- Was kann ich wissen?
- Was darf ich hoffen?
- Was soll ich tun?

Das sind fließende, offene Fragen, die einen ständig begleiten und auf die jeder Tag und jede Minute eine neue Antwort bringen kann. Sie sind geeignet, Demut zu fördern – die Demut vor anderen und die Demut vor anderen Wahrheiten. Gleichzeitig bringen sie einen zurück auf den Kern von etwas, auch ganz praktisch. Unterschiede, die sich aus der Betrachtung der äußeren Welt und unserer Wahrnehmung ergeben, werden so fassbar.

Was wir für wahr halten, ist eine durch unsere Sinne aufgenommene und gefilterte Welt. Entscheidend ist nicht, in welchen objektiven Gegebenheiten jemand lebt, ob er Studienabschlüsse und Erfahrungen oder erworbenen Status hat. Entscheidend ist, wie sich etwas für jemanden anfühlt.

Ich halte sehr viel von den vier einfachen Fragen nach Byron Katie „The Work", da sie konstruktivistisches Denken fördern – und die Reflexion fördern, auch auf Organisations- und Teamebene:

- Ist das wahr?
- Kann ich wirklich wissen, dass es wahr ist? Also kann ich ganz sicher sein, dass es wahr ist?
- Wie reagiere ich, wie fühle ich mich, wenn ich diesen Gedanken denke?
- Wer oder was wäre ich ohne diesen Gedanken? Wie würde ich mich ohne diesen Gedanken fühlen?

4.2.3   Haltung entwickeln

Haltung ist für mich das, was einen innerlich aufrichtet. Es ist das Pendant zum Rücken. Haltung gibt Stabilität. Sich selbst und anderen gegenüber. Deren Zusammenspiel mit Grundannahmen und Werten habe ich bereits auf den Seiten 15 ff. beschrieben.

Mit gerader Haltung begegnet man anderen auf Augenhöhe. Dabei ist die innere wie die äußere Haltung aber kein steifer Stock, sondern etwas Weiches und Bewegliches [11]. Prinzipien richten auf. Werte wiederum haben mit Bewerten zu tun. Ich sage zu etwas „mag ich/mag ich nicht":

- Ich mag Fortschritt, wenn sich die Dinge im Sinne des Fortbestehens von Mensch und Natur weiterentwickeln.
- Ich mag es, Verantwortung zu übernehmen, damit ich zu diesem Fortschritt beitrage.
- Ich mag Freiheit, wenn Menschen das sagen dürfen, was sie denken.

Jeder hat solche Werte und kann eine persönliche Werteerklärung abgeben. Diese ist aber nur etwas „wert", wenn eine Grundannahme dazu besteht und sich daraus auch ein Prinzip ableitet, also ein Maßstab für das eigene Handeln:

- Ich mag Fortschritt, wenn sich die Dinge im Sinne des Fortbestehens von Mensch und Natur weiterentwickeln. Ich setze mich täglich dafür ein, indem ich darüber blogge.
- Ich mag es, Verantwortung zu übernehmen, damit ich zu diesem Fortschritt beitrage. Ich engagiere mich ehrenamtlich.

- Ich mag Freiheit, wenn Menschen das sagen dürfen, was sie denken. Ich setze mich dafür täglich ein und schreite ein, wenn die Freiheit beschnitten wird.

Werte und Prinzipien lassen sich auch auf das Führungsverständnis ausdehnen:

- Wir fördern die psychologische Entwicklung der Mitarbeiter. Dazu unterstützen wir offene Selbstreflexion, bezogen auf den Einzelnen und das Team.
- Wir stellen Kooperation in den Mittelpunkt. Dazu bieten wir unterschiedliche Formate, um Menschen zusammenzubringen.

4.2.4 Wissen aktualisieren

Man kann eine Menge wissen, aber es bringt praktisch nicht weiter. Man kann auch viel denken, bleibt aber trotzdem stecken. Es gibt ein schönes Buch von Dan Ariely mit dem tollen Titel „Denken hilft zwar, nützt aber nichts" [6]. Darin geht es um Entscheidungen und wie Menschen diese treffen. Eben nicht rational. Viele Menschen trennen Herz und Verstand. Sie denken, sie würden eine rationale Entscheidung treffen, aber handeln in Wahrheit emotional. Selbst wenn Menschen behaupten, keine Gefühle zu spüren, so lässt sich bei ihnen im Gehirn die gleiche und mitunter sogar stärkere Aktivität nachweisen wie bei Menschen, die Emotionen bei sich wahrnehmen. Wir machen uns also laufend etwas vor. Und wir wissen wenig Bescheid über uns selbst. Oft fehlt dabei schlicht das Wissen. Wie hängen Emotionen und Gedanken zusammen? Wie treffen wir Entscheidungen? Wie lernen wir? Was verändert Denken?

Wissen ist nicht überflüssig, im Gegenteil. Nur sollte moderne Wissensvermittlung viel interdisziplinärer sein als früher. Was mich stört, ist die Trennung in Theorie und Praxis. In theoretischen Ausbildungen ist Praxis schwach besetzt, in praktischen die Theorie oft veraltet. Warum muss das so sein? Und warum müssen Fachgebiete Grenzen nach außen haben?

Wir brauchen in Zeiten der Digitalisierung mehr interdisziplinäres Wissen als je zuvor! Die Aus- und Weiterbildungen werden in einigen Bereichen jedoch immer eindimensionaler und spezieller. Einige Menschen sind sehr gut darin, sich selbst Wissen anzueignen, das Internet bietet da ja alle Möglichkeiten. Das sind aber typischerweise ohnehin die, die schon von sich aus rege sind und ein „growth mindset" haben. Die anderen kommen gar nicht auf die Idee; diese müssen Unternehmen anstupsen.

Ich halte es für fundamental, dass Führungskräfte Wissen über den Menschen haben, doch die wenigsten haben es. Sie sollten wissen, dass es Gedanken ohne

Gefühle nicht geben kann oder dass unser Gehirn uns laufend etwas vormacht. Wissen ist eine Basis dafür, dass wir eigene Annahmen über uns, andere und die Welt infrage stellen können. Ich bin deshalb der Meinung, dass Kenntnisse über den Menschen zu einer Art Studium generale gehören sollten, und finde in diesem Zusammenhang etwa die derzeitige „Liberal-arts"-Bewegung sehr wichtig. Das ist auch Allgemeinbildung.

Unwissen hemmt. Wenn jemand gelernt hat, dass der Mensch „so ist, wie er ist", dann wird er dies eher in seine Grundannahmen aufnehmen, als wenn er ein dynamisches Bild vermittelt bekommen hat. Eigentlich wäre das Aufgabe der Bildungspolitik, aber es dringt nur langsam durch. Befragen Sie einmal Abiturienten zu ihrem Menschenbild. Sie werden ganz viele antreffen, die eine statische Sicht von sich selbst und anderen haben, selbst wenn inzwischen neurobiologische Grundlagen des Lernens schon in der Schule vermittelt werden.

Damit jemand eine innere Haltung einnehmen kann, die von der Bereitschaft zur Selbstaktualisierung geprägt ist, also dem Willen, sich jederzeit ein Update aufzuspielen, braucht er die Überzeugung, dass das überhaupt möglich ist. Er benötigt eine Prozess-Sicht auf sich selbst und andere: Ich bin etwas, das sich laufend ändert und jeden Moment neu zusammensetzt.

Wissensvermittlung sollte bei aller Praxisorientierung also auch Teil des Mind-Changes sein.

4.2.5 Feedback und Reflexion

Über Feedback auf Organisationsebene habe ich in Abschn. 4.1 bereits geschrieben. Meine Botschaft war, dass es eine sehr grundlegende Entscheidung ist, ob Unternehmen solche Prozesse anstoßen wollen. Vertrauen ist dabei unabdingbar. Aber Feedback und Reflexion finden auch auf individueller Ebene statt, etwa bei der Führungskräfteentwicklung und sind hier zentrale Themen. Auch hier ist die grundlegende Entscheidung die, diese Art von Entwicklung jenseits von Kompetenzen auch zu wollen.

Reflexion kann sowohl auf der Einzelebene als auch in Gruppen stattfinden, am besten auf beiden Ebenen. Das Thema für Führungskräfte ist dabei die Entwicklung des eigenen Mindsets. Sinnvoll dafür ist es vorher, etwa in einem Coaching, das Entwicklungspotenzial genauer eingekreist zu haben.

Solche Entwicklungspotenziale könnten sein:

- Eigene Bedürfnisse wahrnehmen und sich weniger auf Gelerntes und Fachwissen berufen (typisches Entwicklungsfeld im Richtig-Modus)

- Sich Zeit nehmen, die Perspektiven der anderen genau zu erforschen und tief zu hinterfragen, Wahrheit und Wirklichkeit zu hinterfragen (typisches Entwicklungsfeld im Effektiv-Modus)
- Das Plädieren für eine Position verbessern (typisches Entwicklungsfeld im Flexibel-Modus)
- Das Illustrieren eigener Anliegen üben (alle)
- Feedback wirklich offen einfordern (und nicht nur das selbst als „konstruktiv" definierte, ab Effektiv)
- Entwicklungsbezogene Rückmeldungen geben (alle)
- Querdenken üben (alle, beispielsweise durch Einnahme der Position eines Advocatus Diaboli)
- Usw.

Führungskräfteentwicklung profitiert von einem Reflexionsteil sehr. Allerdings muss ein Unternehmen bereit sein, sich darauf einzulassen. Bestehen Egoismen und hindert Status daran, offen zu sein, wird das nicht gehen. Eine erfahrene Moderation ist sehr hilfreich.

Es könnte auch eine Möglichkeit sein, Führungskräfte aus unterschiedlichen Unternehmen in einer Reflexionsgruppe zusammenzubringen. Entwicklungsbegeisterte Kunden von mir haben auch schon die Plattform Meetup genutzt, um Gruppen zu gründen, die dieses eine Interesse verfolgen: das eigene Mindset weiterzuentwickeln. Für Reflexion bieten sich unterschiedliche Formate an, vom „Entwicklungsbezogenen Dialog" bis hin zur „Theorie U" nach Claus Otto Scharmer. Es kann sich auch um eine zum Beispiel monatliche Intervision handeln, bei der jeder seine Themen einbringt und bespricht.

Reflexion ist eng mit Feedback verbunden. Jedoch nicht mit der Art von Feedback, das in vielen Unternehmen üblich ist – das ist mehr Bewertung und Einschätzung. Feedback sollte aber vielmehr Rückmeldung mit der eigenen Perspektive sein. Und den Glauben an Entwicklung beinhalten, also von einem „growth mindset" ausgehen. Das will gelernt sein! Denn es bedeutet: keine Fokussierung auf Details, die einem selbst auffallen, sondern Wahrnehmen, was etwas in einem auslöst.

Auf eine tiefere Ebene gehen

Michael sieht sich als Fehlerfuchs. Er erkennt sofort, wenn irgendetwas nicht stimmt, und meldet es auch zurück. Fehler stören ihn. Damit überrumpelt er seine Mitarbeiter. Diese fühlen sich nicht wertgeschätzt, weil Michael das große Ganze nicht thematisiert. Wenn Michael nun darüber spricht, was es in ihm auslöst, wenn er Fehler sieht, und die Mitarbeiter beschreiben, was dieser

Fokus mit ihnen macht, kann das beiden Seiten die Augen öffnen. Das ist die Kunst des Feedbacks: auf eine tiefere Ebene gehen, welche die eigene Wahrnehmung ins Zentrum setzt.

Wollen Sie Menschen wirklich entwickeln, sollten Sie aufhören, deren Kompetenzen zu vermessen und mit irgendwelchen Idealwerten zu vergleichen. Das ist kein Ansatz auf Augenhöhe, denn Sie gehen so davon aus, dass Sie wissen, wie jemand sein sollte oder was richtig ist. Das wissen Sie aber nicht. Deshalb geht es viel mehr um offene und ehrliche Rückmeldungen als um eine Vermessung. Wie nehmen Menschen sich gegenseitig wahr, auch wenn sie über ihre eigene Entwicklung reflektieren? Was spüren sie beim anderen, welche Impulse und Gedanken haben sie, wenn sie ihn oder sie sehen oder hören?

Geben Sie keine Tipps oder guten Ratschläge, hören Sie lieber in sich hinein: Was möchten Sie diesem Menschen mitgeben, um zu helfen? Streichen Sie alles, was Ihnen hilft, etwa der innere Jubelschrei, einen Fehler oder Schwäche beim anderen entdeckt zu haben. Gehen Sie beim Feedback immer gedanklich drei Schritte weg von sich selbst. Versetzen Sie sich in eine grundlegend wohlwollende Haltung. Das Feedback, das sich daraus ableitet, wird ein anderes sein.

▶   Disclaimer: Ich weiß, dass diese Haltung in einem Haifischbecken nicht möglich ist. Ich weiß aber auch, dass die Haifische Ihnen oder Ihren Führungskräften entwicklungspsychologisch nicht weiterhelfen, es sei denn der Umgang mit ihnen wird Übungsfeld. In dem Fall rate ich zu einem Coaching oder zu Entwicklungsprogrammen außerhalb des Unternehmens.

4.2.6   Coaching nie mehr allein

„Daran habe ich bisher noch nicht gedacht!" Coaching kann neue Ideen erzeugen, helfen, den eingeschränkten Denkhorizont zu überschreiten, neue Dinge zu sehen. Der kritische Punkt ist, dass es Denken aber auch festfrieren kann. Entscheidend ist der Coach – und sein Mindset. Je konventioneller dieses ist, desto weniger wahrscheinlich sind bahnbrechend neue Gedanken. Es ist eben nicht so, dass es reicht, die richtigen Fragen zu stellen. Es geht auch um passende Nach-Fragen, um Impulse, Anregungen. Ein Coach braucht eine spätere Ich-Entwicklung, um das, was ein Klient ihm sagt, in seiner Komplexität erfassen zu können.

Ich denke, es leuchtet ein, dass jemand, der selbst überzeugt ist, dass man ein Ziel braucht, um einen Schritt nach vorne zu machen, die Ziellosigkeit als Option eher nicht zulässt. Dass jemand, der an Berufung als Sinn des Lebens glaubt, dahin gehend auch coachen wird. Die Person des Coaches selbst ist die größte Intervention.

Oft wird gesagt, die Lösung liege in jedem selbst. Das ist richtig und falsch zugleich. Die Wahrheit liegt in jedem, aber manchmal auch nicht. Normalerweise denken wir Lösungen nur im Rahmen eigener Denklogik, nicht darüber hinaus. Wenn wir ein Ziel erreicht haben, suchen wir ein neues – stellen aber eher nicht die Zielsuche grundlegend infrage. Genau darin könnte aber eine Lösung liegen.

Entwicklungsbezogenes Coaching berücksichtigt solche Fragestellungen. Es geht um Problemlösung unter Einbeziehung von neuen Denkansätzen. Ein Coach muss nicht nur systemische Methoden kennen, sondern konstruktivistisches Denken internalisiert haben. In meinem Buch „Hört auf zu coachen" [7] habe ich diesen Ansatz ausführlicher dargestellt.

Zum anderen ist der Fokus auf das Individuum nicht mehr zeitgemäß. Die Lösungen der Zukunft liegen in Kooperation oder auch kooperativer Zusammenarbeit – auch unternehmensgrenzen-überschreitend. Externe Einflüsse befruchten und befeuern Innovation. Coaching jedoch ist zu oft ein Schmoren im eigenen Saft, ohne Grenzen nach außen aufzubrechen. Es berücksichtigt weiterhin nicht, dass Menschen unterschiedliche Mindsets haben.

Sprechen wir also von Mind-Change, möchte ich zwei Aspekte nahelegen:

- Begreifen Sie Coaching auch als Ansatz zur Entwicklung, siehe Robert Kegans Modelle.
- Begreifen Sie Coaching als etwas, das immer von Reflexion auf Gruppenebene begleitet sein sollte.

4.3 Dialektische Logik lernen

Vielleicht fragen Sie sich, was hat in einem solchen Buch ein Kapitel über Dialektik zu suchen?

Ganz einfach: Die dialektische Gesprächsführung hilft dabei, verschiedene Positionen zu erkunden und zu erkennen. Sie fördert es, unterschiedliche Standpunkte zu sehen, zu systematisieren und das Blickfeld zu weiten. Sie macht auch deutlich, wie Missverständnisse entstehen, weil sich jeder unter einem Begriff etwas ganz anderes vorstellt. Nicht zuletzt unterstützt sie logisches Denken und eine genaue Sprache.

Zunächst möchte ich Nicht-Philosophen abholen und erklären, was philosophisches Denken eigentlich bedeutet. Oft wird Philosophieren ja als ungeordnetes Herumschwafeln verstanden. Und genau das ist es nicht.

Im ersten Schritt können wir die reine oder theoretische von der angewandten oder praktischen Philosophie unterscheiden. Diese Unterscheidung geht auf Aristoteles zurück und wurde von Immanuel Kant erweitert. Er definierte die reine Philosophie als Lehre von dem, was sein soll, und die angewandte Philosophie als Lehre von dem, was ist. Diese Unterscheidung ist manchmal schwierig, wenn man sich die unterschiedlichen Gebiete ansieht. Deshalb sehen heute viele diese Trennung als unnötig an. Rein dialektisch im Sinne der Synthese von These (Praxis) und Antithese (Theorie) ist diese auch wirklich nicht nötig.

Ein Gebiet der angewandten Philosophie ist die Dialektik und die Epistemologie. Die Dialektik ist die Lehre von den Gegensätzen, die Epistemologie die Erkenntnistheorie, die besagt, welche Voraussetzungen Erkenntnis braucht. Die Ethik ist als angewandte Ethik auch eine praktische Form der Philosophie. Sie besagt, was Menschen tun sollten. Alle diese drei philosophischen Disziplinen sind sehr gut geeignet, das Mindset von Menschen zu öffnen.

Hier möchte ich mich jedoch auf die Dialektik konzentrieren, die für die Gesprächsführung die meisten praktischen Ansatzpunkte bietet. Ein weiterer Vorteil: Sie dringt nicht ein in psychologische Untiefen, ist also praxis- und gegenwartsbezogen. Deshalb passt sie gut in einen beruflichen Kontext. Menschen in der Effektiv- und Flexibel-Phase lassen sich damit prima erreichen. Menschen, die stark im Richtig-Modus verhaftet sind, können sich von der Gruppe anstecken und inspirieren lassen, sodass es sie weiterbringt. Sie fördert zudem den Blick auf die eigene Position und die eigenen Bedürfnisse, eines der wichtigsten Entwicklungsfelder für Personen im Richtig-Modus.

4.3.1 Die verschiedenen Verständnisse von Dialektik

Dialektik kann man ganz einfach als die Kunst der Gesprächsführung übersetzen, aber dahinter steckt natürlich sehr viel mehr. Das Verständnis von Dialektik unterscheidet sich bei den einzelnen Philosophen deutlich. Für Sokrates ist es ein Verfahren zur Klärung der Begriffe, für Platon zur Erkenntnis von Ideen. Diese beiden Ansätze kann man sehr gut verbinden. Der sokratische Ansatz ist eine aufsteigende Dialektik mit dem Ziel herauszufinden, was etwas für den einen und den anderen Menschen bedeutet – und was Begriffe verbindet. Der Ansatz Platons ist hingegen eine absteigende Dialektik mit dem Fokus, das hinter der Idee Liegende zu verstehen. Der holländische Philosoph und Autor Jos Kessels [8] kombiniert das beides zu seiner Gesprächsmethode des „Glasperlenspiels". Da der Widerspruch nicht auf Dauer bestehen bleiben kann, hebt man den Gegenstand gedanklich auf eine neue Stufe, in welcher dieser Widerspruch aufgehoben ist. Auch dieser neue Begriff wird allerdings mit einem Widerspruch behaftet sein.

Friedrich Hegel orientierte sich mehr als 2000 Jahre später an These, Antithese und Synthese. Die Synthese ist die höhere Ebene, auf die wir durch die Beschäftigung mit These und Antithese kommen. Immanuel Kant nahm eine kritische Haltung zur Dialektik ein, da diese sich nicht auf Empirie stütze, also transzendental sei.

Obwohl das Konstrukt der Dialektik also uneinheitlich definiert ist, gibt es verbindende Elemente. Auf der einen oder anderen Ebene beschäftigt sie sich immer mit Gegensätzen und der Bedeutung des Abstrakten. Sie ordnet sich deshalb gut in ein konstruktivistisches Verständnis ein, nachdem jeder Mensch seine Wirklichkeit subjektiv baut und es keine objektive Wahrheit gibt. Sie zeigt auch den bedeutungsgebenden Charakter von Sprache. Dialektik spürt den Bedeutungen nach, die das Individuum oder seine Bezugsgruppen – sei es Team, Unternehmen, Kultur oder Gesellschaft – den Dingen geben.

Deshalb ist die Dialektik eines der wichtigsten Entwicklungsinstrumente überhaupt. Sie kann das Denken verändern. Sie liefert großartige Reflexionsinstrumente, ganz egal, ob man sie im Sinne Sokrates, Platons oder Hegels nutzt. Die Tab. 4.1 zeigt die verschiedenen Ansätze.

Im nächsten Kapitel möchte ich den konkreten Umgang mit Dialektik an einigen Beispielen zeigen.

4.3.2 Gegensätze ziehen sich an

Dialektik hat also immer mit Gegensätzen zu tun: Das eine und das andere ergibt vielleicht etwas Drittes. Oder im Sinne Friedrich Hegels: These und Antithese führen zur Synthese, nicht zu verwechseln mit dem Kompromiss. Dieser ist auch etwas Drittes, aber erst dann eine Synthese, wenn er zwei gegensätzliche Positionen auf eine höhere Ebene hebt.

Hegel empfahl einen Dreischritt:

1. Aufheben im Sinne von „Beseitigen" des Gegensatzes
2. Aufheben im Sinne von „Bewahren" des Gegensatzes
3. Aufheben im Sinne von „Hinaufheben" auf eine höhere Stufe.

Was bringt es, diese drei Punkte „nach" zu denken? Ich finde: manch neue Erkenntnis. Beginnen wir mit dem Aufheben im Sinne von „Beseitigen" des Gegensatzes. Ziehen wir als Beispiel unser Grundthema heran, Agilität im

Tab. 4.1 Wichtige dialektische Ansätze

	Heraklit (535–475 v. Chr.)	Sokrates (469–399 v. Chr.)	Platon (427–374 v. Chr.)	Aristoteles (384-322 v. Chr.)	Kant (1724–1804)	Hegel (1770–1831)	Marx (1818–1883)
Kernidee	Dialektik als Lehre von den Gegensätzen, die die Welt bewegen	Dialektik als Forschung nach dem Wahren und Guten	Dialektik als Weg zur Erkenntnis des wahren Wesens = Sein	Dialektik als Methode, Widersprüche aufzuklären, Teil der Logik	Dialektik als „Logik des Scheins" ohne empirische Grundlage	Dialektik als Lehre, These und Antithese auf die höhere Ebene der Synthese zu bringen	Dialektik als Methode des Aufsteigens vom Abstrakten zum Konkreten und als Gegensatz Mensch -Natur
Prinzip	Erkenne die Gesetze von Bewegung	Erkenne die Idee hinter dem Gedanken	Erkenne das Wesen der Gedanken	Erkenne den Widerspruch	Erkenne die Bedeutungslosigkeit deiner Erklärungsversuche	Finde eine Synthese	Konkretisiere das Abstrakte

Zusammenhang mit einer Idee, dem Überleben von Unternehmen in ihrer Umwelt. Die allgemein akzeptierte These ist, dass Agilität dieses Überleben sichert. Die logische Antithese dagegen, dass Nicht-Agilität das Überleben nicht sichert. So wird das selten ausgesprochen. Überspitzen wir, kommt heraus: Nicht-Agilität führt in den Untergang. Aber was ist Nicht-Agilität? Erst müssen wir nun diesen Begriff definieren.

Ein mögliches Antonym, also die Antithese zur Agilität, ist Trägheit, ein anderes ist Unbeweglichkeit. Trägheit ist ein weniger absoluter Zustand als Agilität, deshalb entscheiden wir uns für Unbeweglichkeit. Für das Denken in These und Antithese scheint das ein passenderes Gegensatzpaar, zumal sich Agilität auch mit Beweglichkeit übersetzen ließe oder auch mit Unträgheit.

Verstehen wir beides – Beweglichkeit und Unbeweglichkeit – als Zustand, als Handlung oder als Ergebnis? Beweglichkeit kann alles sein, am besten aber als Abgrenzung vom Zustand der Unbeweglichkeit verstanden werden, denn nur der Zustand macht einen Vergleich möglich. Betrachtet man es so, kommt der Zustand vor dem Ergebnis, das eine Bewertung – etwa in Form einer Messung – erfordert. Als Zustand gehören Beweglichkeit und Unbeweglichkeit beide zusammen, sie bedingen sich gegenseitig. Wie könnte man etwas sich Bewegendes erkennen, wenn wir es nicht von etwas sich nicht Bewegendem unterscheiden könnten? Das Reh liegt im Garten und bewegt sich nicht. Es bewegt sich, wenn wir in die Hände klatschen. Das zeigt Leben. Leben zeigt sich an Beweglichkeit. Unbeweglichkeit schließt Leben nicht aus. Das Zusammenspiel von Beweglichkeit und Unbeweglichkeit ist Leben. Aus diesem ersten Denkexperiment, das nur ein Beispiel ist, folgt die Erkenntnis, dass das eine das andere braucht, um überhaupt erkannt zu werden. Ein agiles Mindset ist in diesem Sinn ein bewegliches Mindset. Es braucht aber auch Unbeweglichkeit, damit die Zustandsveränderung durch die Bewegung überhaupt erkennbar ist.

Aufheben im Sinne von „Bewahren" des Gegensatzes: Dieses Nach-Denken kann zu einer Sowohl-als-auch-Annahme führen, Beweglichkeit und Unbeweglichkeit sind beide nötig, damit ein Unternehmen überleben kann. So können einige Teile unbeweglich und andere beweglich sein. Die übergeordnete Idee von Beweglichkeit kann in diesem Punkt nicht der Zustand, sondern die Handlung sein. Unbeweglichkeit ist Nicht-Handlung, Beweglichkeit ist Handlung. Nicht-Handlung mit Bezug auf Nicht-Beweglichkeit kann bedeuten, etwas laufen zu lassen oder zu verharren. Handlung mit Bezug auf Beweglichkeit kann bedeuten, etwas zu formen oder zu treiben. Beides ist immer nötig, das eine braucht das andere, sonst kommt der Mensch aus der Puste (und auch das Unternehmen). Der durch Bewegung entstandene Zustand – und erst recht das Ergebnis – schließlich ist erst durch die Nicht-Bewegung erkennbar; in Bewegung kann Bewegung nur als solche erkannt werden, aber nicht als Ergebnis. Aus diesem zweiten Denk-experiment, das auch nur ein Beispiel ist, folgt die Erkenntnis, dass das eine das andere braucht, um zu bestehen. Ein agiles Mindset braucht die Erkenntnis von der Zustandsänderung durch Festfrieren in der Unbeweglichkeit. Das kann ein Geistesblitz sein, der einen durchfährt und den vorherigen Gedanken „Ich habe etwas erkannt" dingfest werden lässt.

Der nächste Schritt ist Aufheben im Sinne von „Hinaufheben" auf eine höhere Stufe. Beweglichkeit und Unbeweglichkeit sind Zustände, die zur gleichen Zeit bestehen können und in unterschiedlichen Situationen zum jeweils anderen Zustand führen können. Eine höhere Stufe könnte der Begriff Anpassungsfähig-keit sein. Anpassungsfähigkeit kann über Beweglichkeit und Unbeweglichkeit stehen, aber nicht andersherum. Stellen wir uns Beweglichkeit – also Agilität – als den höheren Begriff vor, dann umfasste dieser die Anpassungsfähigkeit und Nicht-Anpassungsfähigkeit als Vorbedingung. So herum macht es wenig Sinn, jedenfalls fällt mir dieser nicht ein. Was eine höhere Stufe sein kann, erkennt man am besten durch die Suche nach einer übergeordneten Idee. Diese übergeordnete Idee lässt sich dann wieder zurückverfolgen. Aus diesem dritten Denkschritt, der ebenso nur ein Beispiel ist, folgt die Erkenntnis, dass die höhere Idee gefun-den werden kann und sie nicht beliebig ist, jedenfalls nicht innerhalb desselben Kulturkreises. Es folgt aber noch mehr daraus: Die übergeordnete Idee ist das, worum es eigentlich geht, wenn wir etwas wirklich verstehen wollen. Dass Agi-lität mit Anpassungsfähigkeit zu tun hat, ist uns sicher allen klar. Dass aber die Anpassungsfähigkeit die höhere Idee ist und diese notwendigerweise auch das Gegenteil von Agilität umfassen muss, weniger. Unser Mindset braucht also auch eine anpassungsfähige Denk- und Handlungslogik, könnte man folgern. Es ent-steht nicht nur aus Bewegung, sondern auch aus dem Unbeweglichen. Meditation könnte man als Zustand der Bewegungslosigkeit und damit als Nicht-Agilität ver-stehen. Und so ist es wohl keine Überraschung, dass diese das Denken in unse-rem Sinn am meisten in Bewegung bringt ... Wirklich!

Alles hat nicht nur zwei Seiten, sondern mehr

In unserer Ausbildung TeamworksPLUS® führe ich unter anderem in dialek-tisches Denken ein. Es hilft auch in der Teamentwicklung. Hierzu möchte ich Ihnen ein praktisches Beispiel geben: In einer Übung teilte ich zwei Gruppen ein, die jeweils einen Fall bearbeiten und uns eine Lösung präsentieren sollten. Die weitere Struktur ließ ich offen. Die zwei Teilgruppen bildeten sich selbst. Die eine formierte sich um eine Teilnehmerin, die gut visualisieren kann, die andere um einen Teilnehmer, der relativ dominant auftritt. Es entstanden ganz unterschiedliche Gruppendynamiken. Am Ende ließ ich die Zusammenarbeit bewerten. Die ruhige Teilgruppe um die Visualisierungskünstlerin befand die gemeinsame Arbeit als fruchtbar und harmonisch. Ich fragte, was denn die Idee einer guten Zusammenarbeit sei. Sie sagten „harmonisch zu fruchtbaren Ergebnissen kommen". Die lebhaftere Gruppe lobte sich auch, stellte aber die fruchtbare Konfrontation heraus. Man habe sich konstruktiv auseinandergesetzt.

Nun stellte ich beide Gruppen nebeneinander und wir widmeten uns dem Thema mithilfe der Dialektik. Die übergeordnete Idee ist Zusammenarbeit, die These der einen Gruppe ist Harmonie, die der anderen Konfrontation. Was bedeutet das, wenn man die Gegensätze auflöst? Zusammenarbeit braucht beides. Was bedeutet es, wenn man die Gegensätze bewahrt? Alles zu seiner Zeit, vor dem Hintergrund der Situation und auch der Konstellation. Und was bedeutet es, wenn man eine nächste höhere Ebene findet? Die könnte lauten „Probleme lösen", und zwar durch Zusammenarbeit oder Einzelleistung. Zusammenarbeit wiederum ist sowohl Konfrontation als auch Harmonie, Konfrontation das direkte Einbringen widersprechender Ideen oder auch Streitgehabe. Harmonie wiederum kann ein wertschätzendes Miteinander bei Beibehalten des eigenen Standpunktes sein, aber auch ein Sich-Anpassen unter Verzicht, einen eigenen Standpunkt einzunehmen. Durch diese Aufschlüsselung in Bedeutungseinheiten wird klarer, was alles hinter einer Bewertung steckt und wie sehr sich diese unterscheiden können. Dies macht es leichter, unterschiedliche Haltungen zuzulassen und sich von einer „Richtig-Einstellung" zu lösen. Sie hilft auch, ein übergeordnetes Prinzip zu finden, etwa „Wir heißen Konfrontation willkommen, wenn diese auf die Lösung ausgerichtet ist".

4.3.3 Dialektische Praxis

Gehen wir noch einen Schritt tiefer in die Praxis und die konkrete Anwendung, um diesen Ansatz des Verdachts zu entheben, dass er zu abstrakt sei. Ich möchte das Ganze auf zwei Beispiele übertragen, die damit zu tun haben, das Verständnis von etwas zu beleuchten und klarzustellen. Ich nehme dabei das Verständnis von Zusammenarbeit und das Verständnis von Agilität. In Unternehmen und Teams geht es immer wieder darum, ein gemeinsames Verständnis von etwas zu entwickeln. Was verstehen wir, wenn wir über etwas sprechen oder etwas tun? Erst das gemeinsame Verständnis gibt uns die Möglichkeit, uns auszutauschen, aber auch, uns im Sinne von etwas zu verhalten. Menschen mit flexiblem Mindset im Sinne der Ich-Entwicklung sind meist schon von sich aus bemüht, die Dinge dialektisch zu ergründen. Jene, die in diesem Denken noch nicht (ganz) angekommen sind, lassen sich auf diese Art und Weise heranführen.

Nehmen wir zunächst das Beispiel der Zusammenarbeit.

4.3.3.1 Lehre Nr. 1: zwei Seiten erkennen, die eins werden können

Die These ist, dass gute Lösungen im Team Konfrontation brauchen, die Antithese, dass sie Harmonie benötigen. Ist das ein Gegensatz? Nicht, wenn man ihn abfolgend aufeinander denkt. Das wäre eine mögliche Synthese. Wir haben dadurch den Gegensatz „beseitigt". Dieses Beseitigen kann Teil des Wegs zur effektiven Zusammenarbeit sein. Das Beseitigen führt zur Erkenntnis, dass nichts besser ist als das andere, weil beide zwei Seiten einer Medaille sind. Die zudem in der Definition des Einzelnen zerfließen, erkennt doch fast jeder einen anderen Punkt, an dem Harmonie in Konfrontation umschlägt.

Nehmen wir das Beispiel Agilität: Die These ist, dass die Arbeitswelt der Zukunft für ihr Überleben Agilität braucht; die Antithese, dass sie das Gegenteil benötigt. Das ist nur dann ein Gegensatz, wenn man ihn zeitgleich denkt. Wenn wir aber die Antwort im chronologischen Bestehen finden, wäre das eine mögliche Synthese. Das „beseitigt" den Gegensatz. Dieses Beseitigen kann Teil des Wegs zur effektiven Zusammenarbeit sein. Das Beseitigen führt zur Erkenntnis, dass nichts besser ist als das andere, weil beide zwei Seiten einer Medaille sind. Die zudem in der Definition des Einzelnen zerfließen, erkennt doch fast jeder einen anderen Punkt, an dem Harmonie in Konfrontation umschlägt.

4.3.3.2 Lehre Nr. 2: Grenzen definieren

Wollen wir den Gegensatz bewahren, so können wir herausfinden, dass unter bestimmten Voraussetzungen Harmonie, unter anderen Konfrontation zu einer guten Lösung verhilft. Wir können uns dann bemühen, eine Grenze zu ziehen, die überindividuell ist. Wann wird aus Harmonie Konfrontation? Wenn wir etwas direkt und unverblümt aussprechen beispielsweise. Oder wenn wir nicht lockerlassen. Oder alles zusammen. Grenzen müssen sehr genau definiert werden. Das ist die Erkenntnis von Schritt 2 – und sehr gut übertragbar in den Unternehmenskontext.

Bezogen auf Agilität können wir nun Grenzen zwischen Beweglichkeit und Unbeweglichkeit ziehen. Wann ist etwas in Bewegung, wann erstarrt? Woran erkennen wir das? Dieses Denken hilft uns, sehr konkret zu werden. Beweglichkeit erkennen wir z. B. an zehn neuen Ideen pro Woche, Unbeweglichkeit zeigt sich im Innehalten in einem All-Hands und Starrheit dann, wenn ein Projekt aufgrund der Trägheit einer Abteilung mehr als 14 Tage ins Stocken gerät.

4.3.3.3 Lehre Nr. 3: die übergeordnete Idee finden

Im dritten Schritt geht es um das Heraufheben auf eine höhere Stufe. Wir können uns nun fragen, was über der Zusammenarbeit steht. Was ist deren Sinn und Zweck? Beispielsweise die Lösung eines herausfordernden Problems. Bei dieser Herangehensweise erkennen wir vielleicht, dass auch Zusammenarbeit nicht für sich stehen kann. Ihr gegenüber steht die Einzelarbeit. Nun können wir beide Positionen, Zusammenarbeit und Einzelarbeit, absteigend ergründen. So kommen wir vielleicht darauf, dass beides einander braucht, eine produktive Zusammenarbeit die Vorbereitung des Einzelnen oder/und auch dessen Wissen und Standpunkt.

Was über der Agilität steht, wissen wir bereits – Anpassungsfähigkeit. Ihr Gegenüber ist die Nicht-Anpassungsfähigkeit. Ein nicht anpassungsfähiges Unternehmen ist eines, dass sich nicht für die Digitalisierung aufstellen lässt. Wodurch ist das gekennzeichnet? Und was macht im Gegenteil Anpassungsfähigkeit konkret aus? Woran erkennt man sie als Handlung, woran als Zustand, woran als Ergebnis?

Man kann viele Gedanken aus dialektischen Ansätzen entwickeln, die auch im Coaching-Kontext sehr hilfreich sind. Das kann den Denkapparat ganz schön fordern – und voranbringen.

4.3.4 Das Denken durch Sprache beeinflussen

Dialektik hat viel mit Sprache zu tun. Sie hilft dem sprachlichen Denken auf die Sprünge. Und Sprache hat eine entscheidende Bedeutung in unserem Kontext des Mindsets. Sprache kann die Grenzen des Denkens aufheben, wenn sie es vermag, das Herz zu berühren. Dazu möchte ich hier einen kurzen Ausflug in die Welt der Linguistik und Kognitionswissenschaften unternehmen.

Denken ist Sprache – oder Sprache Denken. Sprache formt Denken. Sie steuert unsere Aufmerksamkeit. Deshalb denken wir so anders als die Aborigines. Während diese schon als Kleinkinder einen inneren Kompass haben und auf die Frage nach der Windrichtung sofort in die richtige zeigen können, schreibe ich hier über das „agile Mindset" und versuche mich daran, ein gemeinsames Verständnis zu erzeugen. Ich bin sicher, ein der Sprache mächtiger Außerirdischer würde das für wahnsinnig halten. Vielleicht hätte er die Ebene der Sprache aber auch längst überwunden, wären in seinem Kopf Gedanken und Sprache eins. So weit, so meine vage Vorstellung von der Zukunft, müsste es eigentlich einmal kommen.

Wir beschäftigen uns nur mit dem „agilen Mindset", weil sich dieser Begriff zu formen vermochte, weil ich ihn denken und einfangen konnte im Sprachgewirr meiner Kultur. Wenn ich das so betrachte, wird mir seine relative Bedeutungslosigkeit mehr als bewusst. Oder auch seine Kreativität, denn er erweitert den Wortschatz und auch das Denken um eine neue Idee, die das Vorhandene verbindet (nur dann kann Sprache andocken).

Die Vorstellung, dass Sprachunterschiede die Kognition beeinflussen, ist alt. Davon überzeugt waren zum Beispiel Johann Gottfried Herder (1744–1803) und Wilhelm von Humboldt (1767–1835). Die Linguisten Edward Sapir (1884–1939) und Benjamin Lee Whorf (1897–1941) untersuchten die Grammatik nordamerikanischer Indianer mit der Hypothese, dass Menschen, die grundverschieden sprechen, auch unterschiedlich denken. Deren Hypothese wurde in den 1970er-Jahren unmodern, erlebte aber im Zuge des Auflebens der Neurowissenschaften ein Revival. Immer mehr Studien zeigen, dass Denken und Sprache zusammengehören, also das eine das andere prägt – in beide Richtungen.

Die Kognitionswissenschaftlerin und Linguistin Lera Boroditsky [10] fand heraus, dass sprachkulturelle Unterschiede die Rekonstruktion von Ereignissen beeinflussen. Dies wiederum hat sogar Konsequenzen für Zeugenaussagen. Die Forscherin ließ Personen Videos betrachten, auf denen zwei Männer entweder absichtlich oder unabsichtlich Luftballons zerstachen, Eier zerbrachen und Getränke verschütteten. Später wurden sie „vernommen". Die Herkunftssprache hatte Einflüsse auf die Wahrnehmung, so beschrieben Japaner und Spanier die „Täter" passiver.

Menschen, deren Sprache nur absolute Ausdrücke enthält, finden sich in unbekannten Gebieten weit leichter zurecht als solche, die von relativen Begriffen geleitet sind. Absolut beschreibt zum Beispiel Ausdrücke wie Süden, Norden, Westen, Osten, während „links" oder „rechts" relativ sind. Kennen wir also kein „links" oder „rechts", können wir uns leichter orientieren. Wir wissen dann einfach, dass wir nach Norden gehen müssen, Punkt. Und wir wissen, wo Norden ist. Ich weiß das beispielsweise nicht, fürs Überleben im Dschungel bin ich ungeeignet.

Nachgewiesen ist ebenfalls, dass Menschen, die neue Farbwörter lernen, auch ihre Fähigkeit verbessern, Farben zu unterscheiden. Lera Boroditsky: „Was die Forscher ‚Denken' nennen, ist offenbar in Wirklichkeit eine Ansammlung linguistischer und nichtlinguistischer Prozesse." Für unser Thema hat das eine ganz zentrale Bedeutung!

Auch Psychotherapie und Coaching bedienen sich der Sprache, sind sich dessen aber oft gar nicht bewusst. Ich habe in meiner eigenen Praxis viele Formate entwickelt, die letztendlich darauf basieren, durch das Sprechen auch Denken zu verändern. Wenn ich etwa ein „Lebensmosaik" erstelle, fühle ich mit meinen Klienten die Worte nach, die sie mit bestimmten Entscheidungen im Leben verbinden.

Ich helfe dabei, die Vergangenheit durch Sprache neu zu gestalten. Dazu gehört die Neubewertung und Umdeutung von Ereignissen; ich lenke die Aufmerksamkeit auf bisher nicht Gesehenes oder Unbeachtetes und helfe Klienten so, eine neue Welt der Vergangenheit zu erzeugen, die auch die Gegenwart in ein anderes Licht stellen kann. Wir gießen all das in motivierende Sätze und verknüpfen es mit inneren und äußeren Bildern. Aus dem Drama der Kündigung kann so die Chance für den Neuanfang werden, aus dem Scheitern der Unternehmensgründung ein Erkenntnisgewinn. Es reicht dabei nicht, neue Ausdrücke zu lernen oder andere Worte für ein Erlebnis zu verwenden. Man muss das auch internalisieren können, also nicht nur reproduzieren, sondern auch selbst produzieren, ergo in anderen Situationen wiedergeben. Da haben wir sie wieder, die Denk- und Handlungslogik, die sich zwar sprachlich trennen, aber nur zusammen fruchtbar nutzen lässt.

Es gibt im Angloamerikanischen den Begriff self-authoring. Dabei werden Menschen angeleitet, ihre Vergangenheit, Gegenwart und Zukunft zu schreiben bzw. neu zu schreiben. Das sind Techniken, die auch auf Unternehmensebene funktionieren. Mit Sprache lässt sich das Denken ganz bewusst gestalten. Sie verändert auch das Bild, was man von sich selbst hat. So lassen sich eigene Bedürfnisse und Wünsche schriftlich ergründen, was für die Entwicklung sehr hilfreich ist. Wenn Menschen beispielsweise jeden Morgen oder Abend aufschreiben, wie sich heute ihr Denken und Handeln geändert und was das ausgelöst hat, wird die Aufmerksamkeit automatisch auf diesen Aspekt gelegt. Probieren Sie es einmal aus.

4.3.5   Denken durch Erweiterung des Schemas verändern

Jean Piaget kennen sie bereits aus vorherigen Kapiteln. Jean Piaget prägte den Begriff des Denkschemas. Ich komme noch einmal zurück darauf und möchte einen weiteren Aspekt einbringen. Jean Piaget nannte Lernen Assimilieren. Verändert sich ein Schema, erkennt jemand also etwas neu, so bezeichnete er es als Akkommodieren.

Bei vielen Erwachsenen findet nur Assimilieren statt. Es verändert sich das Schema nicht mehr: Wir können etwas lernen und in der Promotion mit summa cum laude abschneiden, ohne grundlegende neue Wahrnehmung, ohne Akkommodation. Es hat also nicht nur mit Sprachfähigkeit zu tun, sondern mit Denkfähigkeit, und zwar nicht im Sinne dessen, was ein Intelligenztest misst. Durch neue sprachliche Inhalte entsteht nicht automatisch auch ein anderes Bewusstsein.

Assimilierung und Akkommodation hängen zusammen. Wenn ein Kind erkennt, dass es Süßigkeiten nicht nur in einer lutschbaren Form als Bonbon, sondern auch gefroren als Eis gibt, so vertieft es seine Erfahrung mit Süßigkeiten, lernt den Geschmack von dem im Mund schmelzenden Eis kennen und erweitert sein Schema „süß" um gefroren und nicht gefroren. Ähnlich ist es, wenn eine Führungskraft durch Ausprobieren erfährt, dass Fragen hilfreich dabei sind, sich ein Bild von einer Situation zu machen. Er hat die Selbsterfahrung des Fragens gemacht (Assimilieren) und danach sein Denkschema womöglich angepasst (Akkommodation). Wenn sich die Herausforderungen der Umwelt nur durch Assimilieren nicht mehr bewältigen lassen, so braucht man Akkommodieren. Neurobiologisch muss dazu im Gehirn also viel mehr stattfinden, Neuronen müssen stärker feuern.

Jean Piaget erkannte, dass Erkenntnis kein Abbild der Wirklichkeit ist. Jeder Mensch erfährt seine Wirklichkeit nur durch seine Assimilationsschemata. Er erfasst das, was diese hergeben, den Rest nimmt er überhaupt nicht wahr. Erst wenn die vorhandenen Schemata nicht ausreichen, um sich der Umwelt anzupassen, müssen vorhandene Denkschemata umgebildet werden. Das nennt er Äquilibration; es muss ein neues Gleichgewicht entstehen – Anpassung an Umwelterfordernisse.

Begleitet und gestützt wird dieser Prozess durch neuronale Erregungen. Diese sind abhängig von der Reizstärke, den Impulsen. Ob es Hörimpulse oder Sehimpulse sind, ist dabei zweitrangig. Nur eines gilt: Verschiedene Arten von Sinneseindrücken, die gemeinsam verarbeitet werden, erhöhen den neurobiologischen Reiz. Es geht auch um die Dauer der Impulse. Je öfter etwas wiederholt wird, desto eher wird es in Fleisch und Blut übergehen [13, 14].

4.3.6   Spielen Sie!

Die Muster des Denkens und Handelns verfestigen sich oft durch weitere Erfahrung. In komplexen Situationen sind sie eine Gefahr. Hier möchte ich James G. March zitieren:

> Wenn Erfahrung allerdings, wie das häufig der Fall ist, durch Komplexität, Mehrdeutigkeit, stochastische Variabilität und begrenzte Stichprobengrößen ausgestaltet ist, führt die Erfolgswiederholung – ob durch Lernen per Versuch und Irrtum, Nachahmen oder Selektion – wahrscheinlich zu suboptimalen Ergebnissen [9].

Wir denken oft, dass Erfahrungswissen uns klüger macht. Wir setzen voraus, dass wir etwas eintrainieren müssen. Doch die besten Ideen kommen, wenn man improvisiert, experimentiert, etwas macht, was man sonst nie macht. Ich arbeite beispielsweise seit Längerem mit Lego. Einmal habe ich in einem Workshop die

Bodenplatten vergessen. Dadurch entstanden viel kreativere Ideen. Ein Fehler hat also dazu geführt, dass ich etwas Neues entdeckt habe. So ist es immer und überall.

Das eigene Mindset entwickeln heißt auch, das zu tun, was man sonst nie machen würde. Frei spielen, jemanden ansprechen, schauspielern – Mind hat viel mit dem Kopf zu tun, jedoch kommt dieser oft vor allem dann in Bewegung, wenn er etwas tut, sich auf den Boden setzt und spielt oder einfach losbaut. Innovation ist die Abweichung von etwas, das bisher die Erfahrung ausmachte. So wie Genie und Wahnsinn nah beieinanderliegen, gehören auch Innovation und potenzielles Untergehen irgendwie zusammen. Etwas Neues gefährdet das Alte, es lässt sich nur einfach eingliedern, wenn es nichts wirklich Neues ist. Ich habe das oft gesehen, wenn Firmen neue Geschäftsmodelle entwickelten und das Neue keinen Umsatz, aber Hoffnung versprach, das Alte aber derzeit das Überleben sicherte. Nicht selten wurde das Neue dann geopfert oder kleingehalten. Es war zu bedrohlich für die Mitarbeiter.

Neue Ideen entstehen selten aus Planung, sondern oft aus der Freiheit des Experimentierens und des Spiels. Es sind Zufallsprodukte des Los- und Fallenlassens. Deshalb gehört immer auch Mut dazu, sein Mindset bewusst ändern, dehnen, formen zu wollen. Und Lust!

James G. March sagt, Menschen und Unternehmen neigten dazu, den eigenen Erfolg wiederholen zu wollen und die bisher gewonnene Erfahrung in den Vordergrund ihrer Aufmerksamkeit zu stellen. Sie lösten neue Probleme mit altem Denken. Spielen könnte helfen, sich davon zu lösen, aus der kognitiven Gefangenschaft zu kommen. Lego ist da nur ein Beispiel.

Literatur

1. Von Kibéd, Matthias Varga. 2008. *Basics der Systemischen Strukturaufstellungen: Eine Anleitung für Einsteiger und Fortgeschrittene*. München: Kösel.
2. Hofert, Svenja. 2016. *Agiler führen*. Wiesbaden: Springer Gabler.
3. Feldman Barrett, Lisa. 2017. *How emotions are made?* London: Macmillan.
4. Roth, Gerhard, und Alica Ryba. 2017. *Coaching, Beratung und Gehirn*. Stuttgart: Klett-Cotta.
5. Oestereich, Bernd, und Claudia Schröder. 2017. *Das kollegial geführte Unternehmen*. Göttingen: Vahlen.
6. Ariely, Dan. 2008. *Denken hilft zwar, nützt aber nichts: Warum wir immer wieder unvernünftige Entscheidungen treffen*. München: Droemer.
7. Hofert, Svenja. 2017. *Hört auf zu coachen*. München: Kösel.
8. Kessels, Jos. 2016. *Das Sokrates-Prinzip*. München: dtv.

9. March, James G. 2016. *Zwei Seiten der Erfahrung. Wie Organisationen intelligenter werden können*. Heidelberg: Carl-Auer.
10. Boroditsky, Lera. 2012. Wie die Sprache das Denken formt. Spektrum.de. http://www. spektrum.de/news/wie-die-sprache-das-denken-formt/1145804. Zugegriffen: 31. Mai 2017.
11. Byron, Katie. 2002. *Lieben, was ist. Wie vier Fragen Ihr Leben verändern können*. Arkana: München.
12. Chen, Angela. 2017. How emotions are made, Interview mit Lisa Feldman Barrett. https://www.theverge.com/2017/4/10/15245690/how-emotions-are-made-neuroscience-lisa-feldman-barrett. Zugegriffen: 19. Sept. 2017.
13. Roth, Gerhard. 2002. Hirnforschung als Brücke zwischen Natur- und Geisteswissenschaften. http://www.schulportal.bremerhaven.de/lfi/fachartikel/roth_hirnforschung_2202.pdf. Zugegriffen: 5. Okt. 2017.
14. Schirp, Heinz. 2003. Neurowissenschaften und Lernen. Was können neurobiologische Forschungsergebnisse zur Unterrichtsgestaltung beitragen? *Die Deutsche Schule* 95 (3): 304–316.

Fallbeispiele für agiles Arbeiten und Denken

5

Wir kommen langsam zum Ende. Im letzten Kapitel stelle ich Ihnen einige organisationale Mindsets vor. Diese sollen als Best Practice und Anregung dienen. Sie erhalten weiterhin drei Übungsfälle, um das eigene Mindset zu schulen oder damit im Team zu arbeiten. Es gibt hierfür keine Musterlösungen, nur mögliche Ansätze, wie man vorgehen könnte. Die Ansätze, die Sie entwickeln werden, werden aus einem bestimmten Denken kommen. Versuchen Sie das einmal mit dem im Kapitel Ich-Entwicklung Gelernten zu vergleichen (siehe S. 31 ff.). Legen Sie das Buch dann zur Seite, und verfolgen Sie nach ein paar Tagen einmal ganz andere Ansätze. Und dann versuchen Sie Ansätze aus allen fünf Mindsets zu entwickeln. Ich mache diese Übung in meinem Seminar „Agiler Führen". Es wird erhellend für Sie sein, Lösungen mit „anderem" Mindset zu produzieren.

5.1 Der Konzern: Otto GmbH & Co. KG

Die Otto GmbH & Co. KG gilt als Vorbild für einen agilen Konzern. Sie hat einen siebenköpfigen Vorstand, dem zwei Frauen angehören. Alexander Birken ist seit 01. 01. 2017 Vorstandsvorsitzender. Dr. Rainer Hillebrand ist seit 1999 im Vorstand zuständig für E-Commerce und Business Intelligence.

▶
- Typ: Agile fürs Überleben
- Mindset der Führungskräfte: Vermutlich Effektiv mit Flexiblen Anteilen
- Werteschwerpunkt: Grün und Gelb

Derzeit ist Otto mit großem Abstand die Nummer zwei im Onlinehandel – vor Zalando. 15 Teams arbeiten parallel an der Weiterentwicklung von otto.de. Die

© Springer Fachmedien Wiesbaden GmbH 2018
S. Hofert, *Das agile Mindset*,
https://doi.org/10.1007/978-3-658-19447-5_5

Produktpalette von Amazon und Otto unterscheidet sich kaum. Im Kampf um Marktanteile im Onlinehandel legt Otto seinen Fokus im Vergleich etwa zu Amazon auf den Kundenservice. Es herrscht ein extremer Markt- und Wettbewerbsdruck. Die Bedeutung des Themas Agilität ist auch vor diesem Hintergrund zu verstehen. Es geht ums Überleben. Agilität ist natürlich gewachsen, baut auf einer familiären und kooperativen Unternehmenskultur auf. Das macht den Wandel leichter, als er in einer autoritären Kultur vermutlich gewesen wäre.

Otto fährt mit seinen Tochtergesellschaften einen dezentralen Ansatz. Viel Verantwortung ist in die Geschäftsführung der Gesellschaften verlagert. Zugleich besteht ein aktives Netzwerk der Otto-Gruppe. Dieses wird von einem Direktionsbereich organisiert, der bis zu 220 Veranstaltungen verschiedener Größenordnungen im Jahr durchführt. Dazu zählen Best-Practice-Klubs und Konferenzen, auf denen alle Vertriebs- und Marketinggeschäftsführer der Otto-Gruppe zusammenkommen – das Konzernmarketing-Board. „So schaffen wir eine Kultur des konstruktiven Austauschs, in der wir Niederlagen ebenso sharen wie Golden Nuggets. Diese Art von Netzwerkökonomie wird bei uns intensiv gelebt – live und digital, indem wir zentral die formale Struktur und die Collaboration-Tools anbieten" [1].

Otto lässt also eigene Unternehmenskulturen zu, schafft aber zugleich eine Identifikation auf höherer Ebene. Es gibt etwas Gemeinsames, das geteilt wird – Erfahrungswissen.

In welcher Form Niederlagen wirklich kommuniziert werden, ist mir nicht bekannt. Das Konzept ist aber typisch für agile Unternehmen, beispielsweise gibt es einen Failure Friday, an dem das Management den Mitarbeitern seine Rohrkrepierer vorstellt.

Ohne solche Formate entwickelt sich zwischen Tochtergesellschaften und Unternehmensbereichen oft Silodenken und ein Wettbewerb, der zum Verstecken von Niederlagen führt. Ein Mittel, dem entgegenzuwirken, ist ein Ritual, das Niederlagen feiert und als Learnings deklariert.

5.1.1   Agiler Kulturwandel

Otto hat den Kulturwandel richtigerweise nicht als Projekt eingeführt, sondern als dauernden Prozess kommuniziert [1]. Wichtig war es, das Unternehmen beweglich zu halten, um sofort auf Kundenbedürfnisse reagieren zu können. Im Fokus des Kulturwandels steht der Wandel hin zu einer lernenden Organisation.

Diese definiert keine Ziele, sondern das Lernen selbst als Aufgabe und Prozess. Die Otto-Akademie unterstützt die interne Ausbildung. Der Fokus der Ausbildung liegt auf kommunikativen Elementen wie der Durchführung von Retrospektiven.

Mir fällt auf, dass viele im Internet aktiv bloggende, schreibende und als Redner tätige Vordenker aus der Otto-Schule kommen, etwa der hier schon eingeführte Conny Dethloff. Otto fördert es anscheinend, dass die eigenen Mitarbeiter in die Öffentlichkeit gehen. Zumindest legt es ihnen offenbar keine Steine in den Weg wie manche andere, die Angst haben, ihre besten Mitarbeiter könnten abgeworben werden.

Auf dem Weg zur lernenden Organisation hat Otto die kontinuierliche Verbesserung seiner Arbeitsprozesse institutionalisiert. Im Scrum Framework geschieht dies über die Retrospektive. Um vom Kunden zu lernen, ist Optimierung institutionalisiert, als Sprint Review, Design-Thinking-Ansatz oder durch Lean Management. Man verteilt sein Wissen, zum Beispiel über Pairing, also die Zusammenarbeit erfahrener und weniger erfahrener Personen, Job Rotation, Hospitationen, Communities of Practice und organisationsübergreifende Workshops.

Otto integriert verschiedene Ansätze und Methoden und richtet sich nicht an dem einen Modell aus. Es stemmt vieles inhouse, scheint also wenig am Tropf externer Berater zu hängen. Auch das kann als Risiko gesehen werden, wenn Berater zum Beispiel auf einen bestimmten Ansatz festgelegt sind oder aber die Berater Teil des Systems geworden sind und den Blick von außen verloren haben. In solchen Fällen rate ich immer, andere Berater hinzuzunehmen, die mit den Hausberatern kooperieren. Berater, die sich dagegenstellen, würde ich austauschen.

Otto nutzt unter anderem das „Viable System Model" nach Stafford Beer, ein Modell der Kybernetik, das hilft, ein Unternehmen in seiner Komplexität zu steuern. Auch die „Theory of Constraints" von Eliyahu Goldratt wird bei Otto verwendet. Diese sogenannte „Engpasstheorie" hilft unter anderem im Marketing und Vertrieb, dass Kapazitäten frei werden, Durchlaufzeit und Kosten sinken und die Termintreue sich verbessert. Im Handel sollen Über- und Fehlbestände optimiert werden.

Otto hat erkannt, dass die herkömmlichen Ansätze die Organisation vor allem als Maschine sehen, die es zu steuern gilt. Ausgeklammert wird dabei der psychologische Aspekt. Die Notwendigkeit, High-Performance-Teams zu schaffen, die sich selbst verbessern, verlangt, das einzubeziehen. High-Performance-Teams brauchen eine intellektuelle Ebene, aber noch mehr eine gute Beziehungsebene. Neben der inhaltlich-intellektuellen Agenda braucht es also eine emotionale [2].

5.1.2   Mindset der Führungskräfte

Bei Otto fällt vor allem die Konsequenz auf, mit der der Kulturwandel von fast allen Seiten vorangetrieben wird. Mir scheint, dass dies wesentlich auch durch die Präsenz und den Geist von Unternehmensgründer-Sohn Michael Otto beeinflusst ist. Dieser ist nicht unbedingt eine charismatische Figur, aber eine reflektierte, die die Veränderung des eigenen Denkens thematisiert. In seinen Reden habe ich ein sehr verknüpftes Denken mit einem hohen Bewusstsein für gesellschaftliche Verantwortung und die Bedeutung von Lernen wahrgenommen.

Weiterhin kommt dem eine Kultur der Kollaboration entgegen, die offenbar auch auf Vorstandsebene verankert ist. Die Agilität setzte auf einem Verständnis auf, das einem kollegialen Wertecluster (bei uns cooperative style) entspricht – der Mentalitätssprung war also nicht groß.

Nicht zuletzt dürfte der Wettbewerbsdruck eine erhebliche Rolle spielen. Die einzelnen Vorstände scheinen vor diesem Hintergrund als Individuen weniger prägend, sie gestalten den ursprünglichen Gedanken nicht neu, sondern entwickeln ihn weiter.

Der neue Vorstand Alexander Birken beispielsweise hat Betriebswirtschaft studiert und kommt eigentlich aus dem Controlling. Einige Jahre hat er in den USA verbracht.

Ich habe einmal zwei Zitate von Alexander Birken herausgegriffen, die für mich ein Denken in der Effektiv-Phase mit Anklang von Flexibel-Modus zeigen. Die Zitate bringen ein eher festes Weltbild davon zum Ausdruck. Gleichzeitig wird im Abschnitt über Wandel und Generation Y (zweites Zitat) eine Akzeptanz von Widersprüchen deutlich.

Dabei sind wir Weltmeister der Transformation. Wir haben bei uns eine ungemeine Aufbruchsstimmung erzeugt und sind dabei, die Hierarchiepyramide auf den Kopf zu stellen. Es gibt selbst organisierende Innovationstage und Kollegen diskutieren offen über Ränge und Positionen hinweg. Das wäre vor fünf Jahren noch undenkbar gewesen. Ich werde oft nach meinen Vorstellungen von einer richtigen Lifetime-Balance gefragt, aber ich denke gar nicht in solchen Kategorien. Das, was ich tue, muss mein Leben sein und ich muss es von Herzen gerne tun. Dieses Gefühl wollen wir im ganzen Konzern erzeugen. Die Mitarbeiter sollen hier arbeiten, weil sie Maßstäbe setzen wollen.

Und:

Wir haben unser neues Leitbild, gemeinsam Maßstäbe zu setzen, nicht abgeschottet im Vorstand entwickelt, sondern viele tausend Mitarbeiter eingebunden. Wir haben bereits ein sehr hohes Energieniveau im Konzern. Ein Idealbild werden wir aber nie erreichen. Wandel ist ein dauerhafter Prozess. Die Generation Y irritiert mit ihren Wünschen an das Arbeitsumfeld älterer Kollegen und die nächste Generation wird wieder andere Vorstellungen haben.

Dr. Rainer Hillebrand ist für den E-Commerce zuständig. Er absolvierte eine Offiziersausbildung bei der Bundeswehr und studierte Wirtschafts- und Organisationswissenschaften an der Universität der Bundeswehr Hamburg. Zwei Jahre lang war er als selbstständiger Unternehmens- und Medienberater tätig. Hören wir einmal bei ihm hinein:

> Meine Rolle beispielsweise besteht gar nicht mehr darin, den Leuten zu sagen, was sie tun sollen. Ich muss vielmehr die besten Leute finden, sie für ein Thema begeistern, sie miteinander vernetzen und ihnen den Rücken freihalten, damit sie arbeiten können. Und diese Arbeit vollzieht sich nicht in jahrelangen Projekten, sondern in Time-Boxen und agilen Arbeitsrhythmen.

Durch die Formulierung „nicht mehr" beschreibt er selbst einen Wandel – vorher war es offenbar anders gewesen. Aber jetzt sieht er sich vor allem als jemand, der vorne an der Front in erster Linie Zusammenarbeit und Netzwerken organisiert. Weiterhin liegt sein Fokus darauf, andere zu begeistern. Er beschreibt also eine kommunikationsorientierte Führungsrolle.

An einer anderen Stelle wird deutlich, dass er die Dinge durchaus differenziert betrachtet – etwa wenn er über die Fehlerkultur spricht:

> Schwierige Frage. Grundsätzlich ist eine Fehlerkultur wichtig. Aber hier unterscheide ich ganz klar zwischen Routine- und Innovationsprozessen. Das ist wie bei einer Herzoperation. Das ist heute ein Routineprozess, bei dem keine Fehler passieren dürfen. Ganz anders war das bei der Pionierleistung der Herzverpflanzung von Prof. Barnard. – In Startphasen einer neuen Ära gehören Fehler durchaus zum Lernprozess.

Jemand mit einem weniger flexiblen Mindset würde hier vielleicht mehr zum Entweder-oder tendieren. Er löst das Thema, indem er die Erlaubnis für Fehler auf den Innovationsbereich beschränkt. Diese Differenzierung ist sinnvoll, sie sollte klar und eindeutig kommuniziert werden: Es gibt einen Unterschied zwischen Fehlern durch bewusste Experimente, Prozessfehlern und Fehlern durch Inkompetenz oder Ressourcenmangel. Nicht alle Fehler sind also gleichermaßen zu begrüßen.

Es bleibt ein Graubereich. Nehmen wir an, in der Buchhaltung entdeckt jemand durch zufällige Nutzung eines falschen Feldes (also eigentlich

Inkompetenz) bei einer Routineeingabe ein wahnsinniges Optimierungspotenzial oder einen grundlegenden Denkfehler – dann wäre dieser Fehler doch der Innovation zuträglich.

5.2   ISEKI-Maschinen GmbH

Die ISEKI-Maschinen GmbH sitzt in Osterath, einem Stadtteil von Meerbusch nahe Düsseldorf. Das Unternehmen rüstet japanische Landmaschinen zu Kehrmaschinen, Schneeräumern und Mähmaschinen um. Kunden sind Verwaltung und Industriebetriebe sowie andere, die Außenflächen pflegen müssen. Die Firma besteht seit 40 Jahren.

5.2.1   Organisation

170 Mitarbeiter hat das Unternehmen sowie eine Niederlassungsvertretung in Leipzig. Der Erfolg von ISEKI geht auf ein starkes Händlernetz und den persönlichen Kundenkontakt zurück. Martin Hoffmann führt das Unternehmen derzeit noch gemeinsam mit seinem Vater Siegfried, hat aber weitgehend freie Hand.

▶ • Typ: Agile aus Leidenschaft
  • Mindset der Führungskräfte: Vermutlich Flexibel
  • Werteschwerpunkt: Grün

5.2.2   Agiler Kulturwandel

„Um lean oder agil ging es mir nie. Was mich interessiert, ist die Haltung dahinter", sagt Martin Hoffmann und setzt damit sein Statement. Er habe nicht mit agilen Methoden begonnen, sondern mit einer veränderten Haltung zum Thema Führung und Unternehmensorganisation. Die Methoden folgten erst danach.

Mit den 50 Mitarbeitern seines Bereichs hat Martin Hoffmann die Holakratie ausprobiert. Dieser Ansatz führte zu Verwirrung unter den Mitarbeitern. Es gab kein gemeinsames Verständnis von „Selbstorganisation". Noch viel wichtiger aber: Es fehlte das gemeinsame Ziel und die Vision. Dennoch kam mit der Holakratie Bewegung ins Unternehmen.

Weiterhin führte Martin Hoffmann „die agile Gewaltenteilung" ein, damit meint er, dass er erste abteilungsübergreifende Teams mit verschiedenen Rollen bildete. Eine Rolle war der Product Owner, der die Vision vorgibt, eine andere Rolle war ein moderierender Coach. Kanban-Boards halfen, die Prozesse zu visualisieren und im ganzen Unternehmen transparent zu machen. So sahen auch andere die Veränderungen. Dies wurde nach und nach ausgeweitet und inzwischen sind die Boards im ganzen Unternehmen verbreitet und für alle sichtbar.

Jeder weiß sofort, was gerade von wem bearbeitet wird. Damit hat laut Aussage von Hoffmann auch das Schimpfen über zu wenig Arbeitsengagement aufgehört. Mithilfe eines Beraters führt man noch eine weitere Ebene ein, die den Lernprozess im Unternehmen über alle Abteilungen hinweg visualisiert. Das nennt sich „Metaboard". Es ist ebenfalls für alle Mitarbeiter einsehbar. Hier kann jeder Fortschritte und Rückschläge auf dem Weg zu einem lernenden Unternehmen verfolgen.

Trotz des neuen unterstützenden Führungsstils gelang die Selbstorganisation nicht sofort. „Ohne Commitment der Mitarbeiter funktioniert keine Selbstorganisation. Mindestens zwei Prozent müssen sich im Thema zu Hause fühlen und Lust haben, die neue Managementform voranzutreiben. Aber auch alle anderen müssen mit ins Boot geholt werden", so Martin Hoffmann.

Deshalb wurden Coaches ausgebildet, Ziel ist ein Coach pro zehn Mitarbeiter.

Immer mehr Mitarbeiter finden sich auf eigenen Wunsch in crossfunktionalen Teams zusammen. Vertrieb und Serviceabteilung lösen sich als abgegrenzte Abteilungen langsam auf. Auch der Einkauf ist schon sehr weit vorne und arbeitet selbst organisiert. Viele Teams stellen mittlerweile auch selbst ein. Eine Personalabteilung gibt es nicht, nur eine Mitarbeiterin für die Lohnbuchungen, ansonsten entwickelt sich jeder selbst und die Teams stellen auch eigenverantwortlich Kollegen ein.

5.2.3 Mindset

Martin Hoffmann sagt selbst, dass er sich sinnvolles Arbeiten auch für sich selbst nicht als „Command & Order" vorgestellt hatte, und gibt dies auch als Grund für den Wandel an. In seinen Aussagen kommt ein flexibles Mindset zum Ausdruck.

Meine Kollegen freundeten sich unterschiedlich schnell mit dem neuen Managementstil an. Ich hörte immer wieder: ‚Aber man muss doch auch mal auf den Tisch hauen.‘ Diesen verantwortungslosen Leerraum, der zuerst einmal entsteht, den kann nicht jeder aushalten. Wir haben deshalb Coachingkompetenzen aufgebaut. Interessierte Mitarbeiter lernen in einem Zwei-Monats-Kurs, wie sie das Team auf dem Weg zur Selbstorganisation unterstützen können. Wie nehme ich eine Metaposition ein? Wie leite ich eine Retrospektive? Wie schaffe ich überhaupt einen Erlebnisraum?

Oder:

> Besonders wichtig für mich ist meine Selbstreflexion als Führungskraft. Ich nehme mir jeden Morgen eine halbe Stunde Zeit dafür. Ich überdenke meine Pläne, meine Taten und Ziele und halte sie in einem Journal fest. Sehr geholfen hat mir auch eine NLP- Ausbildung. Ich lernte dadurch eine Sprache zu finden für Dinge, die ich vorher nicht hätte benennen können. Ein Coach begleitete mich und hat mich viel über systemisches Denken gelehrt. Dadurch fällt es mir leichter, das Wesentliche in meiner Firma, in unserem System zu erkennen [3].

Hier bringt Martin Hoffmann etwas ganz Zentrales auf den Tisch: Selbstreflexion. Für Führungskräfte ist das nicht selbstverständlich. Je traditioneller die Umfelder und Abteilungen, desto geringer oft eine offene Selbstreflexion. Die Begleitung durch einen Coach ist hilfreich, vor allem, wenn dieser nicht nur auf die systemischen Zusammenhänge, sondern auch auf psychologische verweisen kann.

5.2.4   Interview mit Martin Hoffmann

Bitte beschreibe dich und deine Firma kurz

Unsere Firma gibt es seit fast 50 Jahren. Seit 2009 bin ich im Unternehmen und seit 2014 mit in der Geschäftsführung. Unser Hauptgeschäft ist die Aufrüstung und Vermarktung von Kommunaltraktoren. Wir kaufen hierzu Kleintraktoren in Japan und rüsten diese zu Kommunalfahrzeugen um. Als Kommunalfahrzeug können die Maschinen dann Rasen mähen, Schnee räumen, kehren und vieles mehr. Unser Geschäft umfasst demnach die Vermarktung und Nachbetreuung, aber auch die Entwicklung, Fertigung und Montage von Traktoren, Komponenten und Anbaugeräten. Zudem handeln wir seit einigen Jahren auch mit Elektrotransportern der Marken MEGA und GOUPIL.

Bis 2014 waren wir, wie viele andere mittelständische Betriebe, in einer klassischen Abteilungsstruktur organisiert, wobei viele Entscheidungen zentral getroffen worden sind. Seit 2015 haben wir damit begonnen, selbst organisierte Teams zu bilden, und in diesem Jahr werden wir voraussichtlich alle Kollegen am Standort in Meerbusch in dieser Struktur untergebracht haben.

Was ist deine Haltung zur Führung?

Ich sehe in Führung eine Fähigkeit, die wie jede andere Kompetenz erlernt und geübt werden muss. Während es bei uns in technischen Bereichen völlig klar ist, dass man eine entsprechende Ausbildung benötigt, entsteht erst langsam ein Verständnis für Führung im Arbeitsalltag. Führung bedeutet für mich einmal die

Auseinandersetzung mit sich selbst, sodass jemand, der Führungsaufgaben übernimmt, seine eigenen Emotionen von denen seiner Kollegen trennen kann. Es ist also eine Fähigkeit zur Selbstreflexion erforderlich. Führung ist somit auch immer mit der Fähigkeit verbunden, sich selbst führen zu können. Diese Seite der Führung ermöglicht es schließlich erst, ein Team und sich selbst zu führen.

Führung in einem Team bedeutet für mich also, die notwendige Hilfestellung zu geben, sodass ein Team herausfinden kann, was es braucht. Dies bedeutet je nach Situation, aktiv vorzugehen und ein Team gerade bei ersten Schritten aktiv zu begleiten, aber auch den Zustand der Unsicherheit auszuhalten und ein Team eher durch Fragen und Feedback selbst Erfahrungen machen zu lassen.

Welche Erfahrungen haben dich angetrieben, dein Familienunternehmen umzugestalten?
Vor meiner Zeit im Unternehmen habe ich als Softwareentwickler gearbeitet. Hier habe ich bereits in großen Unternehmen beobachten dürfen, wie wenig der Zeit eigentlich dem Kunden dient und wie viel Zeit damit verbracht wird, Politik zu machen und über Nebensächlichkeiten zu streiten. Als ich dann in unser Unternehmen gekommen bin, habe ich zuerst – sehr naiv aus heutiger Sicht – gedacht, dass ich als Chef die Dinge einfach so regeln könnte, wie sie für alle Beteiligten gut wären. Ich habe dann schnell gemerkt, dass das gar nicht so einfach ist. Auch bei mir selbst konnte ich anfangs beobachten, wie ich schnell im Tagesgeschäft untergetaucht bin, statt mich den grundlegenden Themen der Organisation zu widmen.

Nach den ersten Jahren und Erfahrungen dieser Art war ich bereits sehr frustriert, da einfach nichts geschah. Kollegen kamen zu mir und berichteten von ihren Nöten. Kaum habe ich mich diesen gewidmet, traten schon neue Probleme an anderer Stelle auf. Ich habe zu dieser Zeit alles in Ursache-Wirkungs-Zusammenhängen gesehen. Daher fiel es mir schwer, einen Griff an die Themen zu bekommen.

Erst durch meinen ersten Kontakt mit anderen Formen der Unternehmensführung habe ich dann Lösungsansätze für unsere Probleme gefunden. Ich habe erst Schritt für Schritt mich selbst entwickeln müssen, um dann mein Verständnis von systemischen Zusammenhängen aufzubauen. Diese Nöte und Erkenntnisse haben mich dann dazu veranlasst, unsere Unternehmensorganisation grundlegend zu ändern.

Was sind die Herausforderungen bei Selbstorganisation?
Selbstorganisation erfordert eine hohe persönliche Reife. Nicht bei allen Kollegen, aber doch bei einer ausreichenden Zahl. Ohne diese Reife werden Emotionen und Sachthemen sowie Prinzipien und Regeln oft miteinander verwechselt.

Die Aufgabenstellung, sich selbst zu organisieren, wird nicht verstanden und stattdessen treibt die Bemühung zur Selbstorganisation merkwürdige Blüten. Die Herausforderung besteht aus meiner Sicht darin, konsequent am Ball zu bleiben und gleichzeitig die Zeit für eine natürliche Entwicklung abwarten zu können. Menschen – also auch Kolleginnen und Kollegen – brauchen die Zeit, um sich zu entwickeln.

Welche Rolle spielt Lernen für deine Mitarbeiter?
Bei uns haben wir hier wirklich einen starken Kulturwandel vollzogen. Während es vorher eher die Ausnahme war, ein Buch zu lesen oder sich extern fortzubilden, sind heute oft viele Bücher in der neuen Bibliothek vergriffen. Diejenigen, die die Wichtigkeit des Lernens verinnerlicht haben, sieht man auch immer häufiger mal lesend im Unternehmen. Wir stehen hier sicher noch am Anfang, denn gerade das Miteinander- und Voneinander-Lernen ist noch nicht ausgeprägt. Meiner Meinung nach ist Lernen jedoch unsere einzige Möglichkeit, um zukünftig gute Kundenlösungen erschaffen zu können.

Wie verbindet sich der Lean-Gedanke mit der Selbstorganisation?
Selbstorganisation ist kein Selbstzweck. Es ist für uns die Forderung an uns selbst und somit unsere Organisation, dass wir uns auf den Kunden ausrichten. Jeder für sich und alle gemeinsam. Diese Ausrichtung ist nicht immer einfach und auch nicht der Austausch über einen gemeinsamen Sinn beantwortet alle Fragen. Daher bietet für uns der Lean-Gedanke eine weitere gute Orientierung. Wir können uns somit auf einfachere Weise prüfen, indem wir fragen: Welchen Wert schaffen wir damit für den Kunden? Welche Prozesse (Value Chains) finden dazu statt und dienen sie dem Kunden?

Du hast in deiner Firma 10 % Coaches ausgebildet. Was sind das für Menschen, die gut coachen können?
Wir versuchen 10 % zu bekommen. Dies würde knapp 20 Kollegen bei uns entsprechen. Da wir die persönliche Entwicklung fördern möchten, machen wir regelmäßig Angebote, wo Kollegen neue Fähigkeiten ausprobieren und sich selbst erleben können. So auch in unserer diesjährigen Coachausbildung. Es haben sich ca. 15 Freiwillige dafür angemeldet, die aus unterschiedlichsten Bereichen kommen. Von diesen 15 Teilnehmern werden vielleicht fünf später gute Team-Coaches. Ich glaube, dass gerade die Vielfalt hierbei entscheidend ist. Diejenigen, die die Vielfalt begrüßen und die sich von dem Thema Coaching angezogen fühlen, sind später auch die Richtigen. Es sind diejenigen, die sich trauen, neue Fähigkeiten in ihre Teams zu bringen, und die auch die ersten Widerstände überwinden.

5.3   Sipgate GmbH

Die Firma sipgate entstand aus dem Portal billiger-telefonieren.de, einem Erfolgs-Start-up der New Economy. Es ist einer der ersten VoIP-Anbieter. Heute arbeiten 120 Kollegen in einem Büro im Düsseldorfer Hafen. Die Teams sind selbst organisiert und tragen Namen wie „Scrubs", „Springfield" oder „Princess". Sie haben jeweils einen eigenen Scrum Master, der Hindernisse aus dem Weg räumt und auf die Einhaltung von Scrum-Regeln achtet. Bei sipgate gibt es fünf Bürohunde und die Bartquote unter den Männern dürfte laut Webseiten-Augenschein mehr als 50 % betragen.

Ich würde sipgate als „natural born agile" bezeichnen wollen, also als grün-kooperatives Unternehmen.

▶   • Typ: Agile forever
      • Mindset der Führungskräfte: Vermutlich Effektiv
      • Werteschwerpunkt: Grün

5.3.1   Agiler Kulturwandel

Das Unternehmen sipgate war nie ein traditionelles, hierarchisches Unternehmen, immer schon spielte Teamarbeit eine große Rolle. Im Laufe der Jahre hat sich die Teamarbeit in ihrer Art und Zusammensetzung verändert. Früher bedeutete „crossfunktional" die Zusammensetzung aus Entwickler, Designer, Product Owner und Scrum Master. Heute gehören auch Text-Menschen, Kundenbetreuung und Marketing zu den Teams. Diese sind fest und finden sich selbst zusammen. Peer Recruiting findet statt, das heißt, die Teams stellen selbst ihren Nachwuchs ein. Es gibt keine Manager oder Teamleiter. Coaches helfen beim Aufbau einer Struktur. Hängematte gibt es bei sipgate nicht, auch wenn niemand Überstunden machen muss. Vom Homeoffice hält die Geschäftsführung laut Interviews wenig. Teamarbeit sei eben auch Kommunikation. Eine Besonderheit ist, dass die Sipgater zu zwei Weiterbildungen pro Jahr verpflichtet sind.

Die ersten crossfunktionalen Teams wurden aus den vorhandenen Silo-Gruppen von Web, Java, Telefonie gebildet. Zum agilen Arbeiten gehört auch der Open Friday, den das Unternehmen erfunden hat. Da kann man auch den Wunsch äußern, in ein anderes Team zu wechseln. Es gilt das für Open- Space-Formate typische Gesetz der zwei Füße: Wer feststellt, dass er nichts mehr lernt oder beitragen kann, benutze seine beiden Füße und gehe woanders hin.

5.3.2 Mindset

Auf die Frage „Was war denn der beste Rat, den du während deiner Gründungs-phase bekommen hast?", bei Deutsche-Startups.de antwortet Tim Mois, einer der beiden Gründer und Geschäftsführer von sipgate: „„Euer nächster Kollege muss ein Controller sein!' – von meinem Vater. Das hat uns 2001 gerettet. Außerdem ist der Controller sehr nett, heute noch bei sipgate und hat einen Dackel" [4].

Dies ist eine für die agile Szene sowie auch die Agentur- und Start-up-Welt typische Antwort – so, wie Interviews der beiden Gründer ein recht konsisten-tes Weltbild zeigen. Der Blick ist zentral auf das eigene Unternehmen, die eigene Lebens- und Arbeitsform gerichtet. Das ermöglicht auch die volle Konzentration darauf. Grundlegendes Infragestellen der eigenen Sichtweise ist in den vorliegen-den Interviews nicht erkennbar.

Die obige Antwort verbindet verschiedene Aspekte und zeigt eher Denken in der Effektiv-Phase an. Tim Mois lässt sich auf einen Ratschlag seines Vaters ein. Vielleicht trifft er seine Entscheidungen gern durch Einbeziehung anderer. In dem „Außerdem ist der Controller sehr nett" spiegelt sich jedoch auch ein Bild, wie etwas sein soll. Ich könnte mir vorstellen, dass in diesem Unternehmen ein bestimmter – kollegialer und freundschaftlicher Stil – bevorzugt wird, Konflikte unter den Teppich zu kehren. Ein Blick in die Bewertungen bei Kununu zeigt, dass die Kommunikation zwischen Mitarbeitern und Geschäftsführung Luft nach oben hat. Der Begriff „Chaos" fällt.

Aus ähnlichen Agentur- und Start-up-Kontexten sind die typischen Herausfor-derungen in einem „Natural-born-agile"-Umfeld, die sich vor allem bei Wachs-tum und unter Wettbewerbsdruck zeigen:

- Umgang mit Andersdenkenden, Anderssozialisierten und Andersmotivierten (z. B. Personen, die nicht aus idealistischen Gründen arbeiten)
- Gruppendenken, vor allem auch beim Peer Recruiting
- Umgang mit Konflikten
- Grenzziehung zwischen Privatem und Beruflichem

5.4 Stadt Ängelholm

Första agila kommun at sverige: Die siebenundfünfzigstgrößte Stadt in Schwe-den hat die einzige bekennende agile Verwaltung in Europa. Die Stadt hat den agilen Methodenkoffer nach Elementen durchforstet, welche die herkömmlichen

Abläufe sinnvoll ergänzen. In der Verwaltung wird Arbeit üblicherweise als Kette gedacht. Jeder bearbeitet parallel ein Glied, wirkliche Kooperation findet so nicht statt und ist in den meisten Verwaltungsfällen einer Stadt auch nicht sinnvoll. Ganz anders als Prozessorientierung. Durch die Ausrichtung an Prozessen anstatt an Themen lässt sich vieles effektiver erledigen. Prozessorientierung bedeutet die Ausrichtung an Abläufen.

▶   • Typ: Agile, weil's besser macht
    • Mindset der Führungskräfte: Vermutlich Richtig bis Effektiv
    • Werteschwerpunkt: Orange mit Grün

5.4.1   Agiler Kulturwandel

Verwaltungen sind für ihr Silodenken bekannt. Jeder Bereich bearbeitet seine Themen, Zusammenarbeit und übergreifendes Arbeiten und Denken sind gar nicht gefragt. Deshalb ist es in einem solchen Kontext besonders schwer, agilen Wandel voranzutreiben. Das Agilisierungsprojekt bediente sich aber dennoch agiler Methoden. So zog die Stadt mehr als 200 Mitarbeiter, Gewerkschafter, Führungskräfte und Politiker ein und beteiligte sie an der Ausgestaltung der neuen Verwaltung.

Die Aufbauorganisation der Stadt Ängelholm wurde dann neu geschaffen und ist nunmehr prozessorientiert an den Bedürfnissen des Bürgers ausgerichtet. So bearbeitet ein Servicecenter 70 % der Bürgeranfragen in zwei Schwierigkeitsstufen. Dahinter arbeiten die Sachbearbeiter an 30 % der weiteren Fälle. Die stetige Verbesserung dieser Arbeiten wird großgeschrieben.

Doch bis hierhin ist Ängelholm noch nicht wirklich agil. Das eigentliche agile Element ist die sogenannte Arena. Diese entstand aus dem Gedanken, dass nicht alle Bürgeranfragen zufriedenstellend beantwortet werden können. Für diese Anfragen können nun Arenen gebildet werden, übergreifende – also crossfunktionale und temporäre – Arbeitsgruppen, die solche Fälle reflektieren und lösen. Dabei wird kooperiert und mit dem Helikopterblick auch auf die eigene Arbeit geschaut. Die Fälle sollen in bis zu fünf Sitzungen gelöst werden. Ist das nicht möglich, entwickelt sich daraus ein Projekt. Dieses wird von dazu bestimmten Moderatoren geleitet. Begleitet wurde das Projekt von einem Stockholmer Beratungsunternehmen.

5.4.2 Agiles Mindset

Eine besondere Anforderung in diesem Kontext ist es, das eine zu machen und das andere nicht zu lassen. Wann sind agile Ansätze nützlich und wann traditionelle? Ein agiler Ansatz ist immer dann sinnvoll, wenn ein Problem nicht mit der bisherigen Vorgehensweise gelöst werden kann. Das kann sein, wenn die Verwaltung das Bedürfnis eines Bürgers erkannt hat, dieses aber nicht befriedigen kann, oder wenn das Dienstleistungsniveau nicht hoch genug ist, etwa wenn die Bearbeitung zu lange dauert oder die öffentliche Sicherheit bedroht ist.

Auf der Website agile-verwaltung.org, die den Fall ausführlich darstellt, wird dazu ein Beispiel genannt:

„Ibrahim, 18 Jahre, ist vor Kurzem als Asylberechtigter in Schweden anerkannt worden und lebt in Strövelstorp, einem Gemeindeteil von Ängelholm. Ibrahim will schnell eine Arbeit finden und braucht dringend schwedische Landeskunde, Beratung, soziale Vernetzung und Krisenunterstützung. Um diesen verschiedenen Bedürfnissen Ibrahims nachzukommen, bildet die Verwaltung ein agiles Vorgangsteam, das unter anderem folgende Fachkräfte abdeckt:

- Ibrahim selbst
- Unternehmen
- Vereinsleben
- Arbeitsvermittlung
- Erwachsenenbildung
- Berufs- und Studienberatung
- Dolmetscher
- Kultur und Freizeit" [5].

Auf diese Weise wird ein crossfunktionales Team gebildet, das mit der Lösung des Falls betraut ist. Um diese Lösung voranzutreiben, bietet es sich an, dass Moderatoren diese Teams leiten – wie auch in Ängelholm der Fall. Die Moderatoren sollen bestimmte Formate kennen, etwa „Fishbowl", eine Methode der Diskussionsführung, die sich auch für kleinere Gruppen anbietet. Hierbei wird der Fall skizziert, eine Person zeichnet oder schreibt, eine andere fragt, der Rest hört zu und macht sich Notizen. Zunächst muss das Problem genau analysiert werden. Danach werden Hypothesen zusammengetragen und anschließend Lösungen ausgearbeitet. Diese getrennten Prozessschritte ermöglichen ein systematisches Erarbeiten.

5.5   Übungen

Zum Abschluss stelle ich anonymisierte Fälle zusammen, die Ihnen zeigen sollen, wie sich Mindset auf organisationaler Ebene praktisch auswirkt und welche Herausforderungen sich in den unterschiedlichen Situationen ergeben können. Die Übungen zeigen indirekt auch Ich-Entwicklungsstufen, wobei man sehr vorsichtig mit der Zuordnung sein muss. Die Gruppendynamik und die Unternehmenskultur spielen immer eine größere Rolle als die Reife der einzelnen Player. Ausschlaggebend für die organisationale Logik ist vor allem das Mindset des Topmanagements. Für die Fälle gibt es nicht wirklich Musterlösungen. Über alle lässt sich vielfältig diskutieren. Sinnvoll ist es aber, wenn immer die folgenden Ebenen bedacht werden:

• Rahmenbedingungen (z. B. Markt)
• Organisation (Aufbau, Struktur, Raum etc.)
• Team (Verzahnung mit Organisation, Aufbau, Struktur, Identität etc.)
• Individuum (Rolle im Team, Motivation etc.)

Dabei helfen die Analysequadranten aus Abb. 5.1, auch ein Blick auf den Chart Selbstorganisation (Abb. 3.3) gibt Orientierung. Sie zeigen immer eine Innen- und eine Außenperspektive sowie Faktoren, die in Bezug darauf wichtig sind.

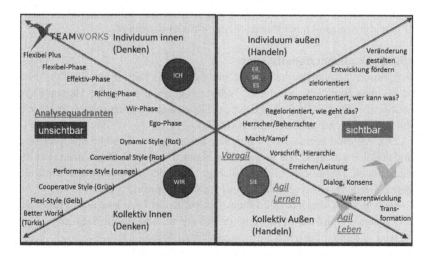

Abb. 5.1 Analysequadranten

Man sollte sich aber nicht daran festhalten. Die Informationen in den Übungs-
fällen reichen nicht für eine tiefe Analyse. Diese ist aber auch gar nicht nötig für
eine erste Arbeitshypothese. Diese sollte sowieso immer fließend sein und mehr
als eine Idee, wie man anfangen könnte, verstanden werden.

5.5.1 Übungsfall 1: Der werteorientierte Handwerksbetrieb

Kristina hat den alteingesessenen Betrieb „Sanitär Meyer" gemeinsam mit ihrem
Bruder vom Vater übernommen. Den Betrieb gibt es nun schon seit 87 Jahren,
50 Jahre ist der Vater an der Spitze gewesen, doch nun geht er in den verdienten
Ruhestand. Er möchte sich raushalten und seinen Kindern freie Hand lassen. Das
Unternehmen ist spezialisiert auf Sanitär und Bad im regionalen Umfeld. Es ver-
kauft also Markenprodukte von Sanitärherstellern und bietet die handwerkliche
Dienstleistung drum herum an. Die Digitalisierung aber betrifft auch sie [2].

Etwa die Hälfte der 32 Mitarbeiter arbeitet schon mehr als 30 Jahre in der
Firma. Das Durchschnittsalter beträgt 48 Jahre. Pro Jahr gibt es einen techni-
schen und einen kaufmännischen Azubi. Nicht alle konnten in den vergangenen
Jahren aufgrund der starken wirtschaftlichen Schwankungen und der geringen
Fluktuation bei den älteren Mitarbeitern übernommen werden. Jetzt steht das
Unternehmen vor vielen Herausforderungen durch den Wandel: Die neue
Geschäftsführung, vor allem vertreten durch Kristina, möchte „agiler" werden.
Sie benötigt dringend Innovationen für die Zukunftssicherung.

5.5.1.1 Die Branchensituation
Die gesamte Sanitärbranche stemmt sich gegen die Digitalisierung. Der Vater
hat bis zum Jahr 2016 selbst eine Website abgelehnt. Er ist der Meinung von
Handwerksmeister Holger Steup, der im Onlineportal „Warenausgang.com" am
17.01.2017 folgendermaßen zitiert wird:

„Das Angebot ist nicht für jeden Kunden geeignet. Es gibt Leute, die sind
handwerklich geschickt und können Badewannen einbauen. Die können dort ihr
Glück finden. Die größere Gruppe benötigt neben der Badewanne aber auch die
Dienstleistung drum herum und den fachgerechten Einbau."

Amazon führt über 110.000 Produkte allein in der Unterkategorie „Toiletten-
vorrichtungen". Im Prime-Programm gibt es diverse Sanitärartikel. Es gibt einige
Anbieter, die ganz anderer Meinung sind als Herr Steup.

5.5.1.2 Das Mindset der Geschäftsführung

Die Tochter Kristina sieht diese Entwicklung. Sie denkt nicht, dass ausgerechnet die Sanitärbranche von Entwicklungen verschont bleibt, die alle Handwerksbetriebe erfasst haben. Handwerker liefern mehr und mehr allein die Dienstleistung, diese wird digitaler und spezieller. Mit den Preisen eines spezialisierten Einzel- oder gar Großhandels kann keiner mehr mithalten. Kristina möchte eine App entwickeln lassen, über die Kunden rund um die Uhr Support für ihre Installationsfragen erhalten können. Um digitaler zu werden, denkt sie sogar daran, einen Informatiker einstellen. Gemeinsam mit einer regionalen Fachhochschule plant sie ein Projekt „Sanitärbranche digital 2030". Weiterhin möchte sie sich mehr um Großprojekte bemühen. Dafür will sie agiler werden. Denn immer mehr Auftraggeber fordern Agilität auch von ihren Kunden. So auch ein potenzieller Großkunde.

Ihr Bruder will das Unternehmen in der Tradition des Vaters weiterführen. Er glaubt, dass Kunden weiterhin alles aus einer Hand haben wollen. Er denkt und handelt werteorientiert, damit meint er zuverlässig, kundenorientiert und qualitätsbewusst. Für ihn steht im Vordergrund, dass die Mitarbeiter ihr Gehalt bekommen und ihre Familien ernähren können. Der Vater versucht sich herauszuhalten, im trauten Familienkreis jedoch stützt er den Bruder.

Kristina auf der anderen Seite ist davon überzeugt, dass man Mitarbeitern Sinn geben muss, und investiert sehr viel in Kommunikation und Maßnahmen, die teils spirituellen Charakter haben. Sie erwartet Engagement dafür. Oft ist sie enttäuscht, dass so wenig zurückkommt. Dienst nach Vorschrift darf es in ihrem Weltbild gar nicht geben.

5.5.1.3 Das Mindset der Mitarbeiter

Die altgedienten Mitarbeiter stehen Neuerungen kritisch und ablehnend gegenüber. Vom Vater sind sie einen patriarchalischen Führungsstil gewohnt. Morgens holen sie ihre Aufträge und nachmittags haben sie diese „abgearbeitet". Wenn etwas entschieden werden muss, rufen sie die Geschäftsleitung an. Vor dem Kunden verhält sich jeder so, wie er eben ist. Kein Techniker sieht sich als Verkäufer. Für seltene größere Projekte gibt es zwei Personen, die sich als Projektleiter eignen. Diese sind allerdings immer überlastet. Sonst hat das Unternehmen keine Hierarchien.

Im Unternehmen arbeitet seit Kurzem eine junge Azubine, die sich sehr gut mit digitalen Themen auskennt und viele Ideen einbringt. Die Vorschläge prallen bei den Technikern ab.

5.5.1.4 Die Unternehmenssituation

Es ging in den letzten Jahren immer rauf und runter. Wirtschaftlich am interessantesten sind Großaufträge von Firmen, die die Gehälter oft über mehrere Monate sichern.

Fragen an Sie:

- Sind das überhaupt passende Voraussetzungen für Agilität? Betrachten Sie dabei Agilität aus der Brille der Unternehmenssteuerung, der Führung, der Philosophie und des praktischen Projektmanagements.
- Was sind die Herausforderungen in Sachen Innovation und Agilität?
- Wenn Sie die Ich-Entwicklungsstufen betrachten: Welche Mindsets vermuten Sie in der Organisation?
- Wenn Sie sich in alle fünf Entwicklungsstufen hineinversetzen, welche Lösungen ergeben sich aus diesen unterschiedlichen „Brillen"?

5.5.2 Übungsfall 2: Der traditionsreiche Schifffahrtskonzern

Sie bekommen einen Anruf von der Personalabteilung der Müller Werft AG. Das Unternehmen mit 5000 Mitarbeitern weltweit, davon 3000 in Norddeutschland, ist im Umbruch und soll agiler werden. Das jedenfalls hat der neue Vorstandsvorsitzende ausgerufen. Es ist allen unklar, was er darunter versteht. Aber das Ganze hat eine hohe Priorität und wird intern wie eine neue Religion gehandelt, was eher verunsichert als motiviert. Das Unternehmen hat eine Sparte für die militärische Schifffahrt, die rentabel ist, und eine Sparte für Containerschifffahrt, die roten Zahlen schreibt. Der Vorstand sieht vor allem in der Sparte Reparatur- und Refit-Geschäft für Yachten Potenziale.

Die Branchensituation ist desolat. Es gibt seit Jahren Überkapazitäten, schwachen Welthandel und überall Fusionen. Das Monitoring von Schiffen und die Verbesserung der Flotteneffizienz werden zu entscheidenden Wettbewerbsfaktoren. Auch das selbstfahrende Schiff ist ein Thema. Gleichzeitig sind die Strukturen in der Branche sehr konservativ.

5.5.2.1 Das Mindset des Vorstands

Der neue Vorstandsvorsitzende kommt branchenfremd aus der Automobilbranche. Für ihn steht Effizienz im Vordergrund. Ihm ist wohl bewusst, dass die Digitalisierung eine entscheidende Rolle spielt, doch schaut er vor allem auf KPIs und Zahlen. Der COO ist schon lange im Unternehmen und sieht die Mitarbeiter, die Angst um ihre Jobs haben. Er erkennt, dass die Zukunft entscheidend davon abhängt, wie sich das Unternehmen jetzt aufstellt, und hat dazu viele Ideen. Ihm ist ebenso bewusst, dass die mittlere Schicht gerade in dieser Firma eine Lähmschicht, radikale Umstrukturierung unausweichlich ist. Der CFO ist ebenso neu an Bord, agiert politisch und hat mehr ein Interesse daran, neue Geschäftsfelder zu erschließen, denn mit den bisherigen ist das Unternehmen nicht mehr konkurrenzfähig.

5.5.2.2 Das Mindset der Mitarbeiter

Die altgedienten Mitarbeiter haben Angst vor dem Jobverlust. Die mittleren Manager sind verunsichert. Ihr Führungsstil, der teilweise zielorientiert und teilweise kooperativ-freundschaftlich ist, ist auf einmal nicht mehr gefragt. Bei den jungen Akademikern ecken sie an. Die wollen mehr Verantwortung. Der neue Vorstand verunsichert durch unklare Ansagen wie „mehr Agilität". Viele Mitarbeiter fragen sich, ob sie generell nicht mehr gefragt sind.

5.5.2.3 Die Branchensituation

Es ging in den letzten Jahren immer weiter runter. Das Unternehmen ist nicht spezialisiert genug. Gleichzeitig hat es das Thema Digitalisierung für sich verschlafen.

In einem Welt-Artikel vom 26.07.2016 wird Claus Brandt zitiert, Leiter des Kompetenzzentrums Maritime Wirtschaft bei PwC: „Die deutschen Reedereien haben sich in den vergangenen Jahren stark auf die Rolle des maritimen Transportdienstleisters beschränkt … Die fortschreitende Digitalisierung zwingt sie nun dazu, ihr Dienstleistungsportfolio zu vertiefen und die Logistikkette umfassender abzudecken" [6].

Amazon und Google werden als Konkurrenten immer realistischer.

Fragen an Sie:

- Sind das überhaupt passende Voraussetzungen für Agilität? Betrachten Sie dabei Agilität aus der Brille der Unternehmenssteuerung, der Führung, der Philosophie und des praktischen Projektmanagements.
- Wie könnte man mit unkonkreten Anforderungen auf Vorstandsseite umgehen?
- Was sind die Herausforderungen in Sachen Innovation und Agilität?
- Wenn Sie die Ich-Entwicklungsstufen betrachten: Welche Mindsets vermuten Sie in der Organisation?

5.5.3 Übungsfall 3: Das idealistische Start-up

Die drei Gründer kennen sich schon aus dem Studium. Tom ist Informatiker, Felix Wirtschaftswissenschaftler und Karl Designer. Ein ideales Trio, das sich immer gut verstanden hat – auch weil sie gemeinsam an einer besseren Welt bauen wollten, ein internetbasiertes Social-Start-up schaffen, alles anders machen als die „Alphas" (ihre Väter waren so). Sie butterten hinein und dank des Familienerbes von Tom waren keine Kredite nötig. Nach einigen Jahren hatte die Firma 120 Mitarbeiter. Und natürlich arbeitete man von Anfang an agil mit Scrum. Das All-Hands jeden Freitag wurde früh zur Institution. Hierarchien wollten die Gründer nicht. Diese entstanden informell, etwa weil die Buchhaltung einen Verantwortlichen brauchte, der die Unterlagen unterzeichnen konnte. Als immer mehr Mitarbeiter gar nicht mehr ins Büro kamen (natürlich gab es flexible Arbeitszeiten und Homeoffice nach Lust und Laune), installierten sie fünf Teamleiter. Diese wählten die drei nach Zugehörigkeit aus: Die, die lange dabei waren, waren meist auch beste Freunde und bekamen den Job. Schließlich entschied sich Tom auszusteigen. Den verbleibenden Geschäftsführern war bewusst, dass das Unternehmen weiter wachsen würde und Strukturen brauchte. Also entschied man sich, den Posten mit Claudia zu besetzen, die von einer Personalberatung ausgesucht worden war. Claudia wirkt einerseits kompetent, andererseits ist sie locker genug für das Unternehmen.

5.5.3.1 Das Mindset des Vorstands

Als Claudia sich einarbeitet, schlägt sie oft die Hände über dem Kopf zusammen: Da sind keinerlei Strukturen. Entscheidungen werden mal so und mal so getroffen. Es gibt keine Grundlagen, wie man etwas macht, weder im Finanz- noch im Personalbereich. Sie merkt schnell, dass die beiden Männer Konflikte scheuen. Sie hatten das Unternehmen gegründet, weil sie an etwas glaubten und sich gut verstanden. Nun ist es eigentlich Zeit durchzugreifen, doch alle Entscheidungen werden jetzt im Hinterzimmer getroffen. Machtverhalten ist bei den Mitarbeitern verpönt, deshalb scheut man die offene Kommunikation. Claudia spürt, dass sie nicht mit sich im Reinen sind, was das Durchgreifen betrifft. Sie zögern. Das verunsichert sie. Als sie eine Mitarbeiterveranstaltung erlebt (All-Hands), auf der zwei Personen ihr Privatleben ausführlich sezieren, wird sie unruhig, zumal sie gemerkt hat, dass es auch Unregelmäßigkeiten im Finanzbereich gibt. Sie wird das Gefühl nicht los, dass die Gründer das Ruder vollkommen aus der

Hand gegeben haben und nur noch am Detail operieren. Das fällt ihr auf, als sie Gespräche hört, in denen ihre Kollegen unwichtige Fehler rügen, anstatt den Kontext zu sehen und klar zu sagen, worum es eigentlich geht.

5.5.3.2 Das Mindset der Mitarbeiter

Die Mitarbeiter teilen sich in neue und alte. Die alten Mitarbeiter sind früh an Bord gekommen und stammen meist aus dem Umfeld der Gründer. Sie waren damals alle idealistisch, motiviert, jung und beseelt vom Glauben, dass Arbeit Sinn geben muss. Den fanden sie in dem Start-up. Die neuen Mitarbeiter dagegen sind weniger engagiert. Für sie ist es wichtig, dass sie alle Freiheiten der Welt haben, kommen und gehen können, wann immer sie wollen, Hunde und Kinder mitbringen … alles kein Problem. Alle sind davon überzeugt, dass diese Art zu arbeiten richtig ist. Sehr wenige haben Zweifel. Denen ist klar, dass das so nicht mehr lange weitergehen kann. Sie wollten sich ursprünglich reinhängen und mitgestalten, aber wurden schnell demotiviert, weil das als Machtverhalten ausgelegt wurde. Als sie sich um die neuen Teamleiterpositionen bemühten, bekamen sie von den Gründern eine Stoppkarte. Sie seien nicht gut genug. Sie setzen jetzt alle Hoffnung in Claudia, die offenbar mehr auf das große Ganze blickt …

5.5.3.3 Die Branchensituation

Es ging in den letzten Jahren immer weiter rauf. Eine neue Idee, ein boomendes Geschäft. Es ist leicht zu wachsen, wenn einem die Kunden das Produkt aus der Hand reißen. Doch nun ist erste Konkurrenz entstanden. Der Markt scheint gesättigt, eine Umverteilung setzt ein.

Fragen an Sie:

- Betrachten Sie Agilität bezogen auf diesen Fall aus der Brille der Unternehmenssteuerung, der Führung, der Philosophie und des praktischen Projektmanagements.
- Was sind die Herausforderungen in Sachen Innovation und Agilität?
- Wenn Sie die Ich-Entwicklungsstufen betrachten: Welche Mindsets vermuten Sie in der Organisation?
- Wenn Sie sich in alle fünf Entwicklungsstufen hineinversetzen, welche Lösungen ergeben sich aus diesen unterschiedlichen „Brillen"?

Literatur

1. Hillebrand, Rainer. 2016. Otto Group: Hungrig nach der besten Lösung. *Jane Uhlig's Magazin,* 29. July. http://www.janeuhlig.de/rainer-hillebrand-otto-group-hungrig-nach-der-besten-loesung/. Zugegriffen: 10. Mai 2017.
2. Birken, Alexander, im Interview mit Martin Mehringer. 2017. *Manager Magazin,* 18. Mai. http://www.manager-magazin.de/koepfe/versandhandel-interview-mit-otto-chef-alexander-birken-a-1147872.html. Zugegriffen: 10. Mai 2017.
3. Hoffmann, Martin, im Interview mit Janine Kreienbeck. 2017. *Lean Knowledge Base,* 8. Mai. https://www.lean-knowledge-base.de/iseki-organisation-der-zukunft-selbstorganisation/. Zugegriffen: 10. Mai. 2017.
4. Hüsing, Alexander, im Interview mit Tim Mois: Ein guter Rat: Wenn dein Pferd tot ist, steig ab. 2017. *Deutsche Startups,* 11. Mai. https://www.deutsche-startups. de/2017/05/11/ein-guter-rat-wenn-dein-pferd-tot-ist-steig-ab/.
5. Steinbrecher, Wolf. 2016. Ängelholm – die erste Agile Kommune Schwedens. https:// agile-verwaltung.org/2016/02/25/aengelholm-die-erste-agile-kommune-schwedens/. Zugegriffen: 10. Mai 2017.
6. Preuß, Olaf. 2017. Wie die Digitalisierung das Geschäft wandelt. https://www.welt.de/ regionales/hamburg/article157312904/Wie-die-Digitalisierung-das-Reederei-Geschaeft-wandelt.html. Zugegriffen: 10. June 2017.

Bessere Orte für uns alle 6

Mindset, das muss es sein! Das wird das nächste große Thema in Zusammenhang mit Agilität. Diesen Impuls hatte ich, kurz nachdem es mit der Agilität richtig losging. Die Suche nach dem Wundermittel auf der Managementseite, der Glaube an eine neue Religion „Agilität" auf der Anwenderseite. Und dazwischen ganz viele Missverständnisse, darüber, was Agilität eigentlich ist. Dazwischen gescheiterte Versuche, Menschen zu mehr Selbstorganisation zu führen, Überforderung und ganz oft das Gegenteil von Führung: Laufenlassen. Aber auch ganz viele kleine Wunder, Inseln des Gelingens, wo Teams etwas Geniales hervorgebracht hatten und respektvoll miteinander umgingen.

Was macht das eine, was das andere aus? Es ist auch das Mindset, aber sicher nicht nur. Umstände spielen eine Rolle, Glück, Zufälle. Aber eben auch das Denk- und Handlungslogik derjenigen, die mit Glück und Unglück, Zufällen und Planungen umgehen: offen, bereit, alles infrage zu stellen, selbstaktualisierend. Selbstaktualisierung braucht die Fähigkeit, differenziert wahrnehmen zu können und nicht nach Richtig oder Falsch zu fahnden, sondern nach der höheren Idee, dem tragenden Gedanken, der gerne auch in einer Gruppe entsteht und entwickelt wird. Das alles ist Mindset – viele verstehen aber etwas ganz anderes darunter: etwa undifferenzierte Positionen zu vertreten wie „wir brauchen keine Führung mehr" oder „die Personalabteilung ist überflüssig". Das ist Meinung und nicht Mindset.

Das Mindset in meinem Verständnis ist anders. Es kann Positionen erfassen und Perspektiven einnehmen, es kann auch etwas vertreten und für etwas stehen, aber nicht für ein Entweder-Oder. Das ist ungewohnt. Überall werden wir darauf getrimmt, Aussagen und Positionen zuzustimmen oder abzulehnen – nicht aber darauf, die Resonanz auf Gedanken und Ideen zu spüren und diese dann weiterzuentwickeln. Das ist das, was eine wirkliche Transformation des Denkens bringen kann. Das ist das, was ich mit agilem Mindset meinte.

© Springer Fachmedien Wiesbaden GmbH 2018
S. Hofert, *Das agile Mindset,*
https://doi.org/10.1007/978-3-658-19447-5_6

Seit einiger Zeit ist Mindset fast zum Buzzword geworden. Jeder nimmt das Wort in den Mund. Und genau wie bei Agilität versteht auch jeder etwas anderes darunter – der eine Haltung, der andere ein bestimmtes Set von Handlungskompetenzen. Ich habe in diesem Buch versucht, den Begriff weiter und zugleich konkreter zu definieren. Natürlich hat es mit Haltung und Kompetenzen zu tun, aber am Ende ist es alles zusammen und mehr. Das birgt Raum für Missverständnisse, und ein wenig Sorge habe ich schon, dass das, was ich hier vorgestellt habe entweder zu stark vereinfacht oder zu sehr intellektualisiert wird – oder die Methodik überbetont wird, auf der Suche nach Lösungen, die es nicht gibt. Ein bisschen auf die eigene Bremse treten kann enorm weiterhelfen, auch wenn das unserem menschlichen Streben nach Knopfdruck-Veränderung manchmal ganz schön widerstrebt.

Viele Menschen wollen lieber einfache und schnelle Lösungen. Sie wollen schnell erfolgreich sein, rasch lernen, am liebsten KEIN Update aufspielen und Festhalten am guten alten Erfahrungswissen oder dem Leben, wie es gerade ist. Das ist die Herausforderung für diejenigen, die Transformation vorantreiben – andere abzuholen, die nicht wirklich wollen …

Das schaffen wir nur, indem wir Entwicklung in den Fokus nehmen, etwa durch die andere Ideen einbringen, etwa die Entwicklung von Gedanken im Team ohne den Anspruch der Bewertung als freier Assoziationsfluss. Gemeinsames Denken kann einengendes Erfahrungswissen öffnen, aber nur wenn wirkliches Denken erlaubt ist und es keine Tabus gibt. Teams verbreitern das manchmal zu enge Mindset des Einzelnen, das eben auf das eigene Erleben begrenzt ist. Aber Teams bestehen aus Individuen, die solche Ansätze erst mal denken wollen, können und dürfen müssen. Dabei hilft Heterogenität und Diversität, auch bezogen auf das Mindset in dem hier vermittelten Sinn.

Es gibt keine Patentrezepte um einen „Mind-Change" zu forcieren – und jeder Mensch, jedes Team und jedes Unternehmen muss seinen eigenen Weg gehen. Dabei hilft es, sich immer mal wieder die Augen zuzubinden, die Ohren zuzuhalten und in sich hineinzuhören. So können wir alle daran arbeiten, die Unternehmen und vielleicht auch die Welt zu einem besseren Ort zu machen. Und damit bessere Orte entstehen, brauchen wir Menschen, die diese denken und durch ihr Handeln gestalten können.

Ihre Svenja Hofert, Dezember 2017.

Ihr Bonus als Käufer dieses Buches

Als Käufer dieses Buches können Sie kostenlos das eBook zum Buch nutzen.
Sie können es dauerhaft in Ihrem persönlichen, digitalen Bücherregal
auf **springer.com** speichern oder auf Ihren PC/Tablet/eReader downloaden.

Gehen Sie bitte wie folgt vor:

1. Gehen Sie zu **springer.com/shop** und suchen Sie das vorliegende Buch
   (am schnellsten über die Eingabe der eISBN).
2. Legen Sie es in den Warenkorb und klicken Sie dann auf:
   zum Einkaufswagen / zur Kasse.
3. Geben Sie den untenstehenden Coupon ein. In der Bestellübersicht wird
   damit das eBook mit 0 Euro ausgewiesen, ist also kostenlos für Sie.
4. Gehen Sie weiter **zur Kasse** und schließen den Vorgang ab.
5. Sie können das eBook nun downloaden und auf einem Gerät Ihrer Wahl lesen.
   Das eBook bleibt dauerhaft in Ihrem digitalen Bücherregal gespeichert.

EBOOK INSIDE

eISBN	978-3-658-19447-5
Ihr persönlicher Coupon	wKWXk9fTSw3aBp2

Sollte der Coupon fehlen oder nicht funktionieren, senden Sie uns bitte
eine E-Mail mit dem Betreff: **eBook inside** an **customerservice@springer.com**.